Excelによる
健康・スポーツ科学のためのデータ解析入門

出村慎一・小林秀紹・山次俊介=著

大修館書店

Microsoft®，Windows®，Mcrosoft® Excel 2000は，米国 Microsoft Corporation の登録商標である．
なお，本文中では，「Microsoft® Excel 2000」のことを単に「エクセル」「Excel」と記述しており，いちいちに ™ および®マークは明記していない．

まえがき

　データ解析は，健康・スポーツ科学に関する研究活動にとって欠かすことができないものである．パソコンの普及と良質なアプリケーションソフトの開発により，電卓を利用していた時代と比べて，データ解析の利便性は飛躍的に向上した．しかし，データ解析の手順やその解析結果の解釈に関する一定の知識や理解力は依然重要である．また，データ解析のアプリケーションソフトは一般に高価で，個々人が手軽に利用できる状況にあるとはいえない．

　現在の学習指導要領では，中等教育において，表計算ソフトウェアなどの簡単な統計解析機能やグラフ作成機能などを学習することになっている．このことからも，資料の整理やデータを加工してのプレゼンテーション，統計処理を利用しての卒業論文や修士論文の作成など，表計算ソフトウェアを活用する機会は益々増えると思われる．

　本書は，主に体育科学，スポーツ科学，健康科学，あるいは保健科学を専攻する人たちが，代表的な表計算ソフトウェアであるExcelを利用し，各種統計処理の活用方法や応用力を身につけることを狙いとしている．したがって，目的とするデータ解析が簡便にできることを念頭に作成したつもりである．また，推定や検定といった統計解析の理論的な詳細については，統計学の専門書に譲り，本書では具体的な事例に基づくデータの分析方法と各種統計量の解釈に主眼を置いている．なお，データ解析や統計学に関する理論的な詳細については，小著「例解　健康・スポーツ科学のための統計学」あるいは「健康・スポーツ科学のための統計学入門」を参照されたい．

　本書の対象は，統計学および健康・スポーツ科学の入門レベルの学習者を想定しており，授業用の教科書としても利用価値が高いと考えている．一方，取り上げた解析方法の全てにExcelの具体的な利用方法が載せてあるので，必要且つ目的に応じた利用にも向いている．健康・スポーツ科学におけるデータ解析を行う際の一助になれば幸いである．

　本書の作成にあたり，南雅樹君，佐藤進君，中田征克君，研究室の北林保君，元祐謙吾君，畑田雄也君，増田知美君，山田孝禎君，吉原実代君，野口雄慶君，島川磨奈君，中村梨香君，中村康治君，関春美君，半場さくら君に，検算や資料の整理等を，お手伝い頂いた．ここに記して感謝の意を表したい．また，本書の発行にあたり，多大なご尽力を頂いた大修館書店　山川雅弘氏に厚く御礼を申し上げたい．

著者

Excel による健康・スポーツ科学のためのデータ解析入門　目次

第1章　はじめに …………………………… 1
- 1.1　本書を読むにあたり　2
  - 1.1.1　本書の特徴　2
  - 1.1.2　本書の対象　2
- 1.2　エクセルとは　3
- 1.3　本書の構成　4

第2章　統計の基礎 …………………………… 5
- 2.1　統計の基礎知識　6
  - 2.1.1　記述統計と推測統計　6
    - 2.1.1.1　記述統計　6
    - 2.1.1.2　推測統計　6
  - 2.1.2　尺度と変数　7
- 2.2　統計的検定の概要　8
  - 2.2.1　仮説の設定　8
  - 2.2.2　有意水準(α)とその設定　9
  - 2.2.3　帰無仮説の棄却と第1種および第2種の過誤　10
  - 2.2.4　統計的仮説検定　10
    - 2.2.4.1　統計的仮説検定の一般的手順　10
    - 2.2.4.2　帰無仮説の各種検定法　12
  - 2.2.5　各種検定と本書で扱う検定　13

第3章　エクセルの基本操作とデータの保存 … 15
- 3.1　エクセルの起動と終了　16
- 3.2　データの入力　17
  - 3.2.1　文字の入力　17
  - 3.2.2　数値(データ)の入力　19
  - 3.2.3　小数点桁表示の変更　20
- 3.3　ワークシートの操作　21
  - 3.3.1　ワークシート名の変更　21
  - 3.3.2　シートの追加　22
  - 3.3.3　シートの削除　22
- 3.4　印刷　23
  - 3.4.1　印刷領域の設定　23
  - 3.4.2　印刷オプションの設定と印刷　24
- 3.5　データの保存　25
  - 3.5.1　ハードディスクへの保存　25
  - 3.5.2　フロッピーディスクへの保存　26

第4章　データ整理 …………………………… 27
- 4.1　データの追加　28
- 4.2　データの結合　31
  - 4.2.1　新しいデータファイルの作成と複数ファイルの表示　31
  - 4.2.2　データのコピー(複写)とペースト(貼り付け)　35
- 4.3　データの分類と並び替え　37
  - 4.3.1　データの分類　37
  - 4.3.2　ケースの並び替え　40
  - 4.3.3　変数の並び替え(移動)　42

第5章　関数と分析ツール …………………… 45
- 5.1　数式の操作　46
  - 5.1.1　数式の入力方法　46
  - 5.1.2　数式の入力による新変数の作成　47
  - 5.1.3　数式のコピー(複写)とペースト(貼り付け)　48
- 5.2　関数の操作　51
  - 5.2.1　関数の入力方法　51
  - 5.2.2　関数の利用による新変数の作成　55
  - 5.2.3　数式パレットによる関数の入力　56
  - 5.2.4　主な関数の利用方法　58
    - 5.2.4.1　統計に関する関数　58
    - 5.2.4.2　数学・集計に関する関数　59
    - 5.2.4.3　確率に関する関数　60

5.2.4.4　エクセルで利用できる　　61
　　　　　　　統計に関する関数一覧
　　5.2.5　分析ツールの設定　　63

第6章　図表の作成やグラフの表示………65

6.1　基本統計量　　66
　6.1.1　基本統計量の算出　　66
　6.1.2　データ解析のための統計量の　　68
　　　　整理
6.2　グラフの作成1（ヒストグラム）　　71
6.3　グラフの作成2（散布図）　　76
　6.3.1　男女を考慮した散布図の作成　　76
　6.3.2　回帰直線のあてはめ　　83
6.4　度数の整理　　85
　6.4.1　1変数の度数表　　85
　6.4.2　2変数の度数表（クロス表）　　88

第7章　パラメトリック検定…………………91

7.1　平均に関する検定　　92
　7.1.1　母平均と標本平均の差　　92
　　7.1.1.1　母分散が既知の場合　　92
　　7.1.1.2　母分散が未知の場合　　97
　7.1.2　2つの標本平均の差　　99
　　7.1.2.1　対応のない場合　　99
　　　　　（母分散が未知で，等しいと
　　　　　　仮定される場合）
　　7.1.2.2　対応のない場合　　102
　　　　　（母分散が未知で，等しいと
　　　　　　仮定されない場合）
　　7.1.2.3　対応のある場合　　106
　7.1.3　1要因分散分析　　111
　　7.1.3.1　対応のない場合　　111
　　　　　（群の大きさが等しい場合と
　　　　　　異なる場合）
　　7.1.3.2　対応のある場合　　114

　7.1.4　2要因分散分析　　117
　　7.1.4.1　繰り返しがない場合（r=1）　　117
　　7.1.4.2　繰り返しがある場合（r≧2）　　120
　　　　　2要因に対応のない場合
　　　　　（各セルの大きさが等しい場合）
　　　　　2要因分散分析の下位検定
　　　　　　　要因Bの水準平均間の検定　　124
　　　　　　　要因Aおよび要因Bの単純　　126
　　　　　　　主効果の検定
　　　　　　　各セル平均間の検定　　128
　　7.1.4.3　繰り返しがある場合（r≧2）　　131
　　　　　2要因に対応のない場合
　　　　　（各セルの大きさが異なる場合）
　　7.1.4.4　繰り返しがある場合（r≧2）　　141
　　　　　要因Bに対応のある場合
　　　　　（対応のない要因Aの各水準の
　　　　　　大きさが等しい場合）
　　7.1.4.5　繰り返しがある場合（r≧2）　　148
　　　　　要因Bに対応のある場合
　　　　　（対応のない要因Aの各水準の
　　　　　　大きさが異なる場合）
　　7.1.4.6　繰り返しがある場合（r≧2）　　160
　　　　　2要因とも対応のある場合
　7.1.5　多重比較検定　　170
　　7.1.5.1　ボンフェローニ法　　170
　　7.1.5.2　テューキー法　　173
　　7.1.5.3　シェフィ法　　178
7.2　分散に関する検定　　181
　7.2.1　母分散と標本分散の差　　181
　7.2.2　2つの標本分散の差　　183
　　7.2.2.1　対応のない場合　　183
　　7.2.2.2　対応のある場合　　185
　7.2.3　3つ以上の標本分散の差　　187
7.3　相関に関する検定　　192
　7.3.1　ピアソンの相関係数と　　192
　　　　有意性の検定
　7.3.2　回帰式と回帰係数に関する　　195
　　　　検定

7.3.3	偏相関係数および 　　　重相関係数に関する検定	198	8.3	比率に関する検定	233
			8.3.1	母比率と標本比率の差	233
7.3.3.1	偏相関係数の有意性の検定	198	8.3.2	対応のない場合	235
7.3.3.2	重相関係数の有意性の検定	200	8.3.2.1	2つの比率の差 （同じ母集団,異なる特性）	235

第8章　ノンパラメトリック検定 ……… 203

8.1 順序尺度に関する検定		204
8.1.1　対応のない場合		204
8.1.1.1　2つの代表値の差 　　　　　（マンホイットニーのUテスト）		204
8.1.1.2　3つ以上の代表値の差 　　　　　（クラスカルウォリスの 　　　　　Hテスト）		207
8.1.1.3　3つ以上の代表値の差 　　　　　（中央値テスト）		212
8.1.2　対応のある場合		215
8.1.2.1　2つの代表値の差 　　　　　（ウィルコクソンのTテスト）		215
8.1.2.2　2つの代表値の差 　　　　　（符号テスト）		219
8.1.2.3　3つ以上の代表値の差 　　　　　（フリードマンの検定）		221
8.2 度数に関する検定		226
8.2.1　適合度の検定		226
8.2.2　独立性に関する検定		228
8.2.2.1　2×2分割表		228
8.2.2.2　K×L分割表		230

8.3.2.2　3つ以上の比率の差 　　　　　（同じ母集団,異なる特性）		237
8.3.2.3　2つの比率の差 　　　　　（異なる母集団,同じ特性）		239
8.3.2.4　3つ以上の比率の差 　　　　　（異なる母集団,同じ特性）		242
8.3.3　対応のある場合		245
8.3.3.1　2つの比率の差 　　　　　（マクネマーの検定）		245
8.3.3.2　3つ以上の比率の差 　　　　　（コクランのQ-テスト）		247
8.3.4　比率の傾向検定		250

付章　付録 ……………………………… 255

1	エクセルの画面	256
2	ファイルの操作について	258
3	オートフィル機能	259
4	データの移動とコピー	261
5	数式の入力とセル参照	262
6	セルの書式	263
7	罫線の引き方	264
8	行・列の編集	265

はじめに

1.1　本書を読むにあたり
1.2　エクセルとは
1.3　本書の構成

　本書は，卒論や修論などのデータ解析を行うためにパソコンを利用する読者のほぼ全てを対象としている．世界で最も利用されている表計算ソフト「エクセル」（Microsoft® Excel）は，卒論や修論のみならず，様々な利用可能性がある．
　ここでは，データ解析を手早く簡単に行う上で，本書をどのように活用し，エクセルを操作すべきかについて説明している．

第 1 章

1.1 本書を読むにあたり

1.1.1 本書の特徴

　本書は，健康・スポーツ科学を専攻する学生のために，実験や調査で得られたデータの解析方法について解説したものである．パソコンの普及とともに，表計算ソフトを利用する機会も増え，論文やレポート作成に必要な図表やデータの集計のために，その利用価値はますます高まっている．統計解析を行なうにあたり，近年まで大型コンピュータでしか利用できなかったＳＡＳやＳＰＳＳのような統計解析パッケージが，大学の情報処理教室のパソコンなどで利用できるケースが非常に増えている．しかし，それでも統計解析パッケージは，専門の研究者レベルの利用に留まり，一般学生には馴染みにくい状況にある．
　以上のような現状を踏まえ，本書はエクセルを利用して，誰もが手軽にデータ解析を行なうことができることを念頭に置いている．

　本書は前述のように誰もが手軽にデータ解析を行うことを念頭に置いており，特に対象があるわけではないが，以下のような幾つかの操作レベルを想定し，簡単な利用方法を示した．

◆　パソコン初心者

1.1.2 本書の対象

　　パソコンを初めて触る人は，まずパソコンに添付している使用書を参考に，パソコンの起動と終了，マウスとキーボードの使い方及び付録の内容を確認してから本書を読むことを勧める．

◆　多少のパソコン使用経験がある人
　　パソコンを使ったことはあるが，エクセルを使ったことはないという人．エクセルには独特の操作方法が多くある．第3章から第6章のエクセルの操作をしっかり理解することを勧める．

◆　エクセルを普段から使っている人
　　第3章から第6章までは飛ばし，第2章あるいは第7章から進めて頂きたい．第3章から第6章はエクセルの使用経験がない人を対象とした内容であるが，以外と利用価値の高い情報が含まれているので，機会があれば参照することを勧める．

◆　統計の知識や経験はあるがエクセルを利用したことはない人
　　第3章から第6章，あるいは付録の内容を理解したうえで，目的とする統計解析の内容をピックアップし，データ解析の作業を行なって頂きたい．

　巻末の付録では，エクセルの基本的な操作内容全般を簡単に説明してある．いかなる操作レベルであっても，付録を参照すれば，支障なくデータ解析を進めることができるであろう．

1.2 エクセルとは

エクセルの機能は，以下の4つに分類できる．

1　表計算機能
2　データベース機能
3　グラフ機能
4　マクロ機能

1　表計算機能
　このうち，私達がよく使う機能は，表計算機能である．この機能は，画面に文字や数値，あるいは計算式を入力することにより自動的に計算を行ない，表にまとめるものである．データはセルと呼ばれるマス目に入力する．表計算機能を利用する利点の一つに，一度，一定の形式で計算式および表を作成しておけば，新しいデータを入力するたびに，自動的に再計算され計算結果が更新されることが挙げられる．

2　データベース機能
　データベースとしての機能も，エクセルは持っている．入力したデータを加工・分析するために，行ごとのデータを一つの単位（レコード）として扱える．レコードを一定の規則に従って並び替える機能やキーワードで検索する機能を使うことができる．

3　グラフ機能
　グラフの作成機能もエクセルは持っている．グラフの作成には，それ専用のソフトもあるが，それほど高機能を望まず，一般的なグラフ作成で事足りるのであれば，エクセルで十分である．

4　マクロ機能
　マクロ機能は，必ずしも全ての人が習得すべき機能ではないので本書では扱わない．しかし，使いこなせると非常に便利である．これは，一連の操作を自動化する機能である．マクロを利用すると，繰り返し行なう作業などは自動化され，時間の大幅な短縮が可能になる．

1.3 本書の構成

　一般的な統計書は，統計解析の分類に従った構成になっている．しかし本書は，読者が実際に利用することを念頭に，「手持ちのデータをどのようにまとめたら良いか」，「まとめられたデータはどのように活用できるか」といった考えに基づく構成をとっており，本書の最大の特徴となっている．すなわち，本書に従ってデータをエクセル上で操作するだけで，主要なデータ解析を一通り実施することが可能である．

◆統計の基礎知識及び統計検定の概要（第2章）

　データ解析に必要な統計に関する知識を簡単にまとめてある．統計に関する予備知識のない方は，まずこちらを読むことを勧める．また，本書で扱うデータ解析に共通する部分は，ここで一括して説明している．統計解析に関する詳細は，小著1「例解　健康・スポーツ科学のための統計学」および小著2「健康・スポーツ科学のための統計学入門」を参照のこと．

◆エクセルによるデータの整理（第3～4章）

　エクセルの基本操作を学ぶ．セルとは何かに始まり，カーソルの移動や文字・数値データの入力，編集，ファイルの保存などを説明．関数を使用しない簡単な四則演算により，表計算の実際を行う．また，例として統計データをワークシートに入力し，保存する．ここで入力したデータは以降の章における解析に使用する．
　初めてWindowsパソコンに接する利用者は，ツールバーやメニューバー，クリック，ダブルクリック，ドラッグなどWindowsの画面構成とアプリケーションに共通する基本的な操作方法を習得する必要があり（付録を参照），これについて，全体の予備知識として簡単な説明を行なう．

◆関数，分析ツール，基本統計量に関すること（第5～6章）

　合計や平均，度数分布など簡単な例から，グラフや，やや複雑な処理結果までを例示し，表計算の目的・意義，その有効性について解説するとともに，ワークシートの役割などについて説明．

◆パラメトリック検定（第7章）

　パラメトリック検定に関して，統計的データ解析の実際を，多くの例題より説明．パラメトリックの様々な解析を，手早く簡単に行うことができる．

◆ノンパラメトリック検定（第8章）

　名義尺度や順序尺度に基づくデータの検定（ノンパラメトリック検定）の各種実例を数多くとりあげ，説明している．

統計の基礎

2.1 統計の基礎知識
2.2 統計的検定の概要

第 2 章

2.1 統計の基礎知識

2.1.1 記述統計と推測統計

母集団と標本

測定や調査の対象となる全ての個体の集まりを母集団という．これに対して，母集団から抽出された，実際に測定や調査の対象となる個体の集まりを標本という．個体のもつ特性を数量化する手続きによって，個体はデータとして表現される．

標本抽出の方法

母集団から，その全体を推測することを目的に，データを抽出する手続きを標本抽出という．標本抽出法は，有意抽出法と無作為抽出法がある．前者は調査・測定を行う人の判断で標本を抽出する方法である．後者は，調査・測定を行う人の主観やその他の作為的な影響を排除するよう工夫する方法である．どちらも，母集団を代表するように標本を抽出するが，基本的に無作為抽出法によってデータが収集される（小著1：例解 健康・スポーツ科学のための統計学参照）．

■2.1.1.1 記述統計

記述統計とは，集団の特徴や傾向を把握するために，得られた標本（データ）の情報量をできるだけ失わない形で，まとめる手続きを指す．この手続きは，1）表によるまとめ，2）図（グラフ）によるまとめ，3）数値によるまとめ，等に分類される．

図表による整理

データを図表に整理することにより，データ（集団）の全体的傾向や散布状態を視覚的・直感的に知る事ができる．図表作成は，良質な論文やレポートを書くための必要な条件である．エクセルには，数値解析のみならず，図表を作成するための様々な機能が備わっている．

統計量による整理

標本の特徴をできるだけ簡潔に集約し，予測や推論を可能にするための基本統計量を算出する．基本統計量は一般に，1）代表値，2）散布度，3）関連度，に分けられる．例えば，間隔・比率尺度（後述参照）で一般に利用されるものには，それぞれ1）平均値，2）標準偏差，3）相関係数，等が挙げられる．

■2.1.1.2 推測統計

実際に測定や調査を行い，収集したデータ（標本）から，一般的な傾向を見いだしたいことがある（母集団を推定する）．標本から算出した統計量（平均値や標準偏差，等）から母数を推定する場合，推定に利用する統計量を推定量といい，この一連の手続きを推測統計という．

2.1.2 尺度と変数

　測定とは,「対象とする人やものの性質あるいは特性に着目し,ある一定の規則に従って数値を割り当てること」である.この手続きによって得られた数値を測定値という.
　統計学で用いるデータは,1つの測定尺度(数軸)上に配置された尺度値と考えられる.測定値の意味によって,以下に示す4つの水準が考えられる.

1. 名義尺度：他との区別,分類を主たる目的とするもの.数値の大小関係には意味をもたない.
   　例：電話番号,学生番号,性別コード,等.
2. 順序尺度：順序づけを主たる目的とするもの.数値の大小関係だけが意味を持つ.
   　例：徒競走の着順,成績席次,等.
3. 間隔尺度：任意の原点と単位を持ち,任意の一定間隔に目盛られた尺度
   　例：気温,偏差値,等.
4. 比率尺度：絶対原点と単位を持ち,そこから任意の一定間隔に目盛られた尺度.
   　例：身長,体重,等.

　データ分析を行う際,先ずデータが上述のどの尺度に該当するか確認する必要がある.データの種類(尺度)によって利用する解析法が異なるためである.
　名義尺度や順序尺度によるデータは質的変数,間隔尺度や比率尺度によるデータは量的変数といわれる.統計的検定を行う場合,一般に質的変数はノンパラメトリック検定,量的変数はパラメトリック検定とそれぞれ異なる検定法を利用する.

- ■パラメトリック検定　　　：母集団の分布型を仮定し,それに基づいて行う統計的仮説検定
- ■ノンパラメトリック検定：母集団の分布型に関して特別の仮定をおかない検定あるいは分布の型に依存しない検定

　本書では,7章においてパラメトリック検定,8章においてノンパラメトリック検定によるデータ分析法について説明している.
　また,関連書に説明の詳細を譲る箇所があるが,「例解　健康・スポーツ科学のための統計学」を小著1,「健康・スポーツ科学のための統計学入門」を小著2として,文中にその旨記してある.必要に応じて参照されたい.

2.2 統計的検定の概要

統計的検定には様々な種類がある．いかなる統計的検定を行うかは，以下のような点から判断する必要がある．

1．尺度の水準（名義尺度，順序尺度，間隔尺度、比率尺度）
2．比較する標本（群）の数（2個，3個以上）
3．標本（群）間の対応の有無
4．母集団の特性（代表値，散布度，関連，分布の適合度）
5．標本の大きさ（データ数）

これらのことを確認して，条件に合致した検定法を用いる．なお，間隔尺度や比率尺度であっても，標本が小さく，母集団について特定の分布が仮定できない場合には名義尺度あるいは順序尺度で利用するノンパラメトリック検定を用いる．

2.2.1 仮説の設定

ある事柄や現象について判断を下したい場合，一般的にはそれについて何らかの仮説を立てる．統計的仮説検定では，「差がある」ことを実証するために，「差がない」という仮説を予め立て（帰無仮説：H_0），この仮説に矛盾があれば，「差がない」という仮説を捨てて，「差がある」（対立仮説：H_1）ことを主張する（背理法）．

例：15歳における男子の体重（μ_1）と女子の体重（μ_2）はどちらが重いか調べたい．
仮説： 男子と女子の体重は等しい　　　　　　⇒**帰無仮説**（H_0: $\mu_1 = \mu_2$）
　　　 男子と女子の体重のいずれが重いか不明　⇒**対立仮説**（H_1: $\mu_1 \neq \mu_2$）

① 男子の体重は女子の体重より重い　　　　⇒**対立仮説**（H_1: $\mu_1 > \mu_2$）
② 男子の体重は女子の体重より軽い　　　　⇒**対立仮説**（H_1: $\mu_1 < \mu_2$）

統計的仮説検定には，両側検定と片側検定とがある．一般に対立仮説の方向が不明なときは，両側検定を利用し，方向が明確なときは，片側検定を利用する．両側検定（$\mu_1 \neq \mu_2$）の場合はいずれの平均が大きいか不明で，$\mu_1 < \mu_2$ と $\mu_1 > \mu_2$ の両方の可能性を考える．片側検定の場合は，①男子の平均の方が大きい（$\mu_1 > \mu_2$），あるいは②女子の平均が大きい（$\mu_1 < \mu_2$）ことが事前に明確で，それを検証する場合である．片側検定を行う根拠に乏しいときは，両側検定を行う方がよい（詳細は小著1を参照）．

2.2.2 有意水準(α)とその設定

　有意水準(α)は研究者によって任意に設定される．2.2.1の仮説の設定でも触れたように，両側仮説と片側仮説の違いも重要である．有意水準を5％，つまり$\alpha=0.05$と設定すると，正規分布による検定(以下，z検定)の場合，両側仮説と片側仮説では以下のように異なる．

・**片側仮説:** 対立仮説（H_1）が明確な方向性を持っている．つまり，①$\mu_1 > \mu_2$あるいは②$\mu_1 < \mu_2$のいずれかを仮定する．①の場合には，統計量z_0が$\alpha=0.05$に対応する上側確率(右端からの確率P_U:図2-1, 右側確率)内に入れば5％水準で有意差ありと判定する．右端5％の面積部分は**帰無仮説**（H_0）の**棄却域**といわれる．また，上側確率5％に対応する$z=1.645$は，H_0を棄却するか否かの**境界点(臨界点)** となる．②の$\mu_1 < \mu_2$の場合には，z_0が下側確率（左端からの確率P_L:図2-2, 左側確率）の棄却域に入れば5％水準で有意差ありと判定する．しかし，正規分布は左右対称であるので絶対値をとれば，常に上側確率により検定が可能である(t分布の場合も同じ)．

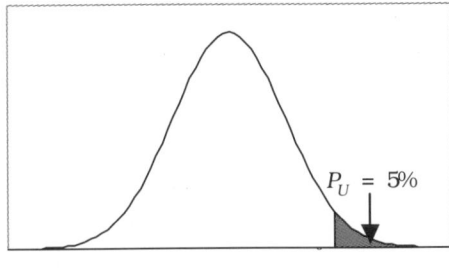

図2-1　標準正規分布と上側確率(5％)　　図2-2　標準正規分布と下側確率(5％)

・**両側仮説:** 対立仮説（H_1）に明確な方向性がない，つまり，いずれの平均が大きいか不明な場合（$\mu_1 \neq \mu_2$）で，同時にμ_1がμ_2より大きい場合と小さい場合の両方向（$\mu_1 > \mu_2$ or $\mu_1 < \mu_2$:図2-3）を考える．よって，事前に設定した有意水準αは両者の可能性を考え，左右の両端$\alpha/2$ずつに割り振り，両者の合計をαとする．標準正規分布では，上側確率$\alpha/2=0.025$に対応するzは1.96である．

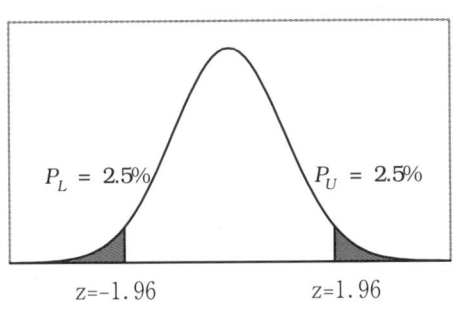

図2-3　標準正規分布と両側確率(5％)

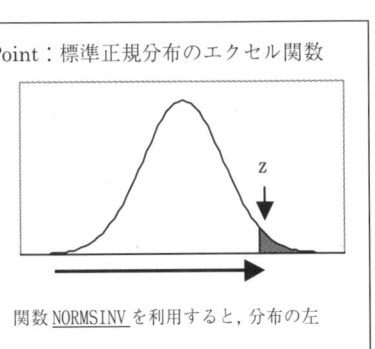

Point：標準正規分布のエクセル関数

関数 NORMSINV を利用すると，分布の左端からの境界値(z)が出力されるため，右端から5％は左端から累積95％となる

2章　統計の基礎

2.2.3 帰無仮説の棄却と第1種および第2種の過誤

　検定とは，母数に関するある特定の仮定（帰無仮説）を設定し，その下で，ある特定の統計量が得られる確率を求め，得られた確率がある基準（有意水準α）より小さければ，母数に関する仮定が誤っている可能性が高いと判断する（帰無仮説の棄却）手続きである（検定の具体的な方法については，2.2.4で述べる）．
　帰無仮説（H_0）を棄却し，対立仮説（H_1）を正しいと判定するとき，本当はH_0が正しいならば，誤った判定を下すことになる．このH_0を棄却する確率を第一種の過誤という．一方，H_0が本当は誤りにもかかわらず，これを捨てずに採択する確率を第二種の過誤という

> 第一種の過誤：帰無仮説H_0が正しいのに，誤って棄却してしまうこと．
> 第二種の過誤：帰無仮説H_0が正しくないのに，誤って採択してしまうこと．

　第一種の過誤が起こる確率をα，第二種の過誤が起こる確率をβと呼ぶ．両者はいずれも誤りを犯す確率であるから，小さい方が望ましい．しかし，両者は片方を小さくすると，もう片方は大きくなる関係にある．そこで慣例的に，$\alpha=0.01$，あるいは$\alpha=0.05$と予め決めておく．このαを**有意水準**あるいは**危険率**と呼ぶ．なお，$1-\beta$は，帰無仮説が偽の場合に，その仮説を棄却する確率のことを意味する．

2.2.4 統計的仮説検定

■2.2.4.1　統計的仮説検定の一般的手順

　両側仮説，有意水準$\alpha=0.05$とし，一般的な検定の手順を説明する．

例題2.2.4.1：15歳の男子50名，女子50名の体重を測定したところ，平均は男子：$\overline{X}_1=59.5$kg，女子：$\overline{X}_2=53.3$kgであった．15歳の男子と女子の体重に差があるといえるか．ただし，全国の体重の標準偏差（σ）は男子：$\sigma_1=10.47$，女子：$\sigma_2=9.02$である．

ステップ1：帰無仮説（H_0）と対立仮説（H_1）を立てる[注1]（対立仮説は両側仮説とする）．
　帰無仮説H_0：$\mu_1=\mu_2$　⇒15歳における男子の体重と女子の体重は等しい
　対立仮説H_1：$\mu_1\neq\mu_2$　⇒15歳における男子と女子の体重はいずれが重いか不明
ステップ2：有意水準（α）を決める．一般的には，$\alpha=0.05(5\%)$ or $\alpha=0.01(1\%)$を用いる．
　$\alpha=0.05$⇒本例は両側仮説であり，分布の両端$\alpha/2$を問題とする．
ステップ3：統計量を求める[注2]．
$$z_0=(\overline{X}_1-\overline{X}_2)/\sqrt{\sigma_1/n_1+\sigma_2/n_2}$$
$$=(59.5-53.3)/\sqrt{109.62/50+81.36/50}=6.2/1.954=3.173$$
ステップ4：有意差を判定する（→2.2.4.2「帰無仮説の各種検定法」を参照）．
　　統計量z_0と有意水準αに該当する臨界値（CV：Critical Value）を比較する（検定法Ⅰ）．標準正規分布表（小著1の別表Ⅰ：片側確率表[注3]）より$\alpha/2=0.025$に対応するCV，つまり$z(\alpha/2)=1.96$を求める．$z_0=3.173>z(\alpha/2)=1.96$であるから有意差あり，つまり，$H_0$を棄却（$H_1$を採択）する（$z_0<z(\alpha/2)$のときは有意差なしと判定する）．片側検定の場合：$z(\alpha)=1.645$を求め，$z_0>z(\alpha)$のとき，有意差ありと判定する．
ステップ5：結論を導く．
　　15歳の男子は女子の体重より重いと推測する．

注1：2.2.2の有意水準の設定でも説明したように，片側仮説か両側仮説かにより臨界点あるいは棄却域が異なる．よって，対立仮説が，片側仮説か両側仮説か事前に決めておく必要がある．明確な根拠がない場合は両側仮説を用いる方が無難である（小著1，10章参照）．ステップ2における有意水準αも5%にするか1%するか事前に決めておくべきである．対立仮説の設定の場合と同様に，臨界点が異なり，結論が異なる場合がある．

注2：本例の統計量z_0は本来次式で表される．$z_0 = \{(\bar{X}_1 - \bar{X}_2) - (\mu_1 - \mu_2)\} / \sigma_{\bar{X}_1 - \bar{X}_2}$

　　帰無仮説（H_0：$\mu_1 = \mu_2$，つまり$\mu_1 - \mu_2 = 0$）の下で$z_0 = (\bar{X}_1 - \bar{X}_2)/\sigma_{\bar{X}_1 - \bar{X}_2}$となる．
　　$\sigma_{\bar{X}_1 - \bar{X}_2}^2$は，両群が独立の場合，$\sigma_{\bar{X}_1 - \bar{X}_2}^2 = \sigma_1^2/n_1 + \sigma_2^2/n_2$である．（小著1の11章参照）

注3：標準正規分布の**両側確率表**（小著1の別表Ⅱ）を利用する場合は，$\alpha/2$に対応するzを記載しているので，有意水準$\alpha = 0.05$に対応する$z = 1.96$を直接読み取ることができる．上記の検定法Ⅰは，**片側確率表**（小著1の別表Ⅰ）を利用したので$\alpha/2 = 0.25$に対応する$z = 1.96$を読み取っている．正規分布やt分布は左右対称なので，統計量z_0やt_0の絶対値をとることにより，常に上側（右端）確率を利用して検定ができる．

■ **エクセルの標準正規分布の関数では，分布の左端からの累積確率(P)とそれに対応する境界値(z)が出力される．図2-1の右端から5%は左端から累積95%となる**（前述Point参照）．よって，$z(\alpha)$は関数**NORMSINV(1-α)**，$z(\alpha/2)$は関数**NORMSINV(1-α/2)**により求まる．また，**関数NORMDIST(z_0)**により求められるz_0に対応する確率は左端からの累積確率(P1)であり，右端からの確率はP=1-P1となる．

※ z検定（正規分布による検定）では，ステップ2で自由度(df)を求める必要がないが，t検定，F検定，及びχ^2検定ではdfを求める必要がある．

※ z検定やt検定では対立仮説は主に両側仮説が利用されるので，小著1の別表Ⅱは標準正規分布の両側確率表，別表Ⅲはt分布の両側確率表をそれぞれ添付している．よって，両側仮説の場合には，別表Ⅱあるいは別表Ⅲよりαに対応するzやtを直接読み取ればよい（小著1の本文中にも，$z(\alpha)$や$t(df, \alpha)$を読み取ると記載）．もし片側確率表であれば，両側仮説の場合は右端$\alpha/2$のtを求める必要がある．

■ **エクセルでは，関数TINV(P, df)は両側確率，つまりP/2に対応するtが求まる．よって，両側仮説でdf，$\alpha/2$に対応するtを求める場合にはTINV(α, df)とする**（別表Ⅲの両側確率表を利用する場合と同じ）．前述の正規分布の関数NORMSINVとは異なるので注意する．よって，片側仮説でαに対応するtを求める場合には，**TINV(2α, df)**とする．また，**TDIST(t_0, df, 2)**は統計量t_0に対応する両側確率P，TDIST(t_0, df, 1)はt_0に対応する片側確率Pを算出する（括弧内の2および1はそれぞれ両側確率，片側確率の算出の指示を意味する）．

※ χ^2分布とF分布は，分散あるいは平均値の有意差検定に利用される．前者の場合は両側仮説，後者の場合は片側仮説が一般的である．検定法Ⅰ（2.2.4.2参照）の場合，両側仮説では，分布の両端$\alpha/2$の値を求める必要があり，片側仮説では右端αの値を求める．

■ **エクセルでは，αに対応するχ^2は，関数CHIINV(α, df)により，また，χ_0^2に対する確率はCHIDIST(χ_0^2, df)により求まる．よって，χ^2分布の左右端$\alpha/2$の値は，CHIINVの中のαを$1-\alpha/2$，$\alpha/2$とすればよい．**

F値の場合もχ^2分布の場合とほぼ同様で，平均間の有意差検定（分散分析）において，df_1, df_2のとき，αに対応するFは，**関数FINV(α, df_1, df_2)**により，またF_0に対する右側確率Pは，**関数FDIST(F_0, df_1, df_2)**により算出される．また，分散の同質性の検定（両側仮説）の場合，F分布の左右端$\alpha/2$の値は，FINVの中のαを$1-\alpha/2$，$\alpha/2$として求めればよい．

表2-1　エクセル関数と検定との関係

分布型	内容	エクセル関数
正規分布	上側（右側）確率Pに対応するz	NORMSINV(1-P)
	下側（左側）確率Pに対応するz	NORMSINV(P)
	z_0に対応する確率P	NORMSDIST(z_0)
t分布	df, 上側（右側）確率Pに対応するt	TINV(2P, df)
	df, t_0に対応する確率P	TDIST(t_0, df, 1)
χ^2分布	df, 右側からの確率Pに対応するχ^2	CHIINV(P, df)
	df, 右側からのχ_0^2に対応する確率P	CHIDIST(χ_0^2, df)
F分布	df_1, df_2, 右側からの確率Pに対応するF	FINV(P, df_1, df_2)
	df_1, df_2, 右側からのF_0に対応する確率P	FDIST(F_0, df_1, df_2)

※ χ^2分布やF分布の場合，左側からの確率に対する値は，関数に1-Pとする．

> **参考1**
> z検定やt検定による平均値の有意差検定の場合，$z_0=(\bar{X}-\mu)/(\sigma/\sqrt{n})$ (7-1)や$t_0=(\bar{X}-\mu)/(S/\sqrt{n-1})$ (7-2)より明らかなように，平均値の差$(\bar{X}-\mu)$を問題とする(統計量が負の場合がある)が，χ^2検定やF検定では，$\chi_0^2=nS^2/\sigma^2$ (7-62)や$F_0=S_1^2/S_2^2$ (7-64)より明らかなように，分散の比を問題とする(統計量が1.0以上か否か，負とはならない)．

> **参考2**
> 標準正規分布とχ^2分布，t分布とF分布の間にはそれぞれ以下の関係がある．後者の関係は，F分布の自由度をdf_1, df_2とすると，tの両側確率はFの片側確率と一致する．つまり，t_0の両側検定は$t_0^2=F_0$としF分布の上側(右側)確率を利用して検定が可能である．　　$z(\alpha/2)^2=\chi^2(df, \alpha)$, $t(df_1, \alpha/2)^2=F(df_1, df_2, \alpha)$

■2.2.4.2　帰無仮説の各種検定法

　有意差の検定には以下のような方法がある．一般的には検定法ⅠおよびⅡを利用し，分散分析後の水準(群)間の比較の場合には検定法Ⅲも利用される．第7章以降のデータ分析は，基本的にはここで説明する検定手順に従っている．仮に，統計量z_0とする．

検定法Ⅰ：統計量と有意水準αに該当する臨界値との比較
　標準正規分布表より，各有意水準に対応する臨界値を求め，統計量z_0と比較する．
　両側検定：表より$|z_0|\geq z(\alpha/2)=1.96$のとき，有意差ありと判定する．
　片側検定：表より$|z_0|\geq z(\alpha)=1.645$のとき，有意差ありと判定する．

検定法Ⅱ：統計量の確率と有意水準αとの比較
　標準正規分布表より，統計量z_0に対応する確率pを求め，
　両側検定：$p\leq \alpha/2$のとき，有意差ありと判定する．
　片側検定：$p\leq \alpha$のとき，有意差ありと判定する．

検定法Ⅲ：平均差と平均差の有意臨界値との比較(主に分散分析後の水準(群)間の比較の場合に利用)
　例えば，テューキー(Tukey)のHSD法の場合，各有意水準($\alpha/2$)に該当する2群の平均差の最小値(平均差の有意臨界値：HSD)を求め，$|\bar{x}_i - \bar{x}_j|$と比較する(7.1.5参照)．
　$|\bar{X}_i - \bar{X}_j| \geq$ HSDのとき，有意差ありと判定する．

　本書では，基本的に検定法Ⅰあるいは検定法Ⅱを利用する．検定法Ⅲは，群の大きさが等しい複数の平均値の多重比較検定の場合便利である．

2.2.5 各種検定と本書で扱う検定

以下は本書で扱っている検定内容と参考書との対応表である．

■パラメトリック検定			本書	*小著1	*小著2
平均値に関する検定	母平均と標本平均の差	母分散が既知の場合	7.1.1.1	11章1	5章1
		母分散が未知の場合	7.1.1.2		
	2つの標本平均の差	母分散が等しいと仮定される場合	7.1.2.1	11章2	5章2
		母分散が等しいと仮定されない場合	7.1.2.2		
		対応がある場合	7.1.2.3	11章3	5章3
1要因分散分析	対応のない場合	各群の大きさが同じ場合	7.1.3.1	21章1	6章2
		各群の大きさが異なる場合	7.1.3.1		
	対応のある場合		7.1.3.2		6章3
2要因分散分析	セルの大きさが1の場合		7.1.4.1	22章	9章2
	2要因とも対応のない場合	セルの大きさが2以上で等しい場合	7.1.4.2	23章	9章3
		セルの大きさが2以上で異なる場合	7.1.4.3		9章4
	1要因のみ対応のある場合	各水準の大きさが等しい場合	7.1.4.4		10章1
		各水準の大きさが異なる場合	7.1.4.5		10章2
	2要因とも対応のある場合		7.1.4.6		10章3
	多重比較検定		7.1.5	21章5	7章
分散に関する検定	母分散と標本分散の差		7.2.1	12章1	
	対応のない標本分散の差	2つの標本分散の差	7.2.2	12章2	5章4
		3つ以上の標本分散の差	7.2.3	12章3	6章4
相関係数および回帰係数に関する検定	ピアソンの相関係数に関する検定		7.3.1	16章1	11章1
	回帰係数に関する検定		7.3.2	20章1	11章2
	その他の相関係数に関する検定		7.3.3	16章4	11章3
■ノンパラメトリック検定					
順序・中央値に関する検定	対応のない場合	2つの順位・中央値の差	8.1.1.1	13章1	13章1
		3つ以上の順位・中央値の差	8.1.1.2 8.1.1.3	13章2	
	対応のある場合	2つの順位・中央値の差	8.1.2.1 8.1.2.2	13章3	13章2
		3つ以上の順位・中央値の差	8.1.2.3	13章4	
度数に関する検定	適合度に関する検定		8.2.1	14章1	12章2
	独立性に関する検定		8.2.2	14章2	12章3
比率に関する検定	母比率と標本比率の比較		8.3.1	15章1	12章4
	対応のない場合	2つの比率(同じ母集団, 異なる特性)	8.3.2.1	15章2	
		3つ以上の比率(同じ母集団, 異なる特性)	8.3.2.2		
		2つの比率(異なる母集団, 同じ特性)	8.3.2.3	15章3	12章5
		3つ以上の比率(異なる母集団, 同じ特性)	8.3.2.4		
	対応のある場合	2つの比率	8.3.3.1	15章4	
		3つ以上の比率	8.3.3.2		
	比率の傾向検定		8.3.4	15章5	12章6

*小著1：「例解 健康・スポーツ科学のための統計学」
*小著2：「健康・スポーツ科学のための統計学入門」

Memo

エクセルの基本操作とデータの保存

3.1 エクセルの起動と終了
3.2 データの入力
3.3 ワークシートの操作
3.4 印刷
3.5 データの保存

　測定や調査を行った後は，まずデータ入力の作業を行う．入力したデータは，正しい値が入力されたかどうか，印刷出力し，原票と照合して確認する必要がある．もし，入力ミスが発見されたら修正し，パソコンのハードディスクあるいはフロッピーディスク等，然るべき場所に保存する．
　第3章では，主にエクセルを利用したことがない人を対象に，前述の作業を前提に，アプリケーションソフトとしてのエクセルの利用方法について説明する．
　実際にデータ解析を行う以前に，他の一般的なアプリケーションソフトに共通する操作方法について，データ入力から保存までを説明する．

第 3 章

3.1 エクセルの起動と終了

■パソコンの起動

パソコンの電源を入れ，パソコンを起動する．

■エクセルの起動

パソコン画面の左下にある「スタート」-「プログラム(P)」-「Microsoft excel」の順にクリックする．右のような画面になる．

パソコンの種類によっては，下図のようにデスクトップ上にエクセルのアイコンが表示されている場合がある．この場合は，このアイコンをダブルクリックし，エクセルを起動する．

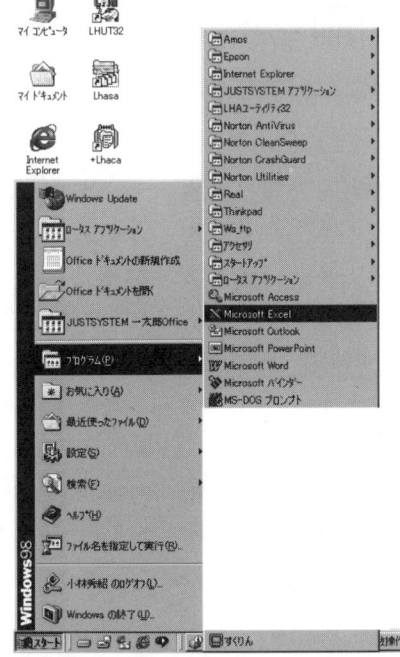

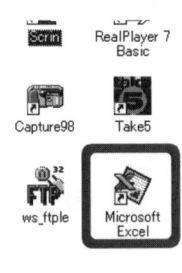

右のような画面が表示される．
これから，長方形のマス目(マス目の1つひとつをセルという)の中に数値や文字を入力し，いろいろな計算や図表を作成する．

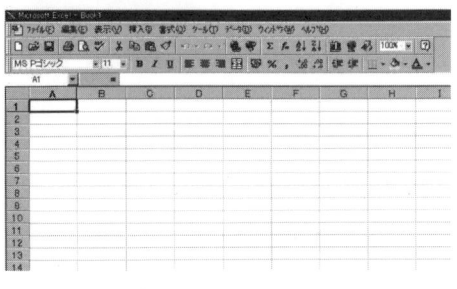

■エクセルの終了

作業をせずに終了してみる．画面上の「ファイル(F)」-「終了(X)」の順にクリックする．エクセルを起動する前の状態の画面に戻るはずである．

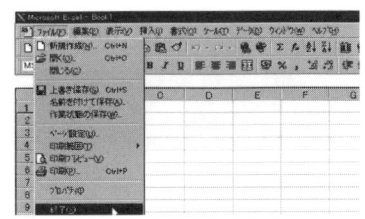

3.2 データの入力

　ここでは，初めてエクセルを使い，統計解析を行う方のために，データの入力法や保存法を説明する．既に，これらの操作ができる人は，次章に進む．
　例題として利用するデータは，以下の表3-1，20名の身長のデータである．

表3-1　20人の身長データ（小著1「例解：健康スポーツ科学のための統計学」p8参照）

ID	1	2	3	4	5	6	7	8	9	10
身長	169.5	173.5	160.5	156	165	172.5	167.3	165.9	175.1	170.2
ID	11	12	13	14	15	16	17	18	19	20
身長	150.1	158	161	176.8	182.3	171	174.6	166.5	162.3	176.8

> ここでは以下の内容を実例に従い説明する．
> ■ 3.2.1　文字の入力
> ■ 3.2.2　数値の入力
> ■ 3.2.3　表示桁の整理

■3.2.1　文字の入力

　エクセルを起動すると，下のような画面が表れる．この状態からデータ入力を開始する．

　マウスポインタ*を移動し，入力したい**セル***（ここではA1セル）をクリックする．クリックし選択されたセルの枠が太い線になり，文字や数値が入力できるようになる．この状態のセルを**アクティブ***セルという．

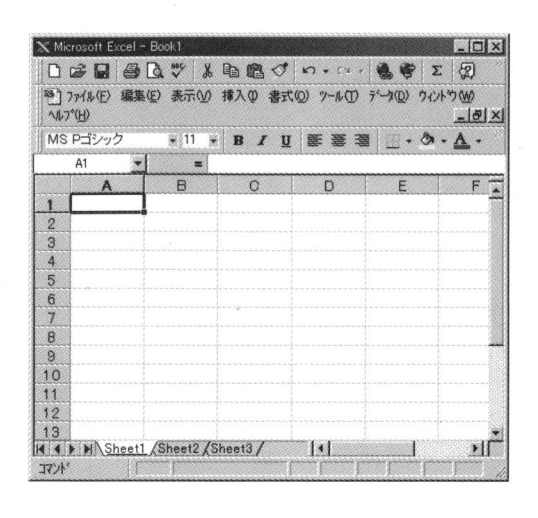

日本語（例：身長）を入力する場合，日本語入力モードに切り替える（Alt
キーを押しながら，半角/全角キーを押す．機種（あるいは辞書）によっては
半角/全角キーを押すだけで切り替わる）．

文字をキーボードから打ち込む．日本語の場合は**スペースキー**で適宜変換し
（下左図），**Enterキー**を押し，確定状態にしておく（下右図）．

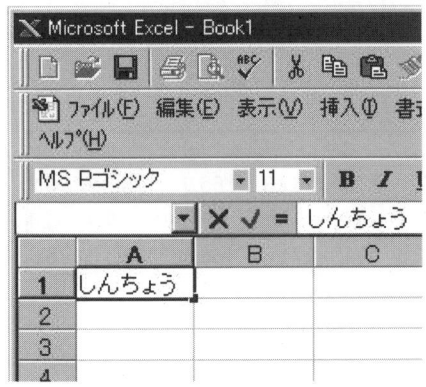
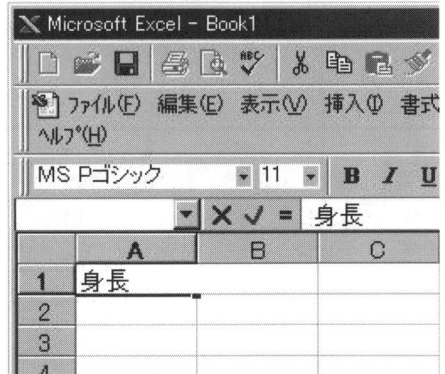

文字の打ち込みが終わったら，
Enterキーを押し，そのセルへの
入力を終了する（**アクティブセル**は
次のセルへ移動）．

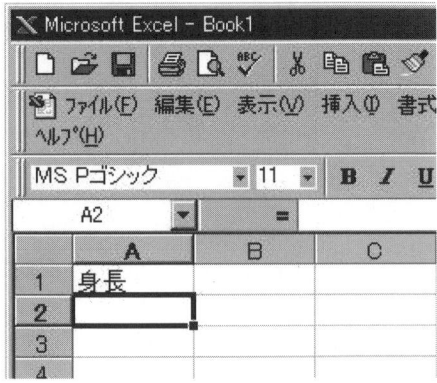

---

* **マウスポインタ**：マウスを操作する矢印のこと．場所によってその形状が変わる．
* **セル**：画面上のマス目のこと．
* **アクティブセル**：1つあるいは複数のセルをクリックし，選択している状態．

■3.2.2 数値(データ)の入力

このような日本語入力モードになっている場合は，数値データを入力する場合，

日本語入力モードを解除しておく．
（Altキーを押しながら，半角/全角キーを押す．パソコンによっては半角/全角キーだけを押す．）

マウスポインタを移動し，入力したいセル（ここではA2セル）をクリックする．

「20人の身長のデータ」を打ち込む．まず，セルA2に1人目の身長169.5をキーボードから打ち込む．

1つのセルのデータを打ち終えたら，Enterキーを押す．すると，データがセルに入力され，ポインタが1つ下のセルに移動する．

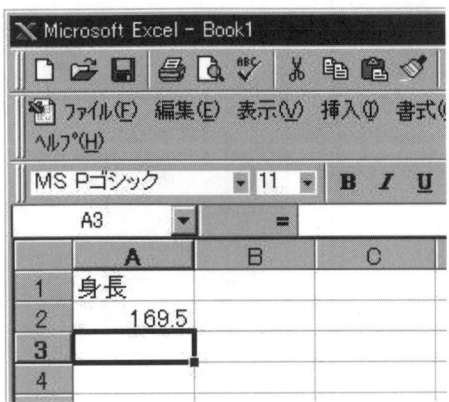

続けて「173.5」から順に20名のデータを入力する．なお，セルA5のように「156.0」とデータを入力しても，「156」と表示され，小数点部分の「0」は省略される．右図は20名分の身長のデータの入力結果である．

第3章　エクセルの基本操作とデータの保存　19

■ 3.2.3 小数点桁表示の変更

既に説明したように，「156.0」の末尾の「0」は省略され，表示されない．このままでもデータの解析の上では特に問題はない．表示する桁を合わせたい場合には，以下の方法で行う．

桁数を変えたいセルを，下図のようにクリックし，**アクティブ**にする．

ツールバー*の小数点表示桁上(下)げボタンをクリック，変更する．

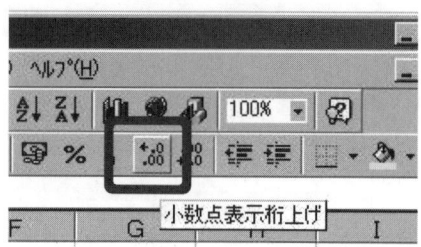

ここでは小数点第1位まで表示させた．他のセルも同様に変更できる．

複数のデータを同時に変更する場合は下図のように複数範囲を選択（ドラッグ）し，同様な操作を行う．

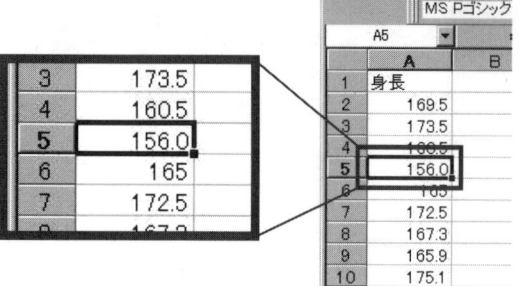

***ツールバー**:利用する様々な機能がアイコンで表示されている部分(詳細は付録参照)．

入力したデータを失うことがないように，データをこまめに保存すること．
ここでデータを保存する場合は，3.5「データの保存」を参照のこと．

3.3 ワークシートの操作

ここでは以下の内容を実例に従い説明する.
- 3.3.1 ワークシート名の変更
- 3.3.2 シートの追加
- 3.3.3 シートの削除

■3.3.1 ワークシート(Sheet)名の変更

　一般的に使うファイルはエクセルではブックと呼ばれ,複数の**ワークシート**＊(以下シート)から構成される.シートを効果的に使うことによって,同じような作業内容のファイルをいくつも作成しなくても,1つのファイルで事が足りる.
　以下,どのようなデータをシートに保存したか分かるように,シート名の変更方法(シートに名前をつける)を説明する.

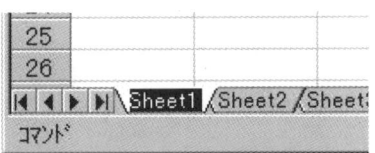

変更したいシート(ここでは「Sheet1」)の**タグ**＊上にマウスポインタを移動し,マウスの右ボタンをクリック(右クリック)する(ダブルクリックでも同じ).

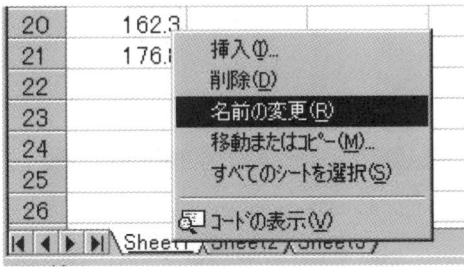

操作メニューが表示されるので,その中の「名前の変更(R)」を選択する.シート名が反転(色が変化)する.

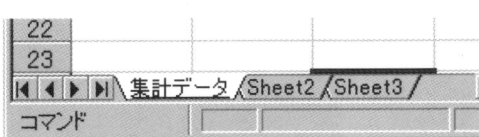

ここで日本語入力モードに切り換え,「集計データ」と入力すると,左図のようにシート名が「集計データ」と表示される.

＊シート(Sheet):集計表のようなもので,ブックを構成する単位である.初期画面では画面下に「Sheet1」,「Sheet2」,「Sheet3」と表示される.
＊タグ:シートの名称が付いた印

■3.3.2 シートの追加

メニューバーから「挿入(I)」，「ワークシート(W)」をクリックする．

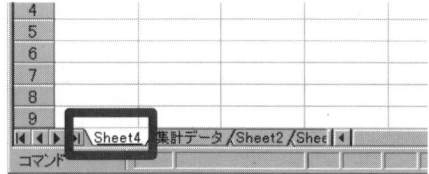

新しいシート「Sheet4」が挿入される．

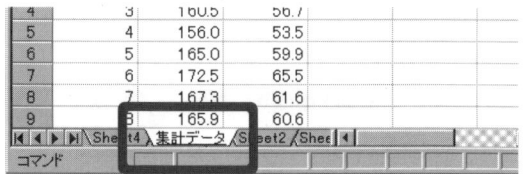

シート「集計データ」の**タグ**＊をクリックすると戻る．

■3.3.3 シートの削除

シートが不要になったとき，あるいは整理したい場合(図では「Sheet4」が不要になった例)，そのシートのタグをクリックし，シートを表示する．メニューバーの「編集(E)」から「シートの削除(L)」をクリックする．

図のような注意が促され，「OK」をクリックすると「Sheet4」が削除される．

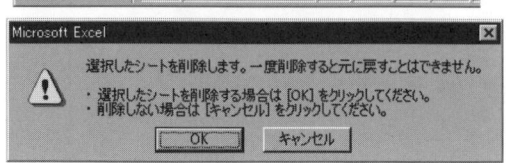

3.4 印 刷

入力した20名の身長のデータ(ローデータ)を出力してみる.

ここでは以下の内容を実例に従い説明する.
■ 3.4.1 印刷領域の設定
■ 3.4.2 印刷オプションの設定

■3.4.1 印刷領域の設定（印刷プレビュー）

印刷の際には，予め「**印刷プレビュー**」で，どのように印刷されるか確認する．
タスクバーの「ファイル(F)」から「印刷プレビュー(V)」をクリックする．

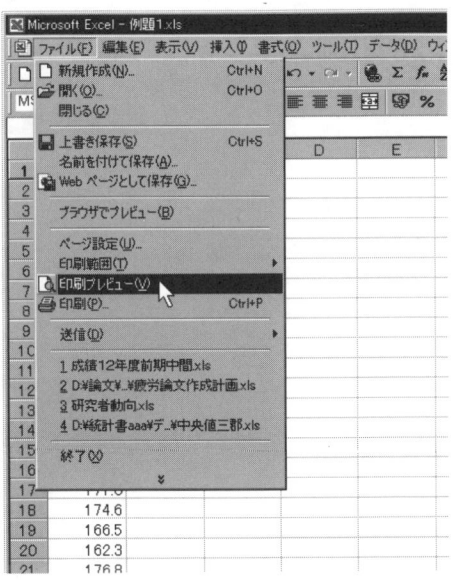

用紙に印刷される状況が表示される．「設定」をクリックする．

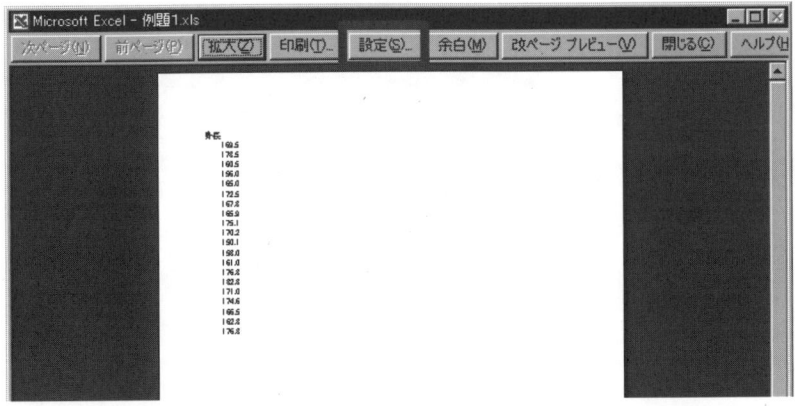

入力した部分を全て1枚の紙に印刷する場合は、「拡大縮小印刷」の図の枠で囲った部分をクリックする．
これは，横と縦のいずれも1ページに収まるように印刷する設定で，縦横それぞれ複数ページの設定も可能．
確認したら「OK」をクリックする．

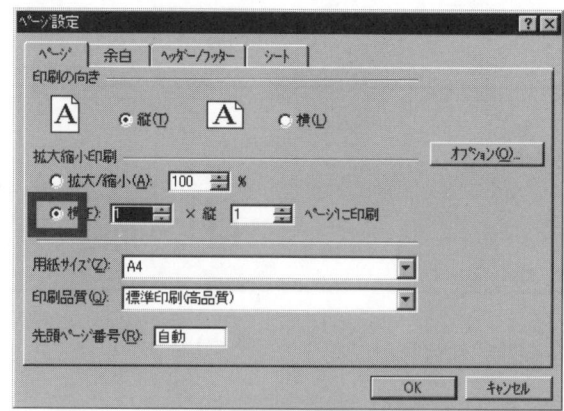

「閉じる (C)」をクリックして，印刷プレビューを閉じる．

■3.4.2 印刷オプションの設定と印刷

印刷は，メニューバーの「ファイル(F)」から「印刷(P)」をクリックする．この手順はほとんどのアプリケーションソフトで共通している．

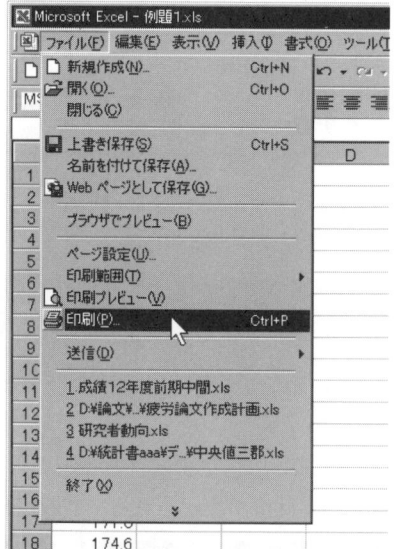

ファイルの中のシートを全て印刷する場合は，「印刷範囲」の「ブック全体」を選択する．
ここではまだシート1にしかデータを入力していないので「選択したシート(V)」をチェックし，「OK」をクリックする．

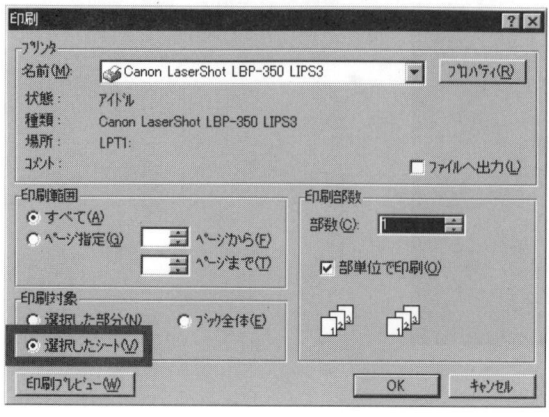

3.5 データの保存

　作成したファイルはどこかに保存する必要がある．保存場所をあえて指定しなければ，「My Documents(マイドキュメント)」というフォルダに保存される(「My Documents」はデスクトップに表示されており，ここに保存することはパソコンのハードディスクに保存することを意味する)．フロッピーディスクに保存する方法もある．これはデータを持ち運べる利点とともに，データのバックアップのために有効である．

■3.5.1 ハードディスクへの保存

「ファイル(F)」から「名前を付けて保存(A)」を選択する．

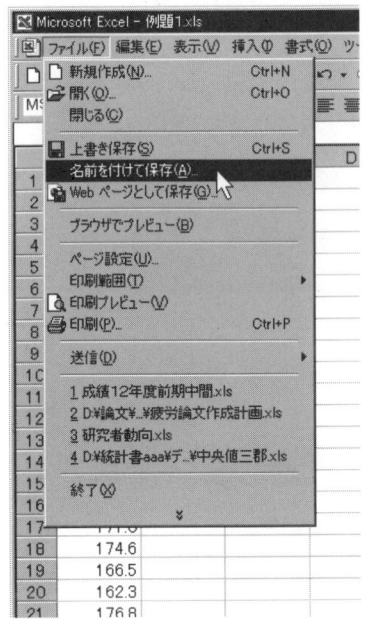

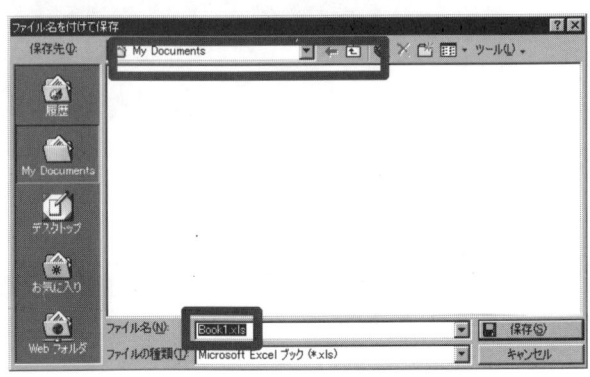

「My Documents(マイドキュメント)」という場所が表示される．作成したファイルはここに保存される．「ファイル名(N)」には「Book1.xls」と表示されている．

「Book1.xls」を「例題1」と名前を変更し，「保存」をクリックする．

■3.5.2 フロッピーディスクへの保存

フロッピーディスク(以下,フロッピー)に保存する場合は「保存先(I)」を
「3.5インチFD(A:)」に指定する.

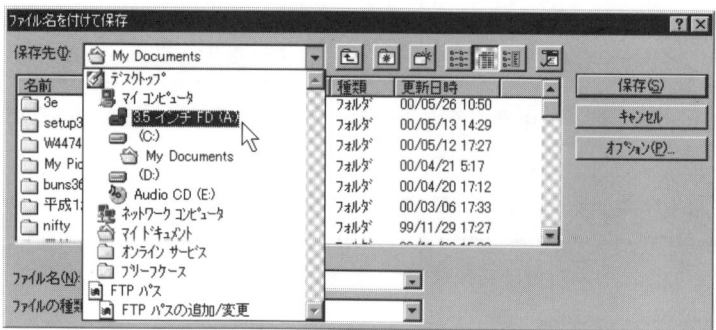

フロッピーが挿入されていなかったり,**フォーマット**されていない場合は以下のような注意が促される.この場合「キャンセル」をクリックする.

フォーマットされたフロッピーが挿入されていることを確認し,改めてファイルを保存する.

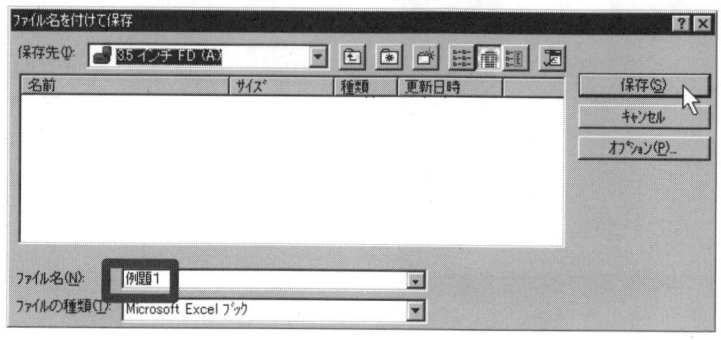

データのバックアップのためにフロッピーディスクへの保存を勧める.また,データの受け渡しにはフロッピーディスクなどの媒体のみならず,電子メールも利用価値は高い.ただし,ファイルの大きさに注意する.

データ整理

4.1 データの追加
4.2 データの結合
4.3 データの分類と並び替え

　一度作成したデータファイルに，新たにデータを追加する，あるいは他の人から受け取ったデータを結合する機会は多い．
　また，一度入力し整理したデータであっても，その後の解析内容により，データを分類したり並び替え，解析内容に適した形にデータを加工・整理する必要が生じる．
　ここでは，ファイルに追加データを直接入力する方法，別々に入力した異なるファイルのデータを結合する方法，あるいは並び替えによるデータの整理方法について説明し，第6章以降の具体的なデータ解析に備える．
　第4章「データ整理」では，4.1「データの追加」の他，4.2「データの結合」，4.3「データの分類と並び替え」を行う．

第 4 章

4.1 データの追加

　図4-1は，前章で入力した20名の身長のデータから始まり（ファイル名「例題1」），この章以降におけるデータの追加や結合等，ファイル作成の流れを示している．4.2.1では新規ファイルを作成し（30名のデータ），4.2.2において4.1.1で入力した20名のデータと結合する．

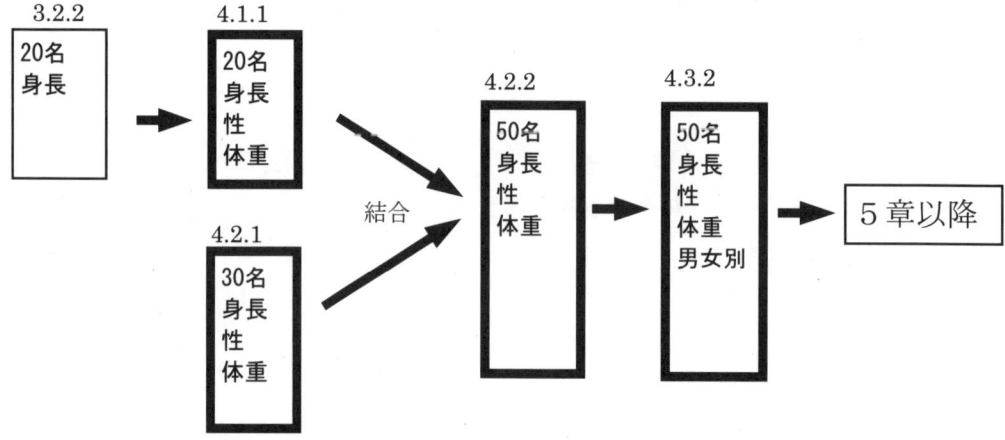

図4-1　データファイル作成の流れ

ここでは以下の内容を実例に従い説明する．
■　新しい変数（データ）の入力

　ここでは，既に入力した身長のデータに新たに体重と性のデータを加える．体重と性はそれぞれ尺度の水準（第2章参照）が異なる．性は定性変数，身長や体重は**定量変数**と呼ばれる．例題として利用するデータは，以下の20名の性，身長および体重のデータである（小著1：「健康・スポーツ科学のための統計学」参考）．

表4-1　20人の身長のデータに性および体重を加えたローデータ

ID	1	2	3	4	5	6	7	8	9	10
性	男子	男子	女子	女子	男子	男子	女子	男子	男子	男子
身長	169.5	173.5	160.5	156.0	165.0	172.5	167.3	165.9	175.1	170.2
体重	66.4	74.0	65.0	52.5	55.5	63.2	52.1	83.2	72.4	62.8
ID	11	12	13	14	15	16	17	18	19	20
性	女子	女子	女子	男子	男子	男子	男子	女子	女子	男子
身長	150.1	158.0	161.0	176.8	182.3	171.0	174.6	166.5	162.3	176.8
体重	47.0	52.0	53.0	65.2	72.3	68.0	70.8	53.5	59.0	74.9

Point
　定性変数の入力方法は2通りある．1つは，「男性」あるいは「M」と直接文字を入力する方法で，もう1つは，例えば男性は「1」女性は「2」と一定の数値を付与し，その数値を入力する方法である．いずれの方法を選択しても，後から変更可能である（文字から数値，数値から文字）．ここではキーボードから直接入力しやすい，男子は「1」，女子は「2」として，入力する．体重は，身長と同様に入力し，適宜小数点を調整する．

メニューバーの「ファイル(F)」から「開く(O)」を選択し,「My Documents」あるいはフロッピーディスクに保存した「例題1」のファイルを開く.

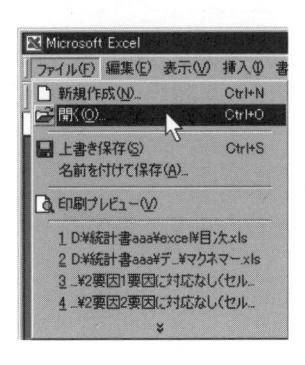

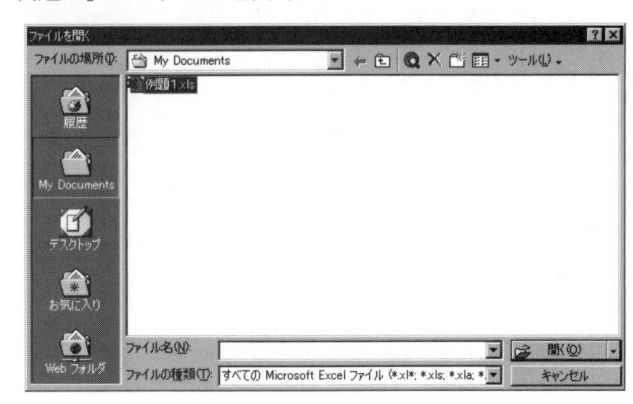

身長のデータ列の左に新しく列を挿入する.身長のデータのどこかのセル(ここではA2)にポインタを移動させ場所を指定する.

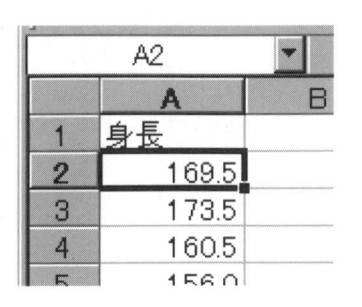

メニューバーから「挿入(I)」-「列(C)」をクリックする.

指定したセル以降の全ての列が1列だけ右へ移動し,そこに新しく空列が挿入される.

ID番号を入力する.セルA2から順にA21(1〜20)まで入力する(連続した数値の入力は4.2.1を参照).

セルB2にポインタを移動し,同じ作業を行う.列を挿入し,性のデータ入力に備える.

第4章 データ整理 29

セルB1に変数名を「性」と入力し，前述のローデータ表に従い，男子の場合は「1」，女子の場合は「2」を入力していく．

今度は身長の右側の空いた列に体重のデータを順に入力する．既に述べたようにデータは適宜，小数点を調整する（3.2.3参照）．定性変数と定量変数の複合型のデータが入力される．

	A	B	C
1		性	身長
2	1	1	169.5
3	2	1	173.5
4	3	2	160.5
5	4	2	156.0
6	5	1	165.0
7	6	1	172.5
8	7	2	167.3
9	8	1	165.9
10	9	1	175.1
11	10	1	170.2
12	11	2	150.1
13	12	2	158.0
14	13	2	161.0
15	14	1	176.8
16	15	1	182.3
17	16	1	171.0
18	17	2	174.6
19	18	2	166.5
20	19	2	162.3
21	20	1	176.8

	A	B	C	D
1		性	身長	体重
2	1	1	169.5	66.4
3	2	1	173.5	74.0
4	3	2	160.5	65.0
5	4	2	156.0	52.5
6	5	1	165.0	55.5
7	6	1	172.5	63.2
8	7	2	167.3	52.1
9	8	1	165.9	83.2
10	9	1	175.1	72.4
11	10	1	170.2	62.8
12	11	2	150.1	47.0
13	12	2	158.0	52.0
14	13	2	161.0	53.0
15	14	1	176.8	65.2
16	15	1	182.3	72.3
17	16	1	171.0	68.0
18	17	2	174.6	70.8
19	18	2	166.5	53.5
20	19	2	162.3	59.0
21	20	1	176.8	74.9

追加データを入力した「例題1」のファイルを保存する．メニューバーの「ファイル(F)」から「上書き保存(S)」をクリックすると，ID，性および体重のデータを追加したファイル「例題1」が保存される．

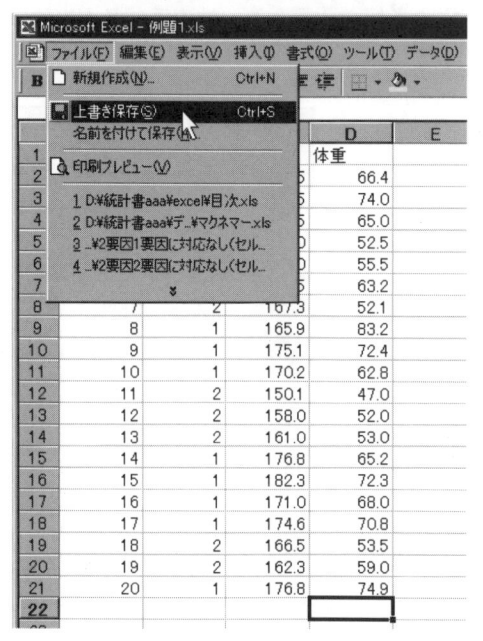

> **Point**
>
> ファイル「例題1」は初め20名の身長のデータだけであったが，ID(個人番号)，性，及び体重のデータが追加された．上書き保存されたファイル「例題1」は，前回保存した場所にある．
>
> 次は「例題1」の20人に新たに30人のデータを追加する．このまま進める場合は，「例題1」のデータを開いておく．
>
> ここで終了する場合は，図の×をクリックするか，メニューバーから「ファイル(F)」「閉じる(C)」を選択する．

4.2 データの結合

データを結合するにはエクセルのワークシートごとにそれぞれのファイルを開いてから，両者間でコピーと貼り付けを行う．ここでは，新規のファイルにデータを入力（ID=21〜50），既存のファイル（ID=1〜20）と2つ並列表示させ，2つのファイルのデータを一つにまとめる．

ここでは以下の内容を実例に従い説明する．
- 4.2.1 新しいデータファイルの作成と複数ファイルの表示
- 4.2.1 データのコピーとペースト（複写と貼り付け）
- 4.2.1 別のファイルから

4.2.1 新しいデータファイルの作成と複数ファイルの表示

下記のデータを新規のファイルに入力する．今度は30名のデータである（ID=21〜50）．

表4-2 30人の生，身長および体重のローデータ

ID	21	22	23	24	25	26	27	28	29	30	31	32	33	34	35
性	男子	女子	男子	女子	男子	男子	男子	男子	男子	男子	女子	女子	女子	男子	男子
身長	175.0	161.3	170.0	160.8	182.1	176.5	177.2	165.5	168.0	180.0	160.0	160.0	158.9	166.0	169.5
体重	70.2	51.5	77.6	54.3	69.0	75.0	75.0	71.0	60.5	67.0	55.0	57.0	67.0	59.6	54.5
ID	36	37	38	39	40	41	42	43	44	45	46	47	48	49	50
	男子	女子	女子	男子	女子	女子	女子	女子	女子	女子	女子	女子	女子	男子	男子
身長	163.3	169.0	169.0	188.9	168.0	153.0	157.5	157.8	163.0	156.4	158.3	168.2	170.1	162.3	175.2
体重	59.0	60.5	66.0	75.0	59.0	48.0	54.0	53.0	54.0	50.0	57.5	57.1	60.0	53.4	70.1

「ファイル(F)」から「新規作成(N)」を選択する．

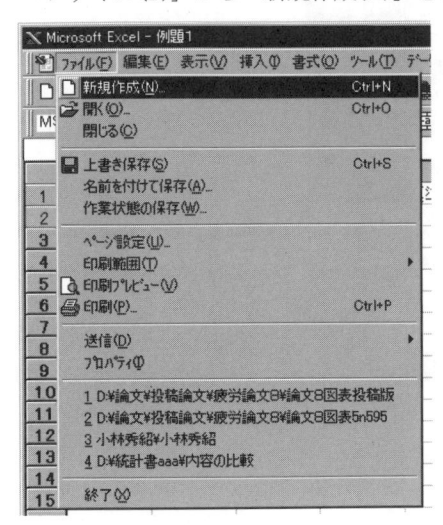

「OK」をクリックする．

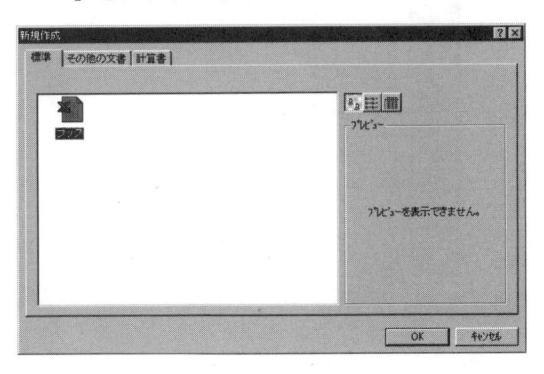

第4章 データ整理

新規のファイルが表示される．

ID番号を入力する．
セルA2に「21」を入力する．

セルA2を選択した状態で，枠の右下にカーソルを移動し，白十字から図のような黒十字に変化した地点で「Ctrl」キーを押すと，さらに小さな黒十字マークが表示される．

「Ctrl」キーを押したまま，左クリックでマウスを下にずらし，「50」番目が表示されたところで左クリックした指を離す．

ID番号が50番まで表示される．

性，身長，体重のデータを入力する．20名のデータでは，変数毎にデータを入力したが，調査や測定データは，一般に記録用紙に入力されるので，ここでは下図のように横に入力していく．

	A	B	C	D	E	F
1		性	身長	体重		
2	21	1	175.0	70.2		
3	22					
4	23					
5	24					
6	25					

ID21～50までの30人のデータは下図のように入力される．

	A	B	C	D	E
1		性	身長	体重	
2	21	1	175.0	70.2	
3	22	2	161.3	51.5	
4	23	1	170.0	77.6	
5	24	2	160.8	54.3	
6	25	1	182.1	69.0	
7	26	1	176.5	75.0	
8	27	1	177.2	75.0	
9	28	1	165.5	71.0	
10	29	1	168.0	60.5	
11	30	1	180.0	67.0	
12	31	2	160.0	55.0	
13	32	2	160.0	57.0	
14	33	2	158.9	67.0	
15	34	1	166.0	59.6	
16	35	1	169.5	54.5	
17	36	2	163.3	59.0	
18	37	2	169.0	60.5	
19	38	1	169.0	66.0	
20	39	1	188.9	75.0	
21	40	2	168.0	59.0	
22	41	2	153.0	48.0	
23	42	2	157.5	54.0	
24	43	2	157.8	53.0	
25	44	2	163.0	54.0	
26	45	2	156.4	50.0	
27	46	2	158.3	57.5	
28	47	2	168.2	57.1	
29	48	2	170.1	60.0	
30	49	1	162.3	53.4	
31	50	1	175.2	70.1	
32					

このとき，もしファイル「例題1」を閉じていた場合には，再び図のように「ファイル」から「開く」を選択し「例題1」のファイルを開いた状態する．

メニューバーの「ウィンドウ(W)」から「整列(A)」をクリックする．

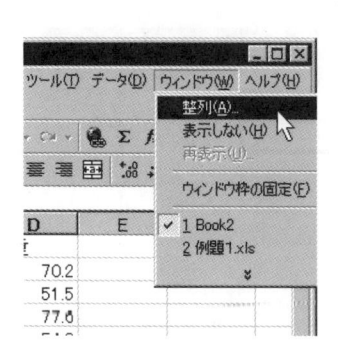

「ウィンドウの整列」ウィンドウが表示されるので，「左右に並べて表示(V)」をクリックする．

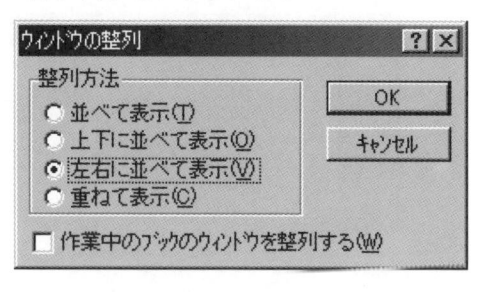

重なって表示されていた2つの新旧ファイルが下図のように，並列したウィンドウとして表示される．

30名のファイル(ID=21-50)　　20名のファイル(ID=1-20)

複数のファイルを同時に操作する場合，このようにウィンドウを並べると，ファイル内容の比較や，後で説明する「データの結合」などの操作が容易になる．

上部のバーが青くなっているウィンドウが現在選択されているファイルを示す．操作しようとするファイルの上にマウスカーソルを移動し，一度クリックすると，そのファイルを選択できる．

Point　前例は左右に並べる表示方法であるが，上下に並べる表示方法などもある．利用しやすい方法を選択する．

4.2.2 データのコピー（複写）とペースト（貼り付け）

　データを結合するために，左の新しく入力したデータをコピーし，右側の「例題 1」のワークシート上のデータの下部に貼り付ける．まず下図のように左側の入力したデータの範囲を選択する．

　左側のファイル上で右クリックし，サブメニューから「コピー（C）」を選択する．

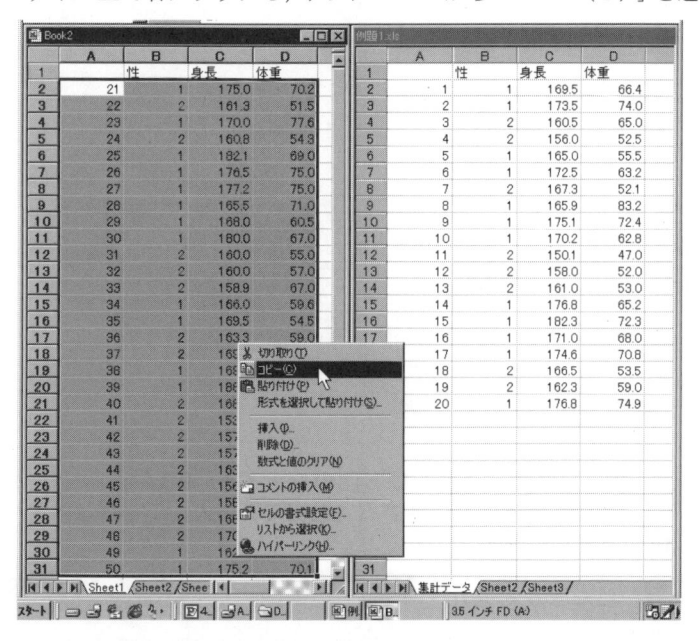

> **Point**　メニューバーの「編集（E）」をクリックし，プルダウンメニューから「コピー（C）」をクリックしても同じ操作が可能である．

貼り付け先領域の左上隅のセル(ここでは右側のウィンドウのA22セル)をクリックし，貼り付け先領域の先頭を指定する．右クリックし「貼り付け(P)」を選択する．メニューバーの「編集(E)」プルダウンメニューから「貼り付け(P)」をクリックでも可能.

左側の新規の30名のデータが，右側のファイルにコピーされ，「例題1」は50名分のデータになる．

　　左側の新規入力データのファイルは右側のファイル「例題1」に統合される．「例題1」は4.1.1と同様な手続きで保存する．左側の新規入力データは本書では今後扱わないので，保存あるいは閉じる必要がある．

　　新規に入力したデータを閉じる場合は図のようなメッセージが表示される．いずれかを選択のこと．

4.3 データの分類と並び替え

　男女別に解析する場合，あるいは条件別や群別にデータを表示させる場合がある．これは，群間の差の検定を行う場合や順位を検討する場合等などに利用する．

> ここでは以下のことを説明する．
> ■ 4.3.1 データの分類
> ■ 4.3.2 ケースの並び替え
> ■ 4.3.3 変数の並び替え

　4.3.1「データの分類」では，ある変数の内容に合致したデータを表示させる．ここでは，「フィルタ機能」を利用し，男女混合データの中から男子のデータのみを表示させる．「フィルタ機能」は表示形式だけを変更する機能なので，データそのものに変更はない．
　4.3.2「ケースの並び替え」では，ある変数の内容を基準にデータの並び替えを行う．ここでは，ID番号順に並んでいるデータを4.3.2のように男女別に並び替える．
　4.3.3「変数の並び替え」では，4.3.1と同様な手続きを行うが，4.3.2のようにケース（行）を並び替えるのではなく，変数（列）を並び替える．例えば，身長，体重，胸囲の順に入力されているのを，胸囲，身長，体重の順に並び替える．

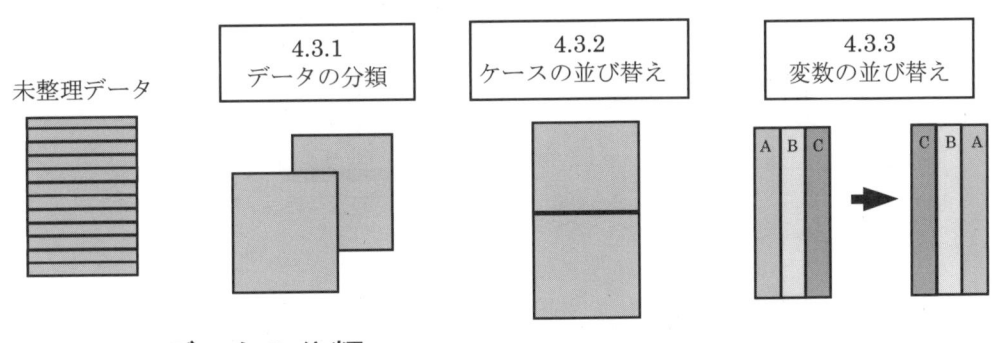

4.3.1 データの分類

　メニューバーから「開く(O)」を選択し，「My Documents」あるいはフロッピーディスクに保存しておいた「例題1」のファイルを開く．

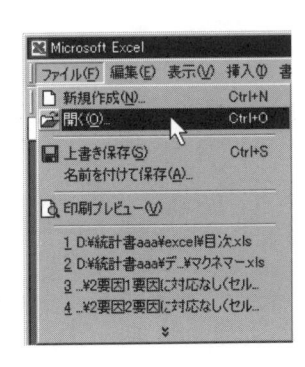

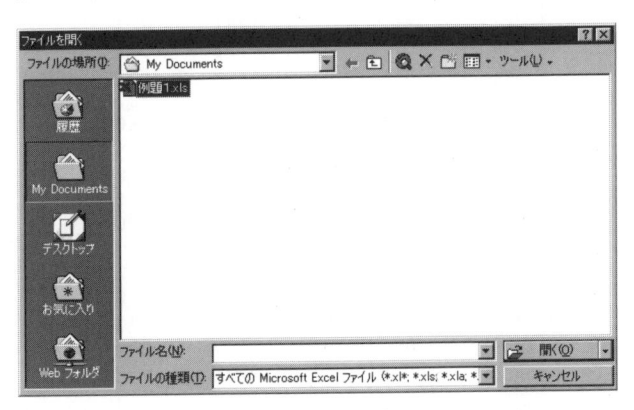

メニューバーから「データ(D)」をクリックし，「フィルタ(F)」から「オートフィルタ(F)」を選択する．

各変数のラベルが表示されたセル内の右側に▼マークが表示される．これは，各変数(列)の内容を選択するための機能である．

ここでは，男子のデータのみ表示させる．セルB1の▼をクリックし，男子を意味する「1」を選択する．

性が「1」の者，すなわち男子のデータのみが表示される．この機能は，表示する内容が変更されるだけなので，データそのものに変更はない．

全てのデータ表示を元に戻すには，再びセルB1の▼をクリックして「(すべて)」を選択する．女子のデータだけを表示する場合も，男子と同様にセルB1の▼をクリックし，「2」を選択する．

フィルタ機能 (変数の内容ごとの表示) を解除するには，再びメニューバーから「データ(D)」をクリックし，「「フィルタ(F)」から「オートフィルタ(F)」を選択し，「オートフィルタ(F)」についているチェックマークを外す．

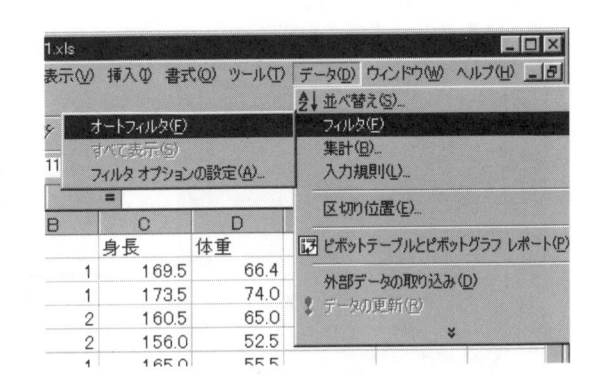

> **Point**　フィルタ機能を利用したデータの分類では，あるデータを内容 (例えば男女別) ごとに「データの表示形式」を変更した．これは，例えば男子のデータだけを確認したい場合や，女子のデータだけを分析したい場合に，簡便な操作で内容(条件)ごとにデータ表示を可能にする．データチェックの場合などでは，この方法でデータを分類し，適宜印刷を行うと有効である(印刷方法については3.4を参照)．

第4章　データ整理

4.3.2 ケースの並び替え

　まず，ファイル「例題1」を開く．1つのファイル上でデータを並び替え，一定の条件ごとにデータを分類，統合する方法を説明する．常に全てのデータが1つのファイル（シート）上に表示されている点が4.3.1と異なる．ここでは性別に，他の身長および体重のデータとID番号を並び替える．

　データの全領域を選択する．一部でも範囲選択しないデータがあると，並び替えの対象から外れ，混乱の原因となるので注意する．

入力した全てのデータを変数のラベルとともに，範囲指定する．セルA1をクリックする．

セルA1からD51まで，ドラッグすると，選択した範囲が反転表示のアクティブな状態となる．

メニューバーの「データ(D)」から「並び替え(S)」をクリックする．

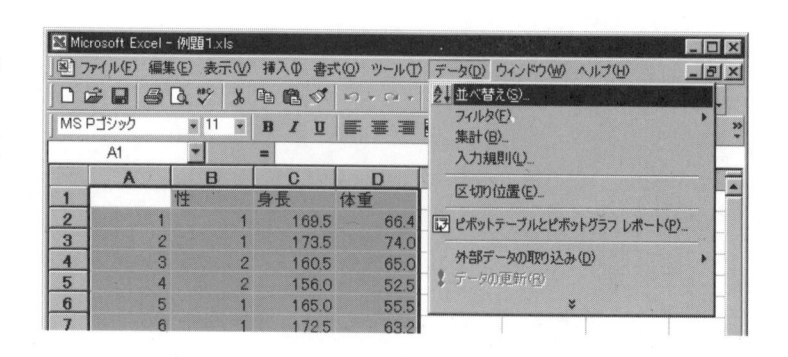

例えば，まず性別にしたい場合は，図のように性を選択（「最優先されるキー分類」の▼をクリック）し，「OK」をクリックする．

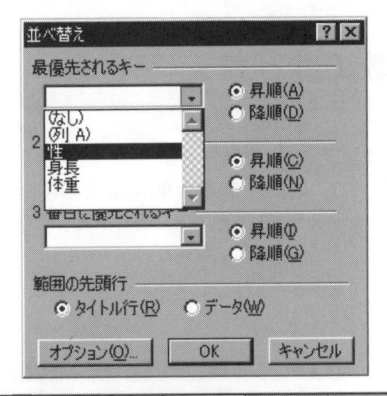

性のデータを基準に，1（男子），2（女子）の全てのデータが分類される．

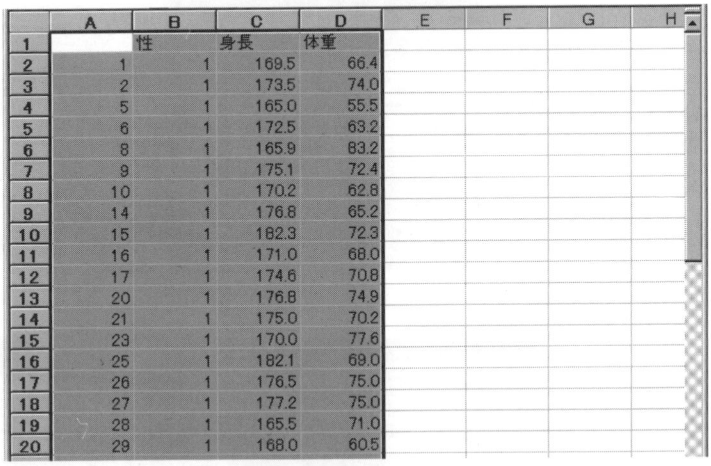

	A	B	C	D
1		性	身長	体重
2	1	1	169.5	66.4
3	2	1	173.5	74.0
4	5	1	165.0	55.5
5	6	1	172.5	63.2
6	8	1	165.9	83.2
7	9	1	175.1	72.4
8	10	1	170.2	62.8
9	14	1	176.8	65.2
10	15	1	182.3	72.3
11	16	1	171.0	68.0
12	17	1	174.6	70.8
13	20	1	176.8	74.9
14	21	1	175.0	70.2
15	23	1	170.0	77.6
16	25	1	182.1	69.0
17	26	1	176.5	75.0
18	27	1	177.2	75.0
19	28	1	165.5	71.0
20	29	1	168.0	60.5

画面の下の方へスクロールすると男子のデータの次に女子のデータが並び替えられているのを確認できる．
このようなデータの分類（ケースの並び替え）はデータ分析の際に便利である．

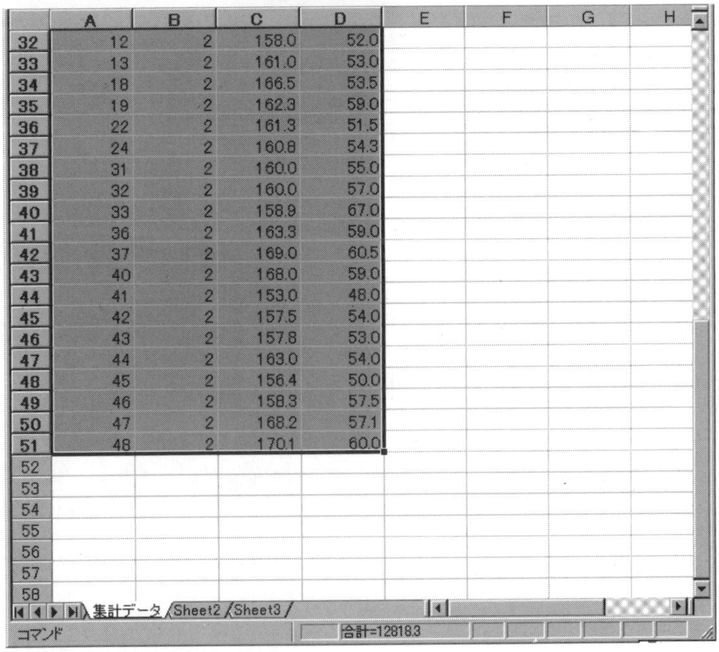

	A	B	C	D
32	12	2	158.0	52.0
33	13	2	161.0	53.0
34	18	2	166.5	53.5
35	19	2	162.3	59.0
36	22	2	161.3	51.5
37	24	2	160.8	54.3
38	31	2	160.0	55.0
39	32	2	160.0	57.0
40	33	2	158.9	67.0
41	36	2	163.3	59.0
42	37	2	169.0	60.5
43	40	2	168.0	59.0
44	41	2	153.0	48.0
45	42	2	157.5	54.0
46	43	2	157.8	53.0
47	44	2	163.0	54.0
48	45	2	156.4	50.0
49	46	2	158.3	57.5
50	47	2	168.2	57.1
51	48	2	170.1	60.0

Point　「例題1」を保存していない場合は，4.1.1に戻り保存方法を確認し，保存する．
ケースの並び替えの変更内容を印刷する場合は3.4を参照．

4.3.3 変数の並び替え(移動)

　変数の並び替えは，データの集計やグラフ化する際に変数の移動を伴う場合などに利用する．ここでは，ID，性，身長，体重と順に並んでいる変数を，50音順に並び替える．
　ファイル「例題1」を開いた状態から開始する．

前述のケースの並び替えと同様に，データを全て選択した後に，「並び替え」をクリックする．

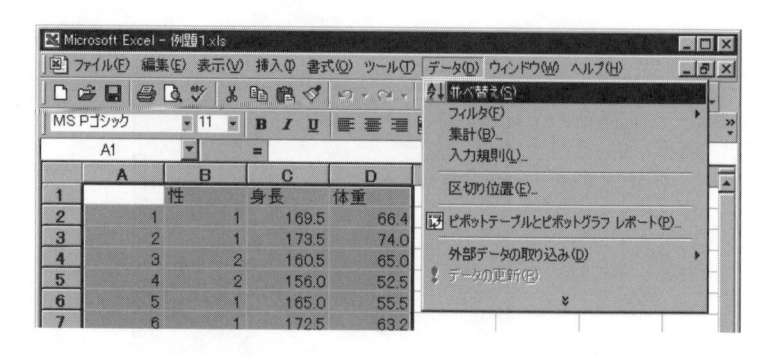

「オプション」をクリックする．

「列単位」をクリックし，「OK」をクリックする．

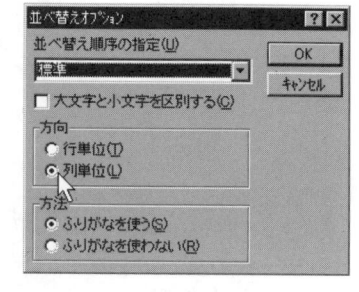

最優先されるキーが「行1」となっている．これは，変数名が書かれた行を指す．「OK」をクリックする．

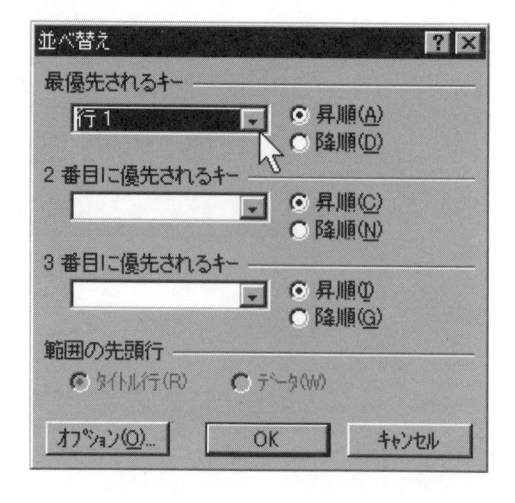

変数が「身長」「性」「体重」「空欄(ID)」の五十音順に並び替えられる．

ここの操作結果は，この後行う解析に利用しないので，枠で囲んだアイコンをクリックし，元の状態(変数の順)に戻しておく．

Point

図のように漢字はひらがな読みの50音順で表示される．
変数名にアルファベット，数字，ひらがな，漢字が混在している場合は，数字，アルファベット，ひらがな，漢字の順に表示される．

変数の並び替えは，例えば，同じ調査を2度行い，それぞれのデータを同じファイルにまとめた場合などに有効である．図のように調査1の「項目1」と調査2の「項目1」が離れた列に位置する場合，変数の並び替えにより，隣り合わせにすることができる．

調査票毎に並んでいる変数を……

	A	B	C	D	E	F	G	H
1	調査票	調査1	調査1	調査1	調査1	調査2	調査2	調査2
2	項目番号	項目1	項目2	項目3	項目4	項目1	項目2	項目3
3	1	1	1	1	1	2	3	
4	2	2	2	1	2	1	3	
5	3	1	1	1	1	1	1	
6	4	5	3	6	6	6	3	
7	5	2	3	7	5	5	2	
8	6	3	2	2	2	2	2	
9	7	3		1	1	1	1	

同じ項目番号毎にまとめる

	A	B	C	D	E	F	G	H
1	調査票	調査1	調査2	調査1	調査2	調査1	調査2	調査1
2	項目番号	項目1	項目1	項目2	項目2	項目3	項目3	項目4
3	1	1	2	1	3	1	4	
4	2	2	1	2	3	1	3	
5	3	1	1	1	1	1	2	
6	4	5	6	3	3	6	5	
7	5	2	5	3	2	7	3	
8	6	3	2	2	2	2	2	
9	7	3	1		1	1	1	

Memo

関数と分析ツール

5.1 数式の操作
5.2 関数の操作

　エクセルの最大の特徴は，表計算機能にある．電卓のような単なる計算機能ではなく，データベースとしての表形式のデータとそこから得られる新たな情報を作成する計算機能を備えている．
　表計算の方法は，大きく2つに分類でき，1つは一般的な四則演算を基本とする数式入力による方法で，もう1つは関数電卓と同様，予め組み込まれた関数を設定する方法である．
　第5章では，エクセルにおける表計算の基本操作を説明する．ここで説明することは，本書におけるデータ解析の基礎となるので理解しておく必要がある．さらに，エクセルにはデータ解析に特化した複数の関数を組合わせた「分析ツール」という機能がある．これも本書で扱うデータ解析を行う上で習得しておくべき重要な機能である．

Point

関数とは？

　例えば，セル A1～A5に1～5の数値がそれぞれ入力されている場合，SUM (A1：A5)は，A1～A5に入力されている数値1～5の合計を意味する．また，ABS (A1)は，セル A1に入力されている数値の絶対値を意味する．このような SUM や ABS を総じて(組み込み)関数という．データ解析にはなくてはならない機能である．

第 **5** 章

5.1 数式の操作

エクセルの表計算機能は，入力した数値(データ)について，特定の数式や関数を適用することが主たる内容である．ここでは，エクセルによるデータ解析に必要な**数式**および**関数**の重要な基本的操作方法について説明する．

計算を行う方法は，1)**数式を入力する方法**と 2)**関数を入力する方法**に大別される．まず，数式を入力する方法について説明する．

5.1.1 数式の入力方法

メニューバーから「新規作成(N)」を選択し，新しいファイルを開く．数式を入力するので日本語入力モード(3.2.2参照)を解除する．「5+7.5+20」を計算してみる．

図のようにセルA1～A3までデータを入力する．

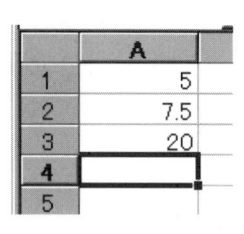

セルA4に，「=A1+A2+A3」と入力する．A1,A2,A3は3つのセル場所の指定．つまり，そこに入力してある数値の指定を意味する．

Enterキーを押すと計算結果「32.5」が表示される．再びセルA4をアクティブにすると，数式バー(付録参照)に「=A1+A2+A3」が表示され，「32.5」はセルA1とA2とA3に入力されている値の合計であることが分かる．

> **Point**
> 数式は必ず「=」から始める．セルA4に入力した数式において，「A1」「A2」「A3」ではなく，それぞれ「5」「7.5」「20」と直接入力しても同じ計算結果が得られる．しかし，数値ではなく，セルの場所の指定は，セル内のデータが変化してもA4には常にそれらの合計が算出されるので一般性がある．これは一般的な計算機と大きく異なる表計算ソフトの大きな利点である．

ここで使用したファイルは保存せず，閉じても構わない．次の，数式を使った新しい変数の作成は，以前保存しておいた「例題1」を利用する．

5.1.2 数式の入力による新変数の作成

メニューバーから「開く(O)」を選択し，「My Documents」あるいはフロッピーディスクに保存しておいた「例題1」のファイルを開く．

既に入力した身長のデータを利用して，新しい変数「標準体重」を作成する．
標準体重の算出式：標準体重＝$22 \times (身長 \div 100)^2$

「=22*(C2/100)^2」をセルに入力する．C2はID=1の身長データのセルである．

図のようにセルE1に新しく計算する変数名「標準体重」を入力する．

	A	B	C	D	E
1		性	身長	体重	標準体重
2	1	1	169.5	66.4	
3	2	1	173.5	74.0	
4	3	2	160.5	65.0	

セルE2に「=22*(C2/100)^2」と入力する．C2は1人目の身長「169.5」，つまりそこに入力してある数値を意味する．

Enterキーを押すと計算結果が，(標準体重)「63.20655」と表示される．

セルE2に再び移動すると，表示されている「63.20655」は，「$22 \times (C2 \div 100)^2$」の計算結果であることが分かる．

	A	B	C	D	E
1		性	身長	体重	標準体重
2	1	1	169.5	66.4	63.20655
3	2	1	173.5	74.0	
4	3	2	160.5	65.0	
5	4	2	156.0	52.5	

Point エクセルでは，「×」(乗法)を「*」，「÷」(除法)を「/」，べき乗を「^」として入力する．

次に，ここで新たに入力した標準体重の算出式を，全てのケース(個人)に適用し，標準体重を求める．

5.1.3 数式のコピー（複写）とペースト（貼り付け）

ここでは数式のコピーとペーストを行う（データのコピーとペーストは前章を参照）．前例において，数式に身長のデータ(169.5)ではなく，セルの場所(C2)を指定した．これにより，個人の身長データが変化しても，基本の数式は無変化，つまり同じ式が全ての個人に適用されることになる（身長データのあるセル名はC2〜C51に変化）．

数式を入力したセルE2をアクティブにして，右クリックし「コピー(C)」を選択する．

セルの枠の点滅は，セルの内容をコピーできる状態を意味する．

数式のコピー範囲を選択する．ここではセルE3を左クリックし，セルの下方にマウスを移動させる．

50人目（セルE51）まできたらマウスの移動を止め，指を離す．セルの色が青く変化し，選択状態（アクティブ）となる．

指定した範囲の上で，右クリックし，「貼り付け(P)」を選択する．

50人の標準体重が算出される．セルE3内では，身長のセルの指定がC3と変化し，2番目の人の身長のデータに変化していることが分かる．

E3 = =22*(C3/100)^2

	A	B	C	D	E
1		性	身長	体重	標準体重
2	1	1	169.5	66.4	63.20655
3	2	1	173.5	74.0	66.22495
4	3	2	160.5	65.0	56.67255
5	4	2	156.0	52.5	53.5392
6	5	1	165.0	55.5	59.895
7	6	1	172.5	63.2	65.46375
8	7	2	167.3	52.1	61.57644
9	8	1	165.9	83.2	60.55018
10	9	1	175.1	72.4	67.45202
11	10	1	170.2	62.8	63.72969
12	11	2	150.1	47.0	49.56602
13	12	2	158.0	52.0	54.9208
14	13	2	161.0	53.0	57.0262
15	14	1	176.8	65.2	68.76813

Point

セルE2に入力した標準体重の式「=22*(C2/100)^2」をコピーし，セルE3〜E51まで貼り付けた．その結果，式のC2がセルE3ではC3に，セルE4ではC4に，セルの場所が自動的に変更される．セルの場所の指定は，縦方向にコピーと貼り付けを行った場合にはセル場所の行部分(1や2)，横方向にコピーと張り付けを行った場合にはセル場所の列部分(AやB)が変化する．

選択範囲の小数点表示を変更する(3.2.3を参照)．

第5章 関数と分析ツール

今度は複数のセルの指定による数式を入力する．BMI(Body Mass Index)を計算する式は，BMI=体重(kg)÷身長(m)÷身長(m)である．身長の単位はメートルなので，体重を身長で割った後で100倍する．F2に図の如く式を入力し，Enterキーを押す．IDが1の人の体重データはセルD2，身長データはセルC2に入力されている．

	A	B	C	D	E	F	G	H
1		性	身長	体重	標準体重	BMI		
2	1	1	169.5	66.4	63.20655	=D2/(C2/100)/(C2/100)		
3	2	1	173.5	74.0	66.2			
4	3	2	160.5	65.0	56.7			

セルF2にBMI(23.11153)が算出される．

B	C	D	E	F
性	身長	体重	標準体重	BMI
1	169.5	66.4	63.20655	23.11153
1	173.5	74.0	66.2	
2	160.5	65.0	56.7	

前述の要領でセルF2をコピーし，次に，50人の数式の貼り付け範囲(セルF3〜F51)を選択する．貼り付け(P)を行うと50人分のBMIが算出される．

	A	B	C	D	E	F
33	32	2	160.0	57.0	56.3	
34	33	2	158.9	67.0	55.5	
35	34	1	166.0	59.6	60.6	
36	35	1	169.5	54.5	63.2	
37	36	2	163.3	59.0	58.7	
38	37	2	169.0	60.5	62.8	
39	38	1	169.0	66.0	62.8	
40	39	1	188.9	75.0	78.5	
41	40	2	168.0	59.0	62.1	
42	41	2	153.0	48.0	51.5	
43	42	2	157.5	54.0	54.6	
44	43	2	157.8	53.0	54.8	
45	44	2	163.0	54.0	58.5	
46	45	2	156.4	50.0	53.8	
47	46	2	158.3	57.5	55.1	
48	47	2	168.2	57.1	62.2	
49	48	2	170.1	60.0	63.7	
50	49	1	162.3	53.4	58.0	
51	50	1	175.2	70.1	67.5	
52						

D	E	F
体重	標準体重	BMI
66.4	63.20655	23.11153
74.0	66.2	24.58288
65.0	56.7	25.23267
52.5	53.5	21.57298
55.5	59.9	20.38567
63.2	65.5	21.23924
52.1	61.6	18.61426
83.2	60.6	30.22947
72.4	67.5	23.61382
62.8	63.7	21.67906
47.0	49.6	20.86106
52.0	54.9	20.83
53.0	57.0	20.44674
65.2	68.8	20.8585
72.3	73.1	21.75529
68.0	64.3	23.25502
70.8	67.1	23.22441
53.5	61.0	19.29858
59.0	58.0	22.3983

標準体重の場合と同様にセルF3のBMIの数式において，セルの場所を示す番号が身長と体重ともに変化することが確認できる．

	F3		=	=D3/(C3/100)/(C3/100)			
	A	B	C	D	E	F	G
1		性	身長	体重	標準体重	BMI	
2	1	1	169.5	66.4	63.20655	23.11153	
3	2	1	173.5	74.0	66.2	24.58288	
4	3	2	160.5	65.0	56.7	25.23267	

ここで使用したファイル「例題1」は保存しておく．メニューバーから「ファイル(F)」をクリックし，「上書き保存(S)」を選択する．変更した内容がそのまま「例題1」として保存される．

5.2 関数の操作

関数の操作は，表計算機能の中でも主要な内容であり，エクセルには様々な種類の関数が備わっている．ここでは，簡単な関数の入力方法について説明し，その後，既に入力したデータから関数を利用して新たな変数を作成する．

5.2.1 関数の入力方法

5.1.1で数式を入力して足し算を行ったが，ここでは関数を用いて計算する．

5.1.1と同様にメニューバーから「新規作成(N)」を選択し，新しいファイルを開く．

合計を算出する関数「SUM」を利用する．セルA1に5，セルA2に7.5，セルA3に20を入力し，セルA4に，=SUM(A1:A3)と入力する．( )の中はセルA1～A3の3つのセル場所(A1～A3の範囲にある数値)を意味する．括弧内のアルファベットは小文字でも構わない．

Enterキーを押すと，セルA4に計算結果「32.5」が表示される．
セルA4を選択すると，右上(数式バー)に「32.5」を導出した内容が表示される．

さらに，SUM関数を用いた計算は，入力された数値のセル場所がばらばらであっても，それらの位置の指定により計算が可能である．右の図のようにセルC1およびC2にそれぞれ「7」と「8」を入力し，セルC4にSUM関数を入力し，セル位置の指定をする．
この場合(SUM関数の場合)，右上図のように，数値が入力されているセルのみを指定(A1:A3,C1:C2)しても，右下図のように空欄を含めてセルを指定(A1:C3)しても，同じ結果が得られる．

Enterキーを押すと，「5」「7.5」「20」「7」「8」の5つの数値の合計47.5が算出される．

	A	B	C
1	5		7
2	7.5		8
3	20		
4	32.5		47.5
5			

次は関数を直接入力するのではなく「数式パレット」を利用する方法を説明する．セルC5をアクティブ(セルC5でクリック)にし，数式バーの等号（「数式の編集」）をクリックする．

▼をクリックし，関数一覧から「SUM」を選択する．
「SUM」が見つからないときは「その他の関数」をクリックし，関数の貼り付けウィンドウから選択する(後述)．

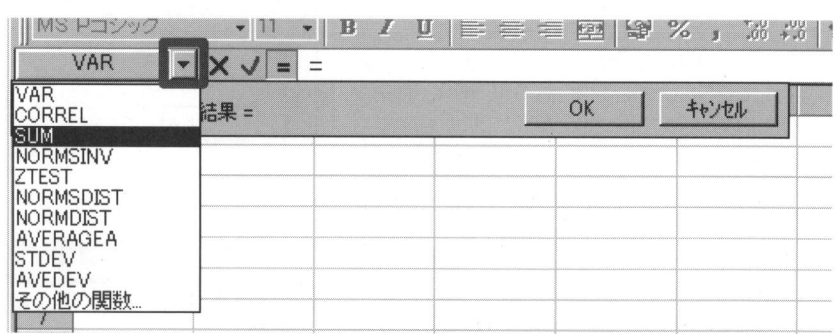

図のような「数式パレット」が表示される．データの範囲が「C1:C4」と表示されているが，選択範囲の指定変更のため，枠内のマークをクリックする．

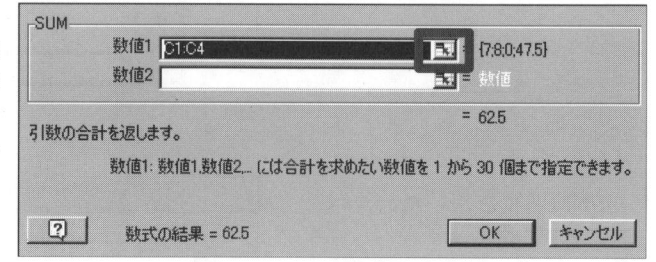

合計したいローデータが入力されているセルA1～C3までをドラッグし，範囲指定する．数式バーに入力したSUM(A1:C3)は，選択した9つのセルの合計の算出を意味する．矢印の枠内をクリックする．

入力範囲「数値1」の枠内がA1:C3になっているのを確認し「OK」をクリックすると,

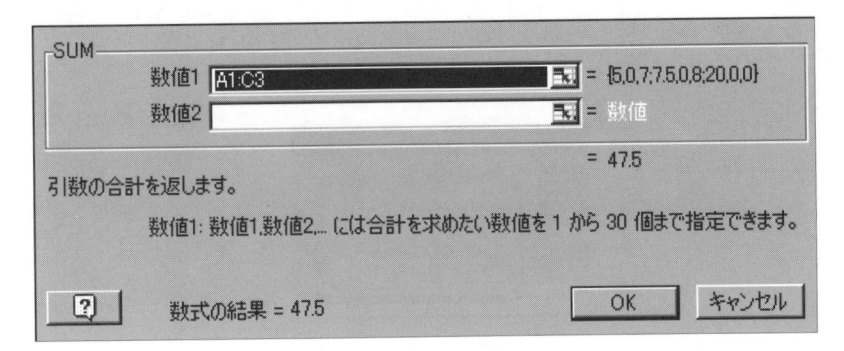

関数SUMを直接入力したセルC4と同様,セルC5にも,データの合計47.5が算出される.

ここで,他の関数を利用する場合,前述の方法と同様に,数式バーの等号(「数式の編集」)をクリックする.図の枠内をクリックし,メニューを表示させる.ここに目的の関数が表示されていないとして,「その他の関数」を選択する.

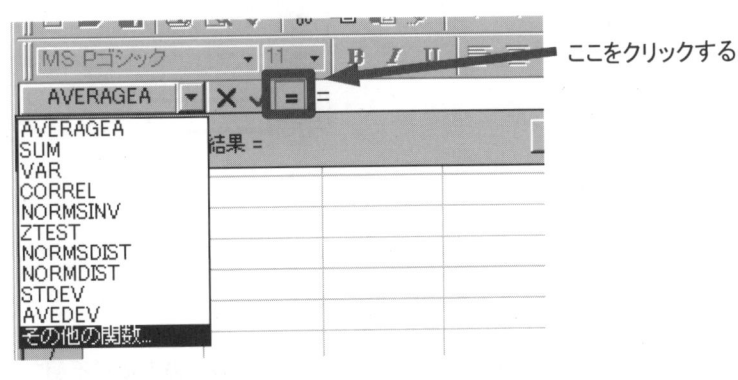

「関数の貼り付け」ウィンドウが表示される.ここから目的の関数を選択する.
まず,左窓の「関数の分類(C)」を選択し,次に右窓の関数名を選択し,「OK」をクリックする.
この後はそれぞれの関数に応じた関数式の入力を行う(関数の具体的な内容は5.2.5を参照).

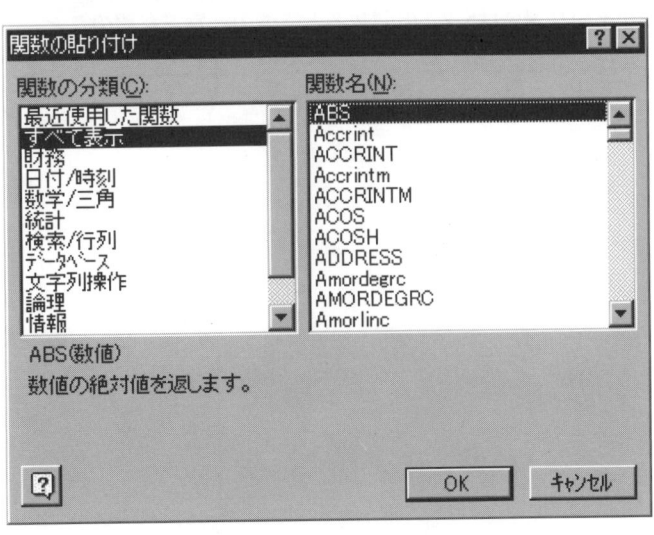

第5章 関数と分析ツール 53

Point

関数を選択する「関数の貼り付け」ウィンドウの呼び出し方は，前述の方法の他に以下の2通りがある．

■1）ツールバーの「関数の貼り付け」アイコン（図）をクリックする．

■2）メニューバーの「挿入(I)」から「関数(F)」をクリックし選択する

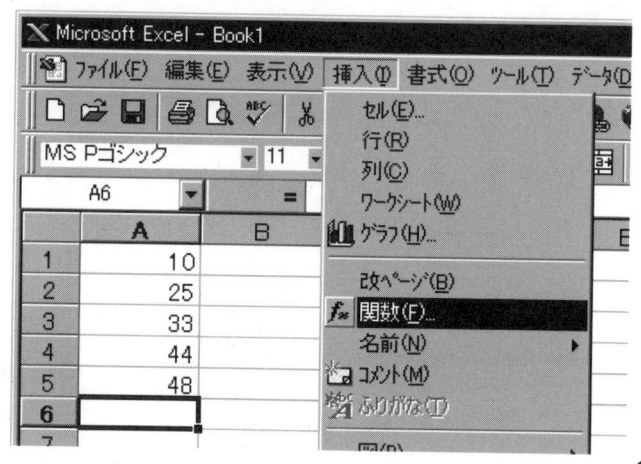

これで数式および関数に関する基本的な説明は終わる．ここまでの操作で算出した数値は，この後利用しない．必要に応じて，ファイルに保存あるいは削除すること．
以降のデータ解析において，数式や関数の入力方法が不明な場合はこの節を，また，関数の内容が不明な場合は5.2.5の関数名と機能の一覧を参照のこと．

5.2.2 関数の利用による新変数の作成

　ここでは関数の利用により新変数を作成し，関数の使い方を詳述する．5.2.1の内容よりも多少複雑な関数を使用する．まず，5.1.2で利用し保存したファイル「例題1」を開く．

　BMIによる肥満度は，20未満がやせ，20～24が正常，24以上が肥満とされている．ここでは関数を使い，肥満度を算出する．つまり，やせは「1」，普通は「2」，肥満は「3」と表示させる．

セルG2に，=IF(F2>=24,3,IF(F2<20,1,2)) と入力する．IFは場合分けの関数である(式の説明を参照)．その他の関数については，後で詳述する．

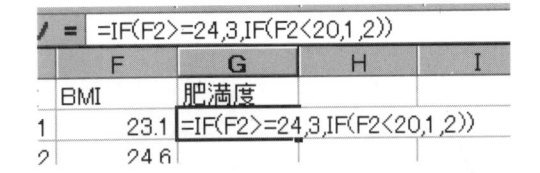

もしF2が24以上であれば3を表示，それ以外は何も表示しない

もしF2が20未満であれば1を，それ以外は2を表示する（左のIF関数で3以外の場合について，さらに右のIF関数で，1か2の場合分けを行う）

EnterキーをおすとBMI(23.1)は肥満度2と判定される．

セルG2に戻すと関数式の中身が確認できる．

セルG2の式をコピーし，セルG51まで貼り付け，50人分の肥満度を算出する．

5.2.3 数式パレットによる関数の入力

　関数の入力は，直接入力するよりも「数式パレット」を利用する方が確実である．先の例について，数式パレットを使いもう一度肥満度を算出してみる．

セルG2をクリックし，「数式の編集」ボタン■をクリックする．

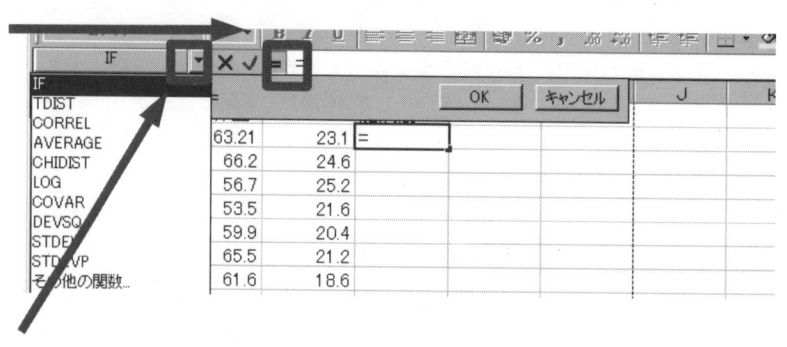

▼をクリックし，関数の一覧から「IF」を選択する．

下図が「数式パレット」である．関数により入力内容が異なる．

図のように真の値を入力する欄に数値を入力する．BMIが24以上であれば「3」を指定する．偽の場合の欄で一度クリックし，アクティブにする．

その後下図の▼をクリックし，BMIが20未満の場合を設定する．

再び数式パレットが表示され，数式バーの内部に追加のIF関数が表示される．

論理式の中に「F2<20」，真の場合「1」，偽の場合「2」と入力すると，関数のスタイルに合わせた式が数式バーに表示される．「OK」をクリックする．

肥満度が2，すなわち「標準」と判定される．

セルG2の関数式をコピーし，セルG3～G51まで貼り付け，全員(50人)分の肥満度を算出する．

新たに作成したデータ(肥満度)を含む，ファイル「例題1」を保存しておく(3.5参照)．

第5章 関数と分析ツール

5.2.4 主な関数の利用方法

ここでは，本書で利用するエクセル関数の具体的な入力内容を説明する．関数の設定は，関数の種類によって様々であるが，ここで説明する関数を理解しておけば，ほとんどのデータ解析が可能である．また，ここで説明していない関数であっても，既に説明した関数の「数式パレット」を利用すると，比較的理解しやすい．

5.2.4.1 統計に関する関数

A. 代表値

■AVERAGE：（算術）平均の算出
・書式例：=AVERAGE（A1:A10）
　→A1～A10の数値の平均値（図参照）

■MEDIAN：中央値
・書式例：=MEDIAN（A1:A10）
　→A1～A10の数値の中央値（図参照）

■その他
・MODE（最頻値）
　ほか

	A	B	C	D
1	12			
2	15			
3	25			
4	13			
5	21			
6	19			
7	22			
8	21			
9	16			
10	17			
11	18.1	←=AVERAGE(A1:A10)		
12	18	←=MEDIAN(A1:A10)		
13				

B. 散布度

■STDEV：（母）標準偏差
・書式例：=STDEV（A1:A10）
　→A1～A10の数値の標準偏差（図参照）

■その他
・STDEVP（標本標準偏差）
　（標準偏差の不偏推定値であり，分析ツールの標準偏差はSTDEVPである→6.1.2）
・AVEDEV（平均偏差）
　ほか

	A	B	C
1	12		
2	15		
3	25		
4	13		
5	21		
6	19		
7	22		
8	21		
9	16		
10	17		
11	4.201851	←=STDEV(A1:A10)	
12			

C. 関係

■CORREL：ピアソンの積率相関係数
・書式例：=CORREL(A1:A10,B1:B10)
　→変数1(セルA1～A10)と変数2(セルB1～B10)との相関係数(図参照)

■その他
・PEARSON(ピアソンの積率相関係数)
　（CORRELと同じ結果を提示する）
・COVAR(共分散)
　ほか

	A	B	C	D
1	12	14		
2	15	14		
3	25	24		
4	13	12		
5	21	19		
6	19	17		
7	22	23		
8	21	20		
9	16	15		
10	17	19		
11	0.933788	←=CORREL(A1:A10,B1:B10)		
12				

5.2.4.2 数学・集計に関する関数

A. 数学

■SUM：データの総和
・書式例：=SUM（A1:A10）
→セルA1〜A10までの数値の総和（図参照）

■ABS：絶対値
・書式例：=ABS（A1）
→セルA1の数値がマイナスの場合プラスに変換する(図参照)

■SQRT：数値の平方根
・書式例：=SQRT（A1）
→セルA1の数値を平方根に変換する(図参照)

■その他
・MAX（最大値）
・MIN（最小値）
ほか

	A	B	C
1	12		
2	15		
3	25		
4	13		
5	21		
6	19		
7	22		
8	21		
9	16		
10	17		
11	181	←=SUM(A1:A10)	
12			

	A	B	C
1	-12		
2	12	←=ABS(A1)	
3	3.464102	←=SQRT(A2)	
4			

B. 集計

■RANK：データ範囲における特定の数値の順位
・書式例：=RANK(A1,A1:A10,1)
→特定の数値，配列=データの範囲(セルとセルの範囲を：でつなぐ)，順序(0=降順，数値の大きい順に並び替える指定，1=昇順，数値の小さい順に並び替える指定)

■COUNTIF：条件に合致したデータの個数
・書式例1：=COUNTIF(A1:A10,<50)
→セルA1〜A10の数値において50未満の数を数える
・書式例2：=COUNTIF(A1:A10,A1)
→セルA1〜A10の数値においてセルA1と一致する数を数える

■INDEX：指定した順位のセル内容の検索
・書式例：=INDEX(A1:A10,1)
→セルA1〜A10の数値において，1番目のセルの内容を表示する

■その他
・IF（条件）
ほか

5.2.4.3 確率に関する関数

■NORMSINV：確率αの標準正規分布における z (標準正規累積分布の逆関数)
・書式例：=NORMSINV(0.05)
　→確率α(ここでは0.05)

■TINV：確率α，自由度dfのスチューデントのt分布におけるt値(スチューデントのt分布の逆関数)
・書式例：=TINV(0.05,10)
　→確率α(ここでは0.05)，自由度(ここでは10)

■CHIINV：確率α，自由度dfのχ^2分布におけるχ^2値(χ^2分布の逆関数)
・書式例：=CHIINV(0.05,10)
　→確率α(ここでは0.05)，自由度(ここでは10)

■FINV：確率α，自由度df1，df2のF分布におけるF値(F分布の逆関数)
・書式例：=FINV(0.05,10,2)
　→確率α(ここでは0.05)，自由度df1(10)，自由度df2(ここでは2)

■NORMSDIST：標準正規分布におけるある値（境界値）以下の確率(p値)
・書式例：=NORMSDIST(A1)
　→A1の標準正規分布における境界値
　→境界値は標準正規分布を利用する検定を行なう検定統計量

■TDIST：t分布におけるある値(境界値)以上の確率(p値)
・書式例：=TDIST(A1,A10-1,2)
　→検定統計量(ここではA1)，自由度(ここではA10-1)，尾部(1=上側確率，2=両側確率，ここでは2：両側検定)

■CHIDIST：χ^2分布におけるある値(境界値)以上の確率(p値)
・書式例：=CHIDIST(A1,1)
　→検定統計量(ここではA1)，自由度(ここでは1)

■FDIST：F分布におけるある値(境界値)以上の確率(p値)
・書式例：=FDIST(A1,A10-1,A11-1)
　→検定統計量(ここではA1)，自由度1(ここではA10-1)，自由度2(ここではA11-1)

■その他
・BINOMDIST(二項分布の確率)
・POISSON(ポアソン分布の確率)
　ほか

5.2.4.4 エクセルで利用できる統計に関する関数一覧

以下はエクセルで利用できる統計に関する関数の名称とその内容の一覧である．本書で説明している以外の関数は，前述の「数式パレット」での説明や，エクセルのヘルプ機能（メニューバー）を参照のこと．

■関数式	■内容
BINOMDIST	二項分布の出現確率
CHIDIST	カイ2乗分布の上側確率
CHIINV	カイ2乗分布の確率変数の値
CHITEST	カイ2乗検定
CONFIDENCE	平均値の信頼区間（母標準偏差既知）
COUNT	標本データの数値データの数
COUNTA	標本データの数
COVAR	共分散
CRITBINOM	二項分布の事象の累積発生回数
DEVSQ	偏差平方和
EXPONDIST	指数分布の累積確率
FDIST	F分布の上側（下側）確率
FINV	F分布のF変数の値
FISHER	フィッシャー変換値
FISHERINV	フィッシャー変換の逆変換値
FORECAST	単回帰分布
FREQUENCY	標本データの頻度分布表
FTEST	F検定
GAMMADIST	ガンマ分布関数の値
GAMMAINV	ガンマ分布関数の逆関数の値
GAMMALN	ガンマ関数$\gamma(x)$の値の自然対数
GEOMEAN	相乗平均（幾何平均）
GROWTH	指数曲線上の値
HARMEAN	調和平均
HYPGEOMDIST	超幾何分布の発生確率
INTERCEPT	単回帰直線のY切片
KURT	分布の尖度
LARGE	標本データのk番目に大きいデータ
LINEST	単回帰分布
LOGEST	指数曲線の係数の値
LOGINV	対数正規累積分布関数の逆関数の値
LOGNORMDIST	対数正規累積分布関数の値
MAX	標本データの最大数値データ
MAXA	標本データの最大値
MIN	標本データの最小数値
MINA	標本データの最小値
NEGBINOMDIST	負の二項分布
NORMDIST	正規分布の累積確率
NORMINV	正規分布のZ変数の値
NORMSDIST	標準正規分布の累積確率
NORMSINV	標準正規分布のZ変数の値

■関数式	■内容
PEARSON	相関係数
PERCENTILE	百分位順位のデータ
PERCENTRANK	データの順位比率
PERMUT	順列
POISSON	ポアソン分布の事象の累積発生確率
PROB	指定された範囲に含まれる値が上限と下限との間に収まる確率
QUARTILE	四分位順位のデータ
RANK	数値のリストの中で、指定した数値の序列を返す
RSQ	単回帰相関係数の2乗値
SKEW	分布の歪度
SLOPE	単回帰直線の傾き
SMALL	標本データの最小値
STANDARDIZE	標本データの標準化(Z変換)
STDEV	母集団の標準偏差
STDEVP	標本標準偏差
STEYX	回帰予測値Yの標準誤差
TDIST	t分布の両側(片側)確率
TINV	t分布のt変数値
TREND	重回帰分析における予測値Y
TRIMMEAN	データの中間項平均
TTEST	t検定
VAR	母集団の不偏分散
VARA	母集団の不偏分散
VARP	母集団の不偏分散
VARPA	母集団の不偏分散
ZTEST	z検定

5.2.5 分析ツールの設定

　分析ツールは，代表的な統計処理を簡便に実行するため，種々の関数が予め1つにまとめられたものである．分析ツールの実際の具体的な利用方法は，第6章以降で説明している．ここでは，分析ツールを利用するための準備を行う．ファイルを開く必要はない．

メニューバーの「ツール(T)」から，「アドイン(I)」を選択する．

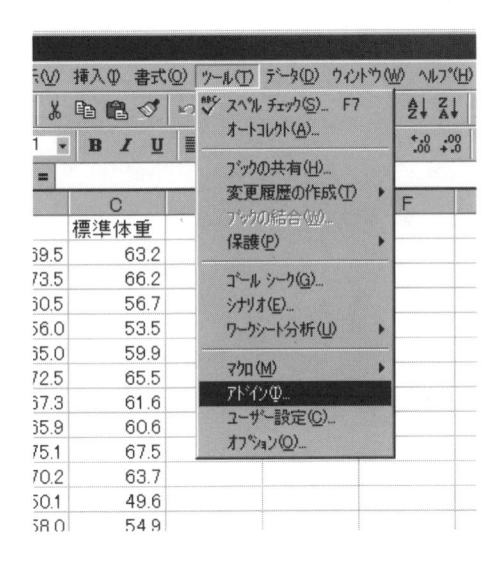

下図の「アドイン」ウィンドウが現れる．ここで「分析ツール」をクリックし，OKをクリックする．これで**「分析ツール」**の登録は完了する．

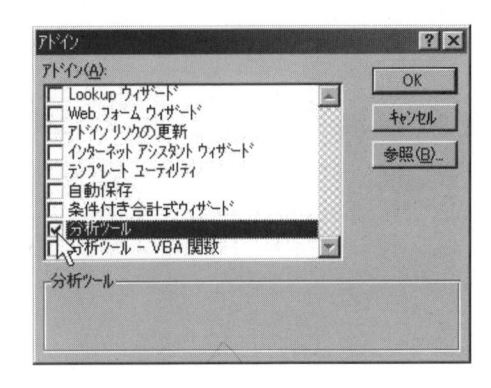

もう一度同じ操作を行う．メニューバーのツール(T)をクリックし，表示されるメニューを調べてみる．右図のように最下行に「分析ツール(D)」が表示されていれば「分析ツール」が利用できる．
分析ツールを使用する場合には，このように「分析ツール(D)」を選択する．

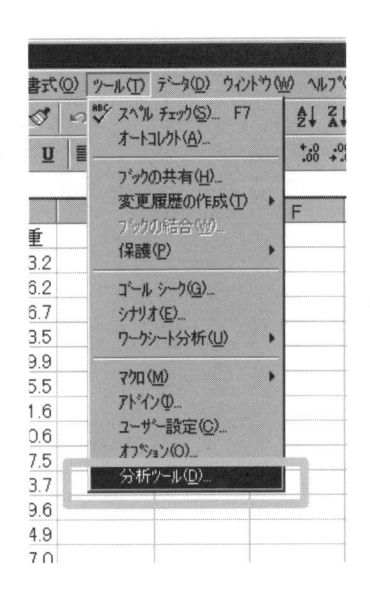

> **Point**
> 　「分析ツール」は非常に簡便な機能だが，これを利用して得られるデータ解析の結果の意味を適切に理解することが重要である．本書の第7章以降の具体的なデータ解析の事例を参考にされたい．

Memo

図表の作成やグラフの表示

6.1　基本統計量
6.2　グラフの作成1
6.3　グラフの作成2
6.4　度数の整理

　データ解析は，意志決定など，思考の手助けとなるべく，現象を理解しやすい形に整える作業を指す．この作業は基本統計量としての数値表現と，グラフとしての視覚的表現に大別される．
　あらゆる統計資料は，どのような形であっても，人が見て，理解できるものでなくてはならない．従って，そのようなデータ表現の出来不出来が，研究内容などの評価を左右することになるので，極めて重要である．
　卒業論文や修士論文等の作成においても，図表の適切な提示があって，研究内容がより一層生きてくるであろう．
　ここでは，基本統計量の算出方法と，主要なグラフの作成方法について説明し，さらに度数データの整理方法について提示する．

第 6 章

6.1 基本統計量

5章で説明したように，エクセルでは各種統計量やその他の主要な統計解析を行うための機能として様々な関数が組み込まれている．その中から，特に使用頻度の高い関数は「分析ツール」として特化されている．これはいくつかの関数を組み合わせて，目指す解析内容を統合させた機能である．基本統計量の算出など，一般的なデータ解析は，分析ツールを利用すると算出すべき必要な内容を瞬時に計算してくれるので非常に便利である．

6.1.1 基本統計量の算出

ここでは，ファイル「例題1」の全ての変数(性，身長，体重，標準体重，BMI，および肥満度)の基本統計量を「分析ツール」を利用して算出する．

メニューバーから「開く(O)」を選択する．

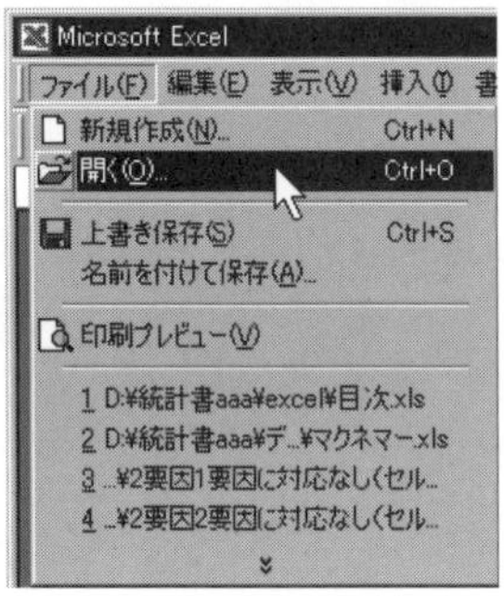

「My Documents」あるいはフロッピーディスクに保存した「例題1」のファイルを選択し，「開く(O)」をクリックする．

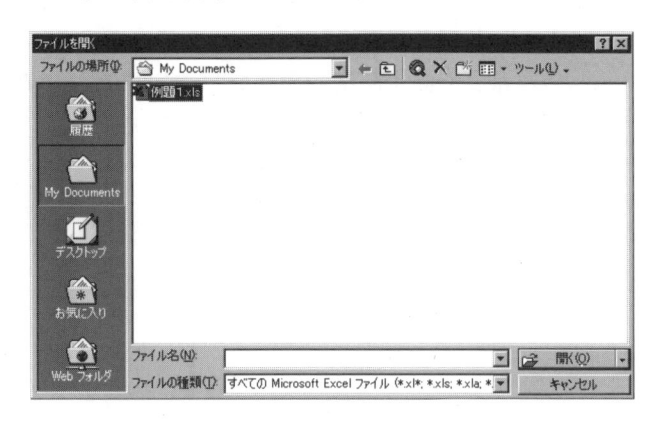

メニューバーの「ツール(T)」から「分析ツール(D)」を選択する(「分析ツール(D)」が表示されない場合は，5.3を参照)．

「データ分析」ウィンドウの「基本統計量」を選択し，OKをクリックする．

基本統計量の入力ウィンドウが表示される．
「入力範囲(I)」に，変数のラベルを含めたデータの範囲セルB1からG51を指定する(データ範囲の指定はセル番号を直接入力するかドラッグで範囲指定する．詳細は5.2あるいは付録を参照)．
「先頭行をラベルとして使用(L)」，「統計情報(S)」をチェックし，「OK」をクリックする．

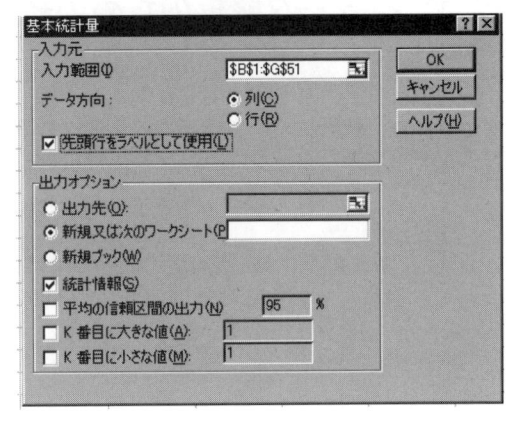

新しいシートに6変数(性，身長，体重，標準体重，BMI，および肥満度)の基本統計量が表示される．新しいシートに出力しない場合は，上の図において出力オプションを「新規シート又は次のワークシート」以外の他の出力先を選択(チェック)する．

	A	B	C	D	E	F	G	H	I	J	K	L
1	性		身長		体重		標準体重		BMI		肥満度	
2												
3	平均	1.48	平均	167.314	平均	62.072	平均	61.73327	平均	22.10091	平均	2.06
4	標準誤差	0.071371	標準誤差	1.165851	標準誤差	1.265589	標準誤差	0.864457	標準誤差	0.308207	標準誤差	0.066455
5	中央値 (メ	1	中央値 (メ	167.65	中央値 (メ	60.25	中央値 (メ	61.83462	中央値 (メ	21.52868	中央値 (メ	2
6	最頻値 (モ	1	最頻値 (モ	169.5	最頻値 (モ	59	最頻値 (モ	63.20655	最頻値 (モ	#N/A	最頻値 (モ	2
7	標準偏差	0.504672	標準偏差	8.243811	標準偏差	8.949063	標準偏差	6.112632	標準偏差	2.17935	標準偏差	0.469911
8	分散	0.254694	分散	67.96041	分散	80.08573	分散	37.36427	分散	4.749566	分散	0.220816
9	尖度	-2.07801	尖度	-0.18589	尖度	-0.90334	尖度	-0.03776	尖度	3.026289	尖度	1.78202
10	歪度	0.082562	歪度	0.283928	歪度	0.331318	歪度	0.407579	歪度	1.433794	歪度	0.213396
11	範囲	1	範囲	38.8	範囲	36.2	範囲	28.93704	範囲	11.61521	範囲	2
12	最小	1	最小	150.1	最小	47	最小	49.56602	最小	18.61426	最小	1
13	最大	2	最大	188.9	最大	83.2	最大	78.50306	最大	30.22947	最大	3
14	合計	74	合計	8365.7	合計	3103.6	合計	3086.663	合計	1105.046	合計	103
15	標本数	50	標本数	50	標本数	50	標本数	50	標本数	50	標本数	50

Point

ここで例えば，「性」の平均値は「1.48」，標準偏差は「0.504672」等と表示されるが，名義尺度である「性」の場合この統計量は意味がない．尺度の水準(第2章参照)を見極めて，有効な統計量を使用する．
「分析ツール」の「基本統計量」以外の統計量を算出する場合は，第5章の数式あるいは関数の操作に従い，適宜算出する．
ここで一度ファイル「例題1」を保存し，「集計データ」のシートへ戻る．

6.1.2 データ解析のための統計量の整理

　記述統計は，これまで説明した関数および分析ツールで算出可能である．7章以降のデータ解析，推測統計においては，ローデータのみならず，記述統計でまとめた各種統計量を基に推定や検定を行う．ここでは7章以降におけるデータ解析の基となる統計量の算出および整理について説明する．

　例えば，7.1.2「2つの標本平均の差」では例題として男女間の身長の有意差の検定を行う．この検定に必要な統計量は，男女の人数，平均値および標準偏差である．これについては，いくつかの算出手順が考えられるが，ここでは「分析ツール」を利用する．

「例題1」のシート「集計データ」のタブをクリックし，ローデータのシートを開く．後は，6.1.1の最初で説明したようにファイルを開く．

男女別に統計量を求めるため，群分けを行い，男女別にデータを並び替える(4.3.2で説明したデータの並び替え参照)．

分析ツールを開き，基本統計量を選択し，下図の画面を表示させる（「分析ツール (D)」が表示されない場合は，5.3を参照）．
まず，男子の身長のデータ範囲（セルC1～C27）を指定し，「先頭行をラベルとして使用 (L)」をチェックする．
出力オプションはここでは仮に「新規のシート」にチェックをする．
「統計情報」をチェックし，「OK」をクリックする．

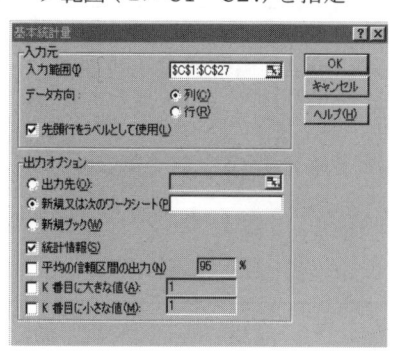

新シートに男子の身長に関する基本統計量が算出される．
女子も同様な操作により基本統計量を算出できる．

	A	B	C
1	身長		
2			
3	平均	173.0154	
4	標準誤差	1.219504	
5	中央値（メ	173	
6	最頻値（モ	169.5	
7	標準偏差	6.218276	
8	分散	38.66695	
9	尖度	0.279935	
10	歪度	0.53043	
11	範囲	26.6	
12	最小	162.3	
13	最大	188.9	
14	合計	4498.4	
15	標本数	26	
16			

「集計データ」のシートに戻り，再び「分析ツール(D)」の「基本統計量」を算出するウィンドウを開く．女子の身長のデータ範囲（セルC28～C51）を指定し，「先頭行をラベルとして使用(L)」のチェックを外す．出力オプションの「出力先(O)」は男子の基本統計量を算出した場所の隣「シート5のセルC1」を指定する（枠内をクリックし，セルを指定する）．「OK」をクリックする（実施手順によってシートは「シート5」ではない場合がある）．

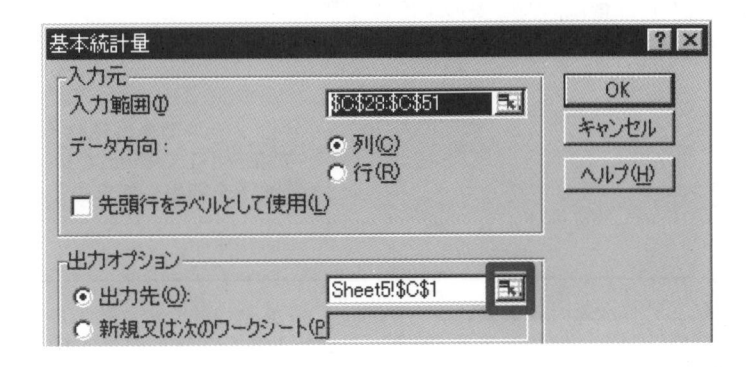

男子の隣のセルC1～D15に，女子の身長の基本統計量が算出される．

利用する統計量のセルを右クリックし，「コピー（C）」を選択する．

第6章 図表の作成やグラフの表示 69

新たに表をまとめる場所に移動し(ここではセルB19〜D21に表を作成)、右クリックし、サブメニューの「貼り付け」をクリックする。

同様に、出力された内容から人数、平均、標準偏差の各数値をコピーと貼り付けにより任意の場所に移動し、新たな統計表を作成する(罫線も貼り付けられる場合がある。罫線の操作については付録を参照)。

男女の身長の基本統計量は、図の表のようにまとめることができる。

分析ツールで算出される標準偏差は、偏差平方和をn-1で割っている。nの場合は関数STDEVPを利用して求める必要がある。

> **Point**
>
> 新しく作成した統計表はシートごとに名前をつけてまとめておくと、その後実施するデータ分析の際に便利である(例えば、シート名を「身長の基本統計量」などと改める)。ファイル「例題1」は忘れず保存する。
> 他の検定方法についても、このような形でデータ分析に必要な統計量を予め求めておく。
> このデータを利用して、分散分析を行う場合、肥満度別に3群に分類して利用することも可能である。

6.2 グラフの作成1（ヒストグラム）

ヒストグラムは資料の分布傾向を把握するために適している．「分析ツール」にはヒストグラムを作成する機能がある．ここでは分析ツールを利用しヒストグラムを作成する．既に作成してあるファイル「例題1」を開く．

ここでは身長のヒストグラムを作成する．グラフの「入力元」として階級の上限を設定する．6.1.1の基本統計量の算出結果から，身長の最大値と最小値を読みとり，その差からデータの範囲を確認する．ここでは階級の幅を10とし，8段階にしてみる．セルI14からI21に各区間の「下限」を入力し，セルJ14からJ21に各区間の「上限」を入力する（上限および下限の設定方法の詳細については，小著1を参照）．

	A	B	C	D	E	F	G	H	I	J	K
1		性	身長	体重	標準体重	BMI	肥満度				
2	1	1	169.5	66.4	63.21	23.1	2				
3	2	1	173.5	74.0	66.2	24.6	3				
4	3	2	160.5	65.0	56.7	25.2	3				
5	4	2	156.0	52.5	53.5	21.6	2				
6	5	1	165.0	55.5	59.9	20.4	2				
7	6	1	172.5	63.2	65.5	21.2	2				
8	7	2	167.3	52.1	61.6	18.6	1				
9	8	1	165.9	83.2	60.6	30.2	3				
10	9	1	175.1	72.4	67.5	23.6	2				
11	10	1	170.2	62.8	63.7	21.7	2		級の幅		
12	11	2	150.1	47.0	49.6	20.9	2				
13	12	2	158.0	52.0	54.9	20.8	2		下限	上限	
14	13	2	161.0	53.0	57.0	20.4	2		150	155	
15	14	1	176.8	65.2	68.8	20.9	2		155	160	
16	15	1	182.3	72.3	73.1	21.8	2		160	165	
17	16	1	171.0	68.0	64.3	23.3	2		165	170	
18	17	1	174.6	70.8	67.1	23.2	2		170	175	
19	18	2	166.5	53.5	61.0	19.3	1		175	180	
20	19	2	162.3	59.0	58.0	22.4	2		180	185	
21	20	1	176.8	74.9	68.8	24.0	2		185	190	
22	21	1	175.0	70.2	67.4	22.9	2				
23	22	2	161.3	51.5	57.2	19.8	1				

メニューバーから「ツール（T）」，「分析ツール（D）」を選択し，分析ツールのボックスを表示する（「分析ツール（D）」が表示されない場合は，5.3を参照）．ヒストグラムを選択し，「OK」をクリックする．

「入力範囲（I）」の右端をクリックする（範囲指定はセルの番号を直接，空欄に入力してもよい）．

身長のデータ範囲であるセルC1～C51の範囲を指定し，Enterキーを押す．

「データ区間(B)」に上限を設定した値が入力されているセルJ13～J21の範囲を指定し，Enterキーを押す．「ラベル(L)」，「グラフ作成(C)」にチェックをつけ，「OK」をクリックする．

新シートに度数分布表とヒストグラムが表示される．

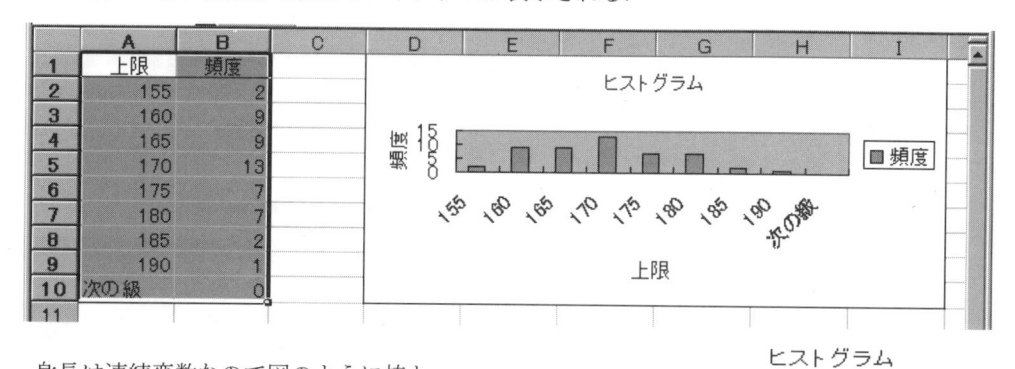

身長は連続変数なので図のように棒と棒の間を開けないヒストグラムで表示させるべきである．よって次に，隣り合う棒の間隔をなくして表示させる．図のようにヒストグラムのいずれかの棒の上で，一度クリックする．棒グラフの中に■が表示される．

右クリックし，メニューから「データ系列の書式設定(O)」を選択する．

「データ系列の書式設定」ウィンドウが表示される．「オプション」タブをクリックすると右図のウィンドウが表示される．

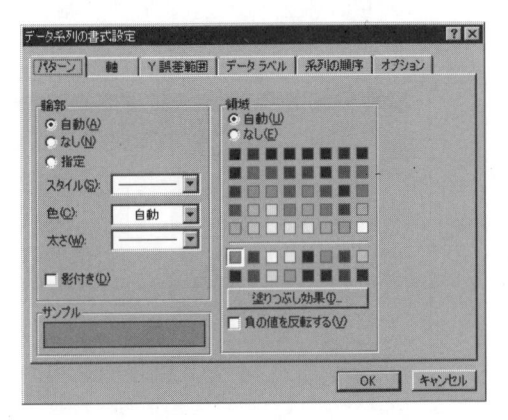

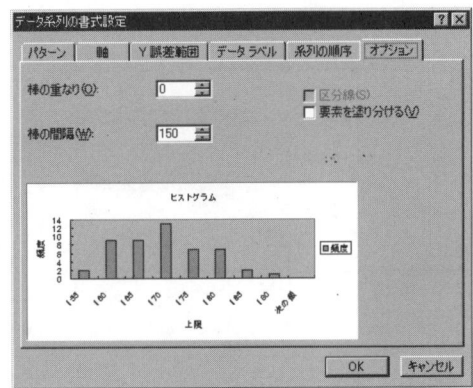

棒の間隔を調整する．「棒の間隔(W)」の「150」を「0」に直す．図の欄内に「0」を入力するか，矢印の箇所をクリックし，設定する．

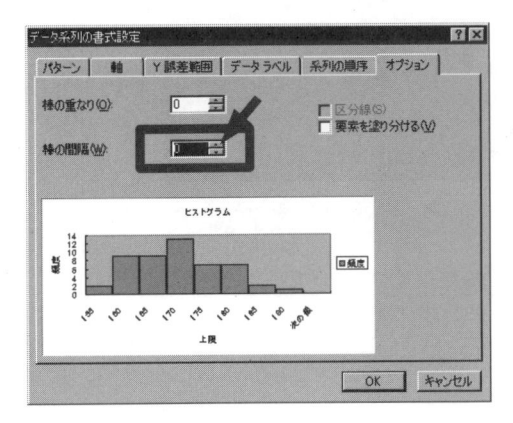

「OK」をクリックすると，下図のようなヒストグラムが表示される．

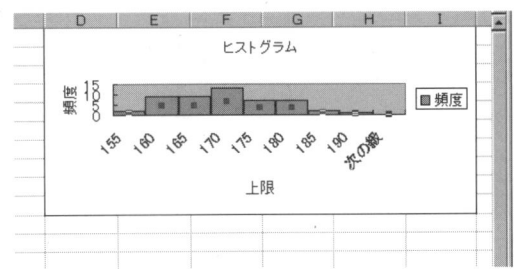

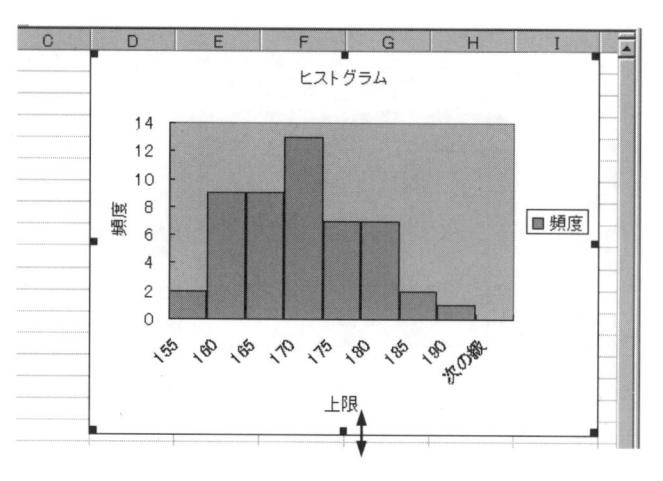

グラフの大きさを変更する場合は，グラフの外側にある枠線の黒い点上でクリックし，拡大あるいは縮小する．図では下の枠線の黒い点上でクリックし(カーソルが図のような矢印に変化する)，下方向へ拡大した．

次にグラフのラベルの名称を変更する．グラフ上で右クリックし，メニューから「グラフオプション(O)」を選択する．

X/項目軸を「身長」，Y/項目軸を「度数」に書き換える．「OK」をクリックする．

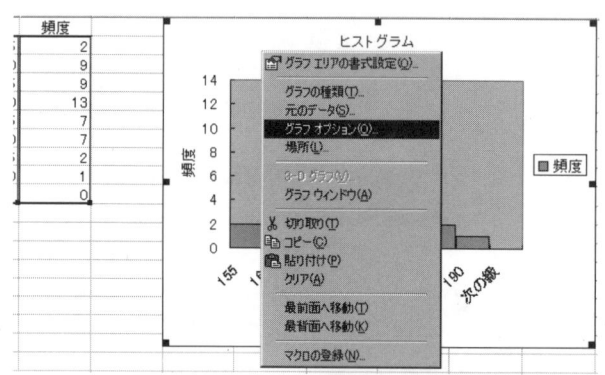

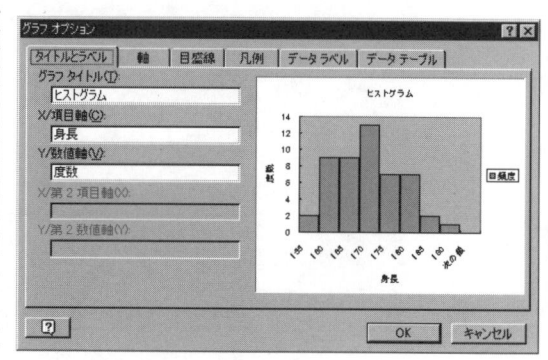

身長のヒストグラムが表示される．
項目軸の名称は，その名称を直接クリックしても変更が可能である．

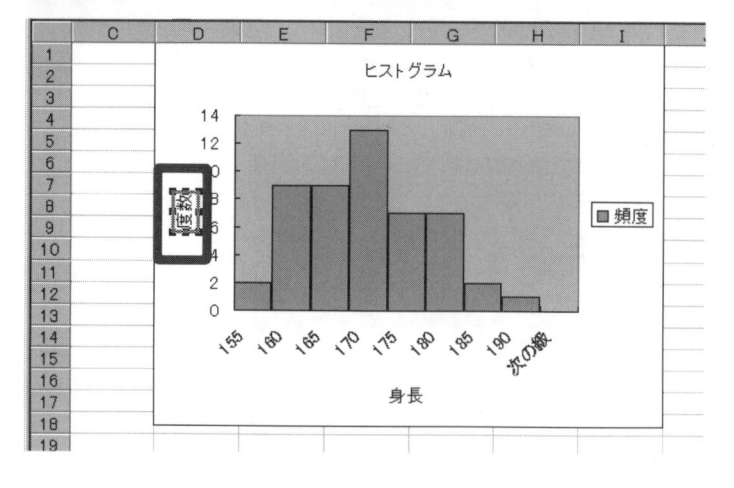

ヒストグラムのバー部分で右クリックし，メニューから「近似曲線の追加(R)」を選択する．

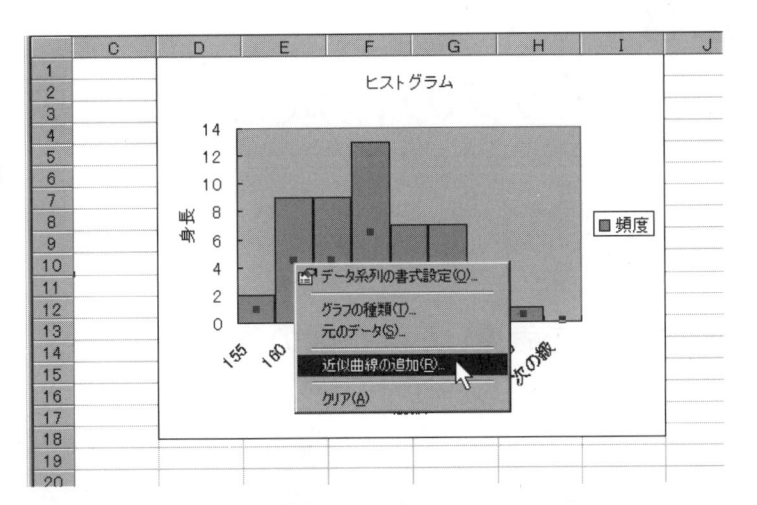

「種類」のタグの「近似または回帰の種類」から「移動平均(M)」の図の部分をクリックすると，反転表示になる．「OK」をクリックする．

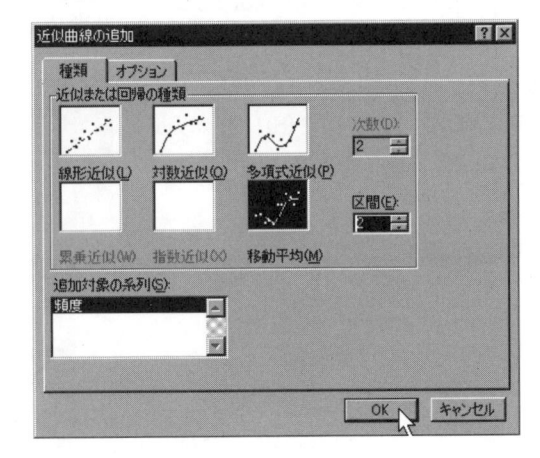

ヒストグラムの上に2区間の移動平均(頻度)が表示される．
ヒストグラムの両端に度数0をとると，より滑らかな度数多角形が描かれる．

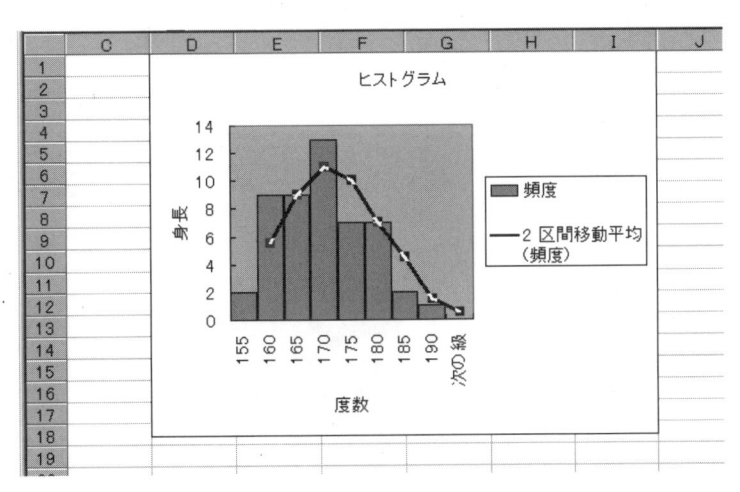

> この内容は必要に応じて，メニューバーのファイル (F) から「上書き保存 (S)」を選択し，ファイルを閉じ，保存しておく．ファイル操作の詳細は付録を参照のこと．

第6章 図表の作成やグラフの表示

6.3 グラフの作成2（散布図）

2変数の関係を散布図で表現してみる．ここでは，身長と体重の散布図を，男女別に表示し，さらにそれぞれの散布図における直線回帰式のあてはめを試みる．

6.3.1 男女を考慮した散布図の作成

すでに作成したファイル「例題1」を開く．
入力してあるデータ範囲を全て選択し（セルA1～G51），メニューバーから「データ(D)」「並び替え(S)」をクリックする．

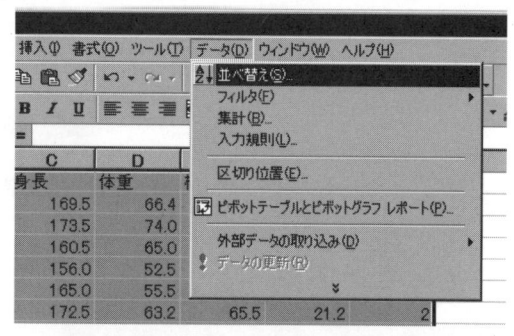

最優先されるキーの中から「性」を選択し，「OK」をクリックする．

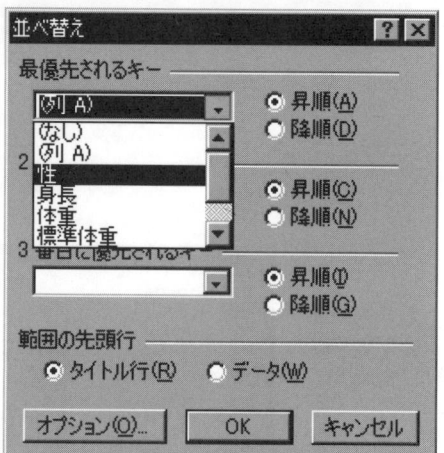

全てのデータが男子，女子の順にまとめて表示される．

男子の身長と体重のデータ範囲（セルC2〜D27）を選択し，ツールバーの「グラフウィザードボタン」をクリックする．

グラフウィザードウィンドウの「グラフの種類(C)」の設定から「散布図」を選び，「形式(T)」から一番上の散布図を選択し，「次へ>」をクリックする．もし，他のグラフを描きたい場合は，この画面で他のグラフを選択する．

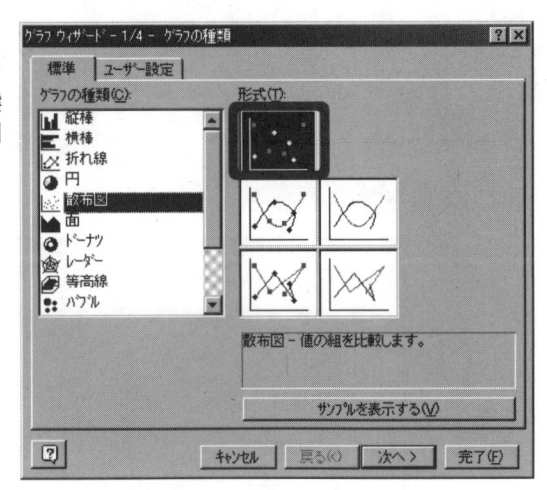

第6章　図表の作成やグラフの表示　77

「データ範囲」のタブから「系列」のタブをクリックし,移動する.

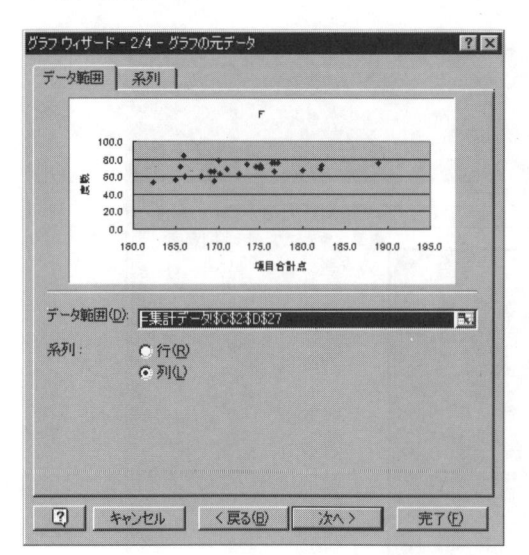

「名前(N)」の枠内に男子と入力し,「次へ>」をクリックする.

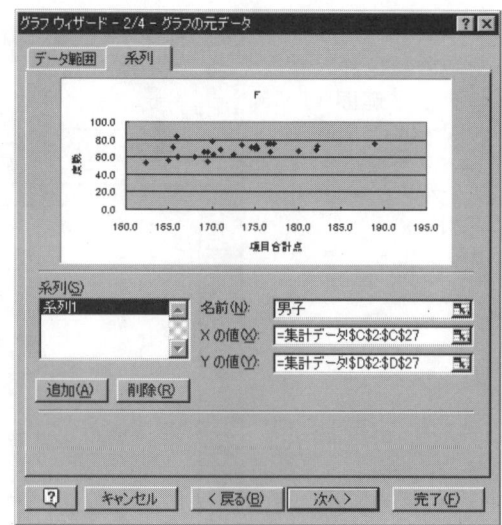

「タイトルとラベル」における「グラフタイトル(T)」に「身長と体重の散布図」,「X/数値軸(A)」に「身長」,「Y/数値軸(V)」に「体重」と入力し,「次へ>」をクリックする.

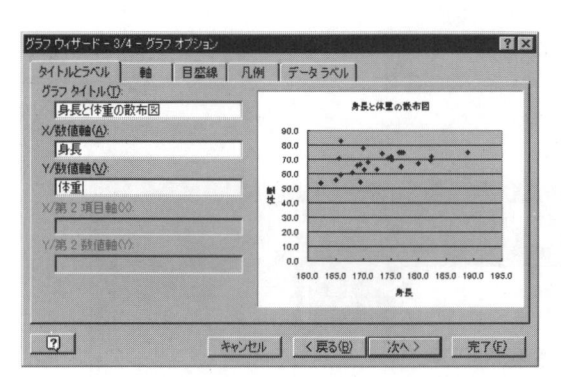

「新しいシート(S)」にチェックマークをつける.「Graph1」の表示は必要に応じて変更できる.ここでは新しいシートにグラフを表示させるようにしたが,「オブジェクト(C)」を選ぶと,データと同じシートにグラフが表示される.

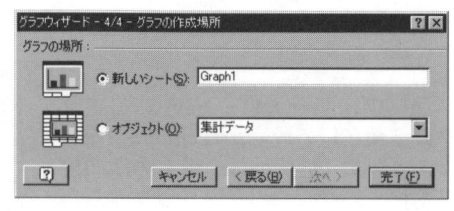

「完了」をクリックすると,新しいシートに男子の身長と体重の散布図が作成される.

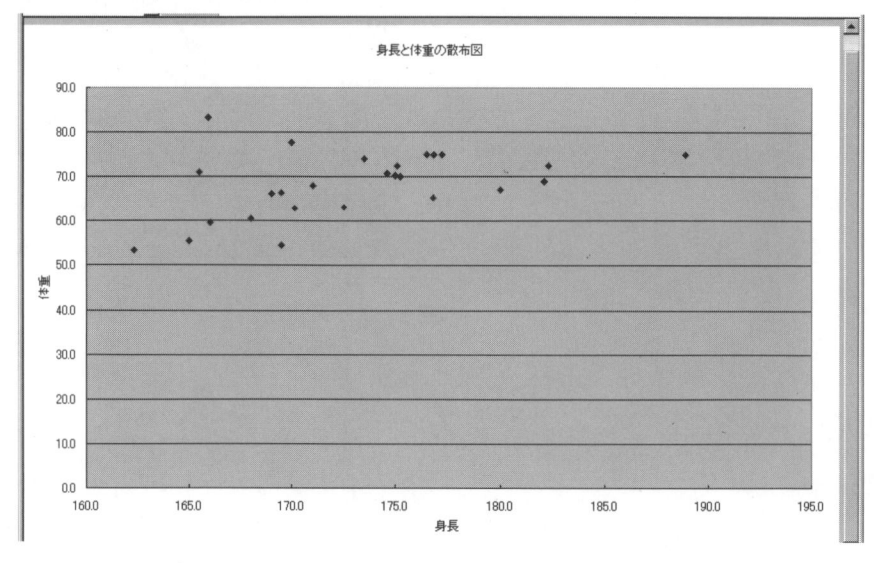

女子のデータを追加する．グラフ上で右クリックし，「元のデータ(S)」を選択する．

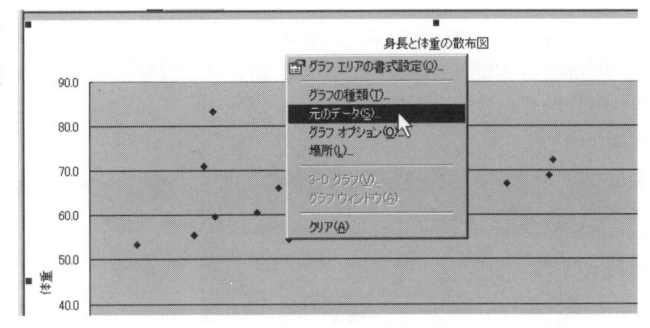

「系列」の画面上で，「追加(A)」をクリックすると「系列2」と表示される．「名前(N)」に女子と入力する．

「Xの値(X)」に女子の身長のデータ範囲を指定する．図の枠内でクリックする．

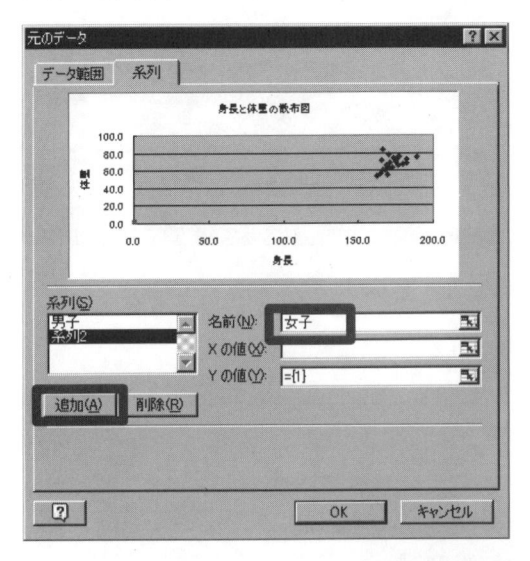

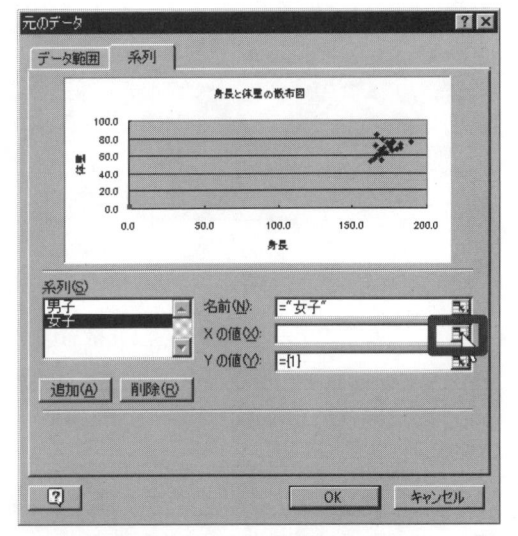

図のようにウィンドウが小さくなる．

ワークシートの「集計データ」のタブをクリックし，女子の身長のデータ範囲(セルC28～C51)を指定する．
Xの値の範囲を示すウィンドウにデータ範囲が表示される．その右端の枠内の部分をクリックする．

第6章　図表の作成やグラフの表示　79

身長と同様の手順で，体重のデータ範囲（セルD28〜D51）を「Yの値（Y）」に指定する．

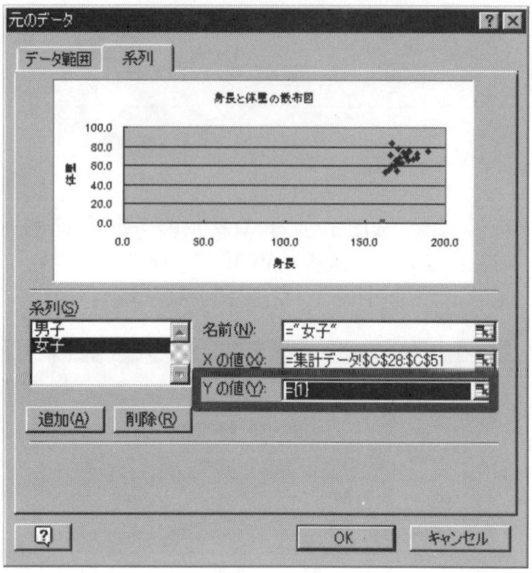

「Yの値（Y）」に女子の体重のデータ範囲が表示される．プレビューでは女子のデータがプロットされている．「OK」をクリックする．

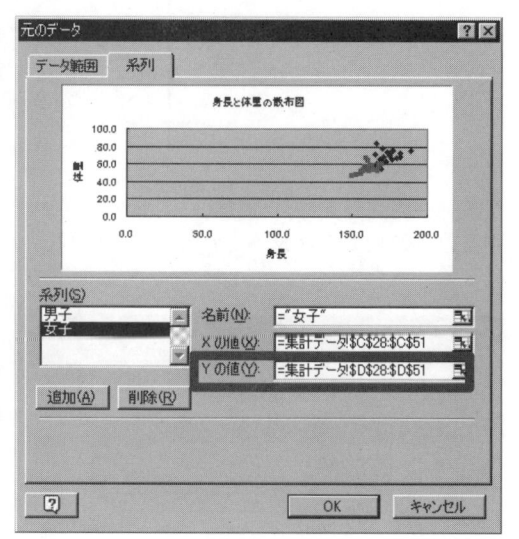

女子のデータが加えられた散布図が表示される．

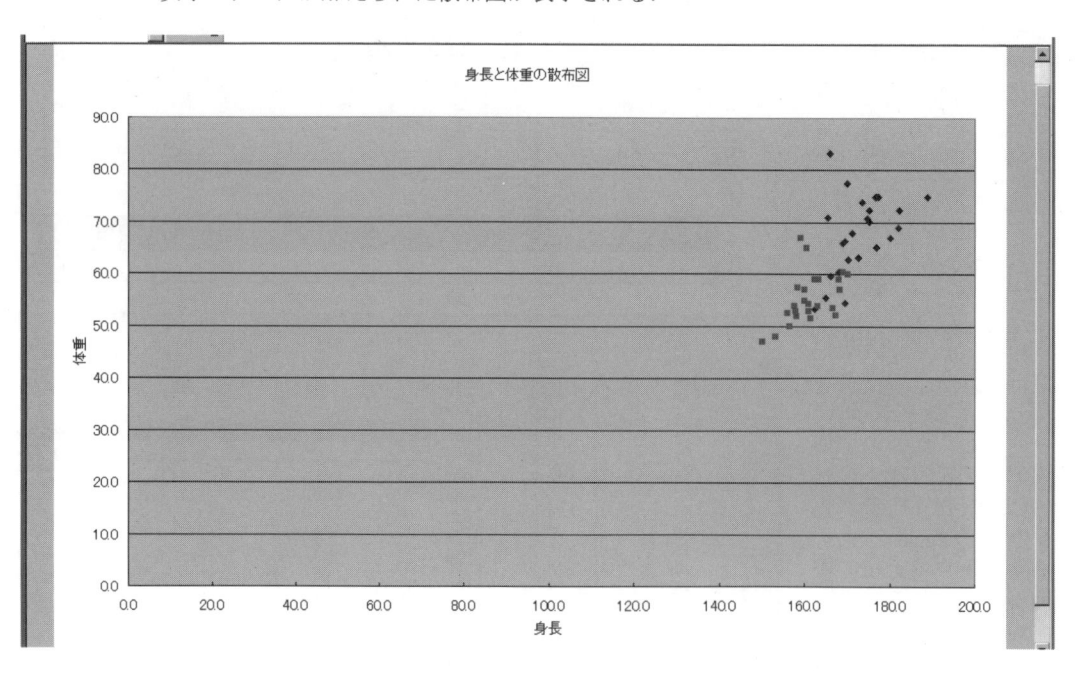

この状態では,データのプロットされている位置が偏っており,見にくい.
X軸とY軸の表示範囲を変更する.

X軸上でクリックする.

右クリックし,「軸の書式設定(O)」を選択する.

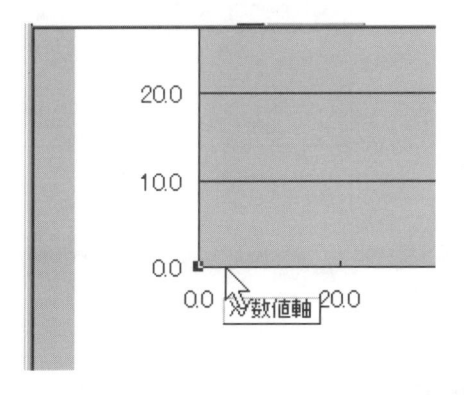

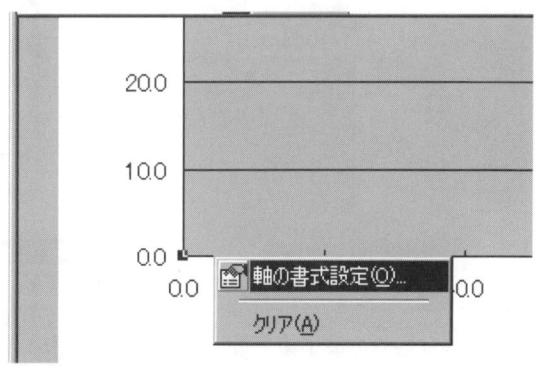

軸の目盛りの最小値と最大値を以前に算出した基本統計量に基づき,入力する.
軸の書式設定ウィンドウの「目盛」タブをクリックする.「Y/数値軸目盛」の最小値と最大値は,ここではそれぞれ「150」と「190」を入力する.「OK」をクリックする.

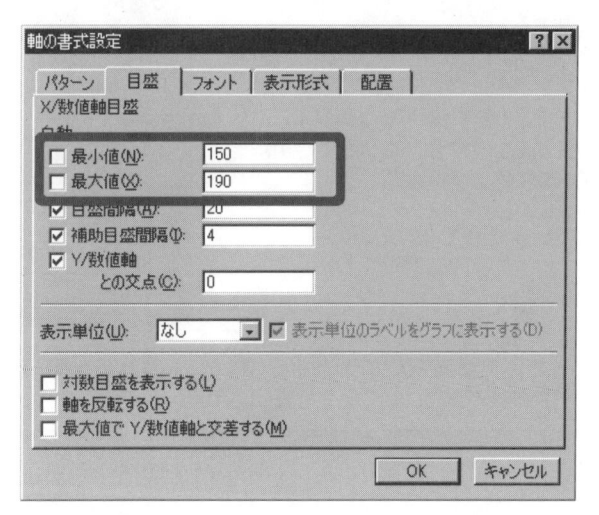

図のようにX軸全体に渡りデータがプロットされる.

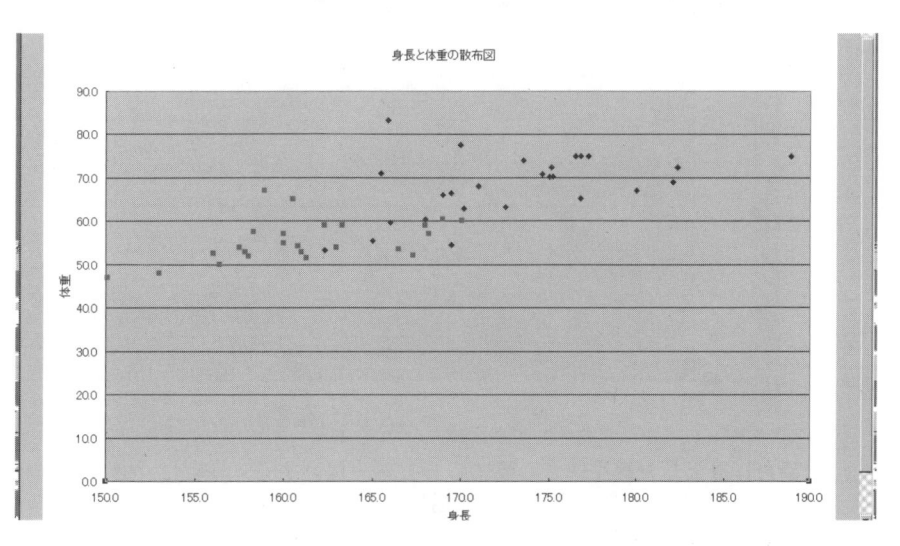

第6章　図表の作成やグラフの表示　81

今度はY軸上にカーソルを移動させ，

右クリックで「軸の書式設定(O)」を選択する．

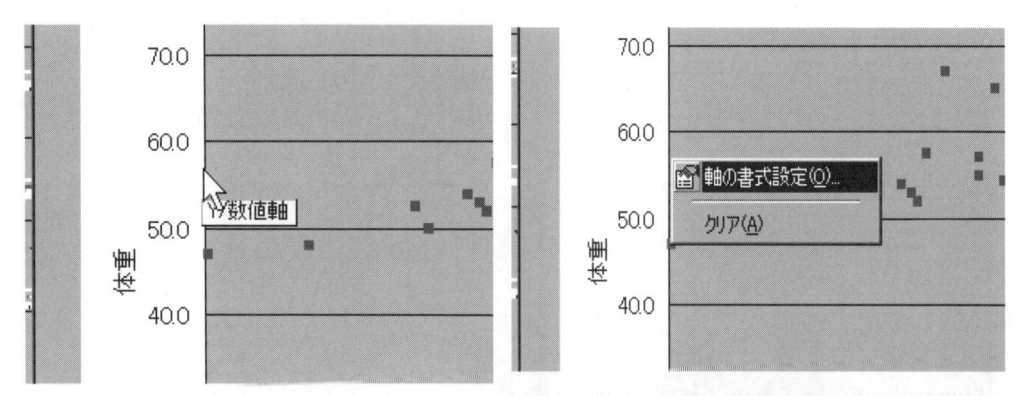

軸の目盛りの最小値と最大値を以前に算出した基本統計量に基づき入力する．
軸の書式設定ウィンドウの「目盛」タブをクリックし，最大値はそのままで，「最小値(N)」だけ「45」に変更し（この場合，最大値は90），「OK」をクリックする．

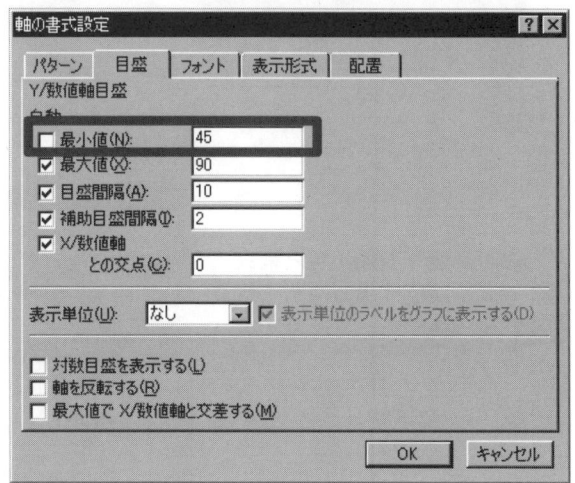

グラフ画面全般にデータがプロットされる．男子のデータは青色，女子のデータはピンクで表示される．

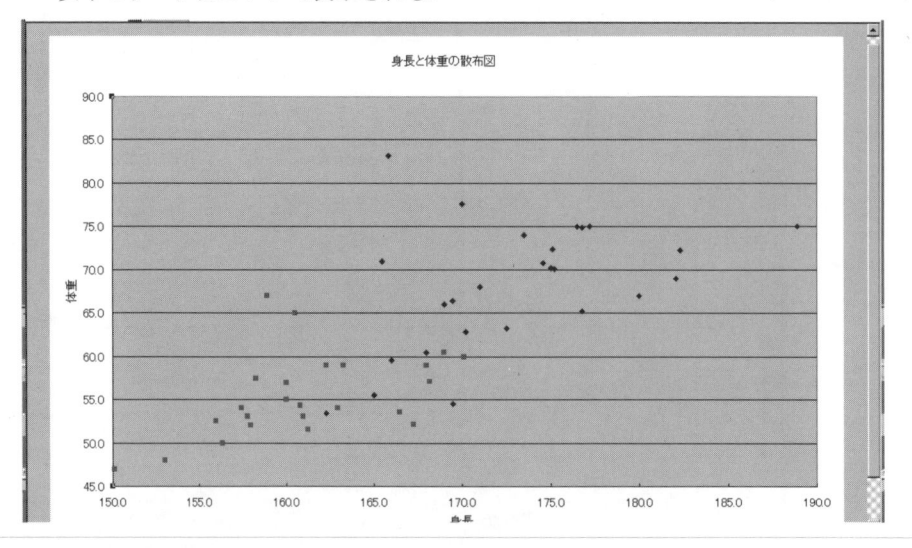

新たに算出した結果は，必要に応じて適宜保存する．保存は，メニューバーの「ファイル(F)」から「上書き保存(S)」を選択する．

6.3.2 回帰直線のあてはめ

散布図を作成したシートを使用し，プロットしたデータに回帰直線をあてはめてみる．メニューバーから「グラフ(C)」「近似曲線の追加(R)」をクリックする．

「線形近似」を選択し，「オプション」タブをクリックする．

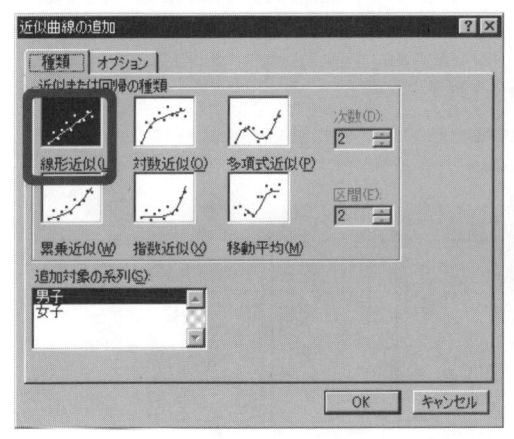

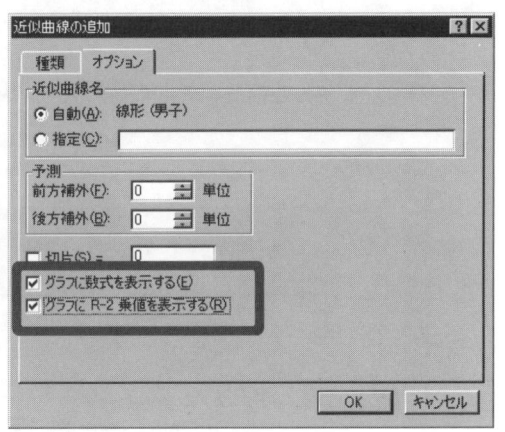

数式，R^2を表示するようチェックし，「OK」をクリックする．

男子の回帰直線と回帰式，およびR^2が表示される．

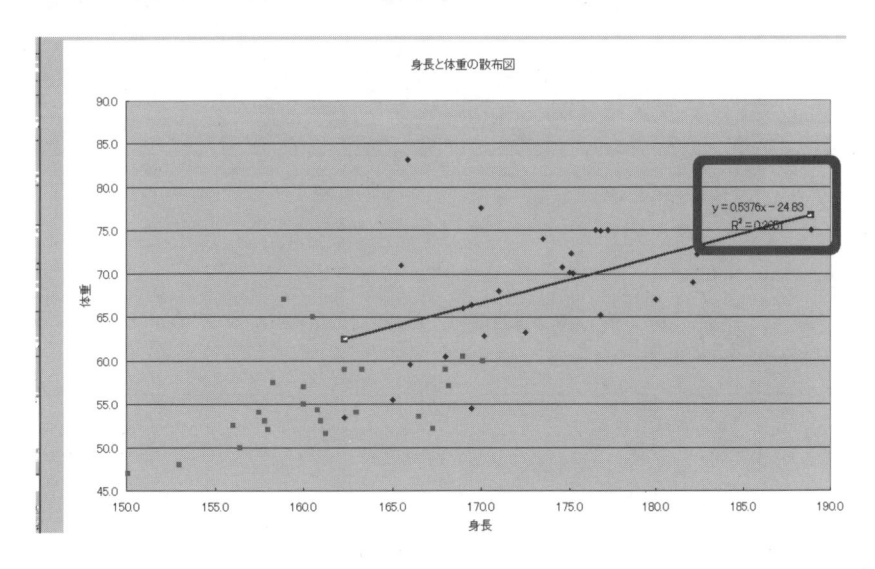

男子と同様，女子も線形近似を行う．「追加対象の系列(S)」で女子を選択し，「OK」をクリックする．

数式，R^2を表示するようチェックし，「OK」をクリックする．

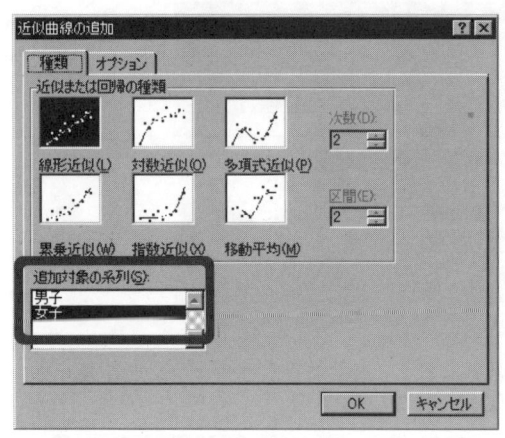

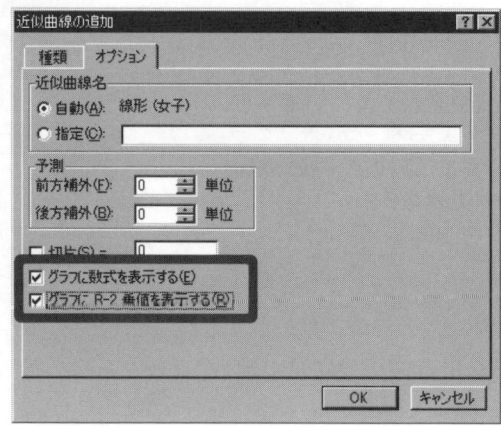

女子の回帰直線と回帰式，R^2が表示される．

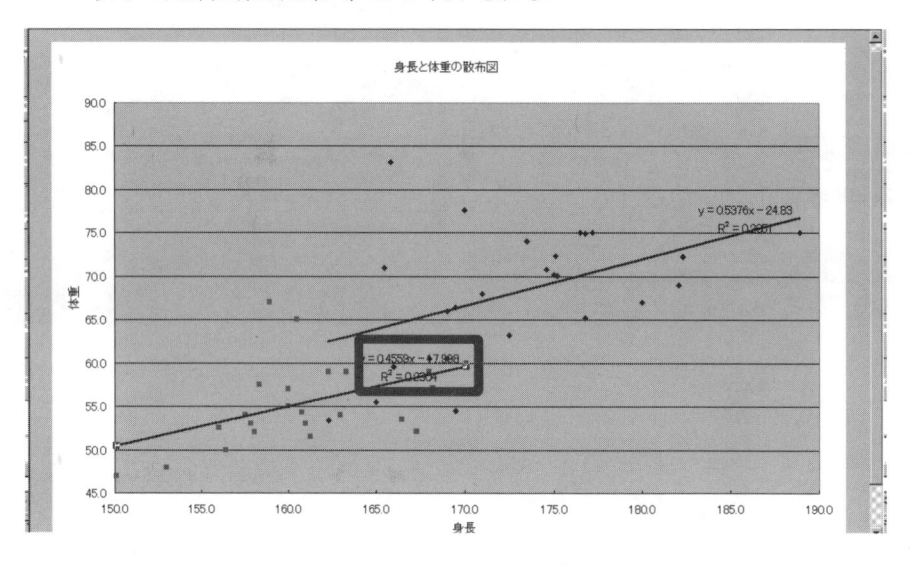

> ローデータに戻る場合は「集計データ」タブをクリックする．このグラフを削除する場合は，3.3を参照のこと．

6.4 度数の整理

　定性変数を整理する方法を説明する．統計解析における度数や比率の検定など，各種ノンパラメトリック検定を行うためのデータ整理である．はじめに1変数の度数表を作成し，次に2変数の度数表(クロス表)の作成を説明する．

　なお，本書ではエクセル2000(Microsoft® Excel2000)により図を作成している．これ以前のバージョンの場合と，画面(図)表示が若干異なるが，それぞれのバージョンにおける後述の「ピボットテーブルリポート(P)」のウィザードに従って操作を進める．

　保存しておいたファイル「例題1」を開く．

6.4.1 1変数の度数表

以前に算出した肥満度は「やせ」「ふつう」「肥満」の3分類されており，それぞれ「1」「2」「3」と数値が付与されている．それぞれの度数について表にまとめる．

メニューバーの「データ(D)」から「ピボットテーブルリポート(P)」を選択する．

下図のような「ピボットテーブルウィザード」の画面が表示される．「次へ＞」をクリックする．

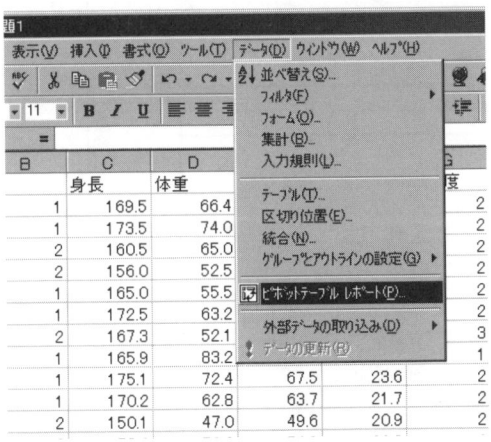

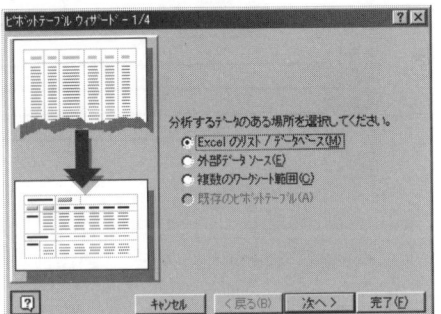

全てのデータ範囲であるセルB1～G51までを選択し，「次へ＞」をクリックする．

「完了」をクリックする．

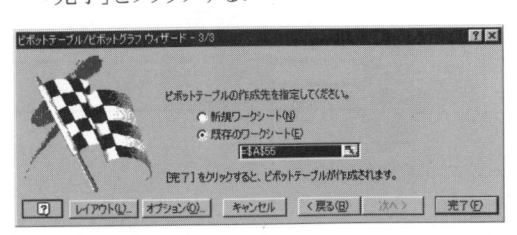

第6章　図表の作成やグラフの表示　85

ピボットテーブル上に選択したデータの種類が表示され，また，セルの上に度数表を作成する範囲が示される．

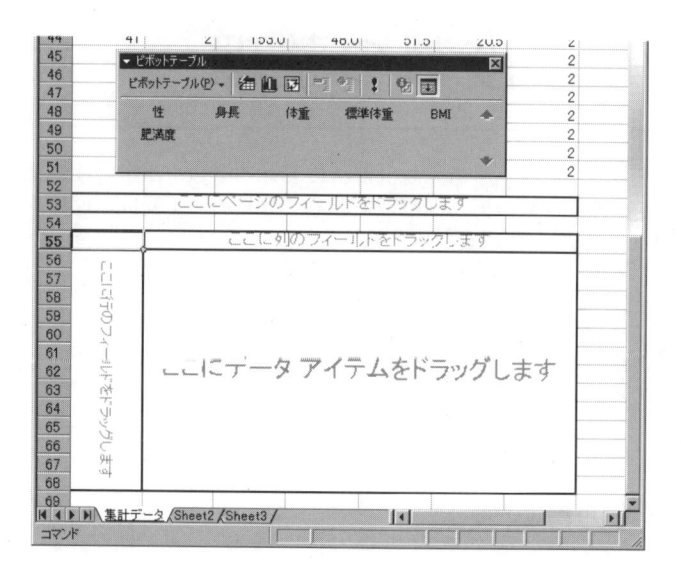

肥満度のラベルをドラッグ(ラベル上でマウスの左ボタンを押す)する．

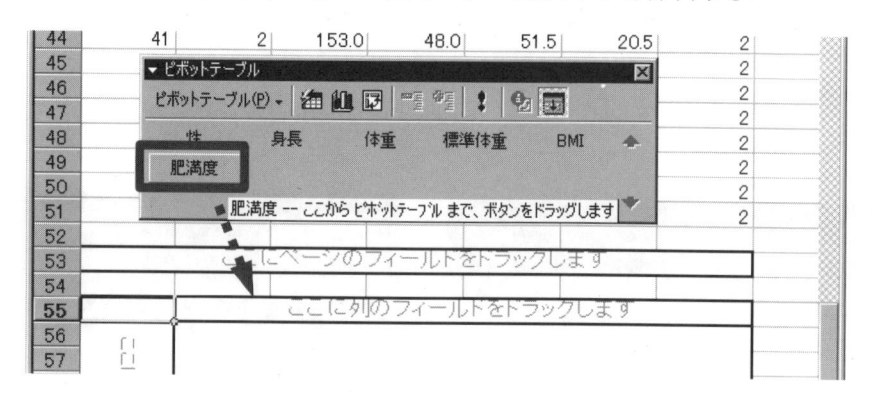

「ここに列のフィールドをドラッグします」と表示してある所で左クリックを離す．列の内容として「肥満度」と表示される．

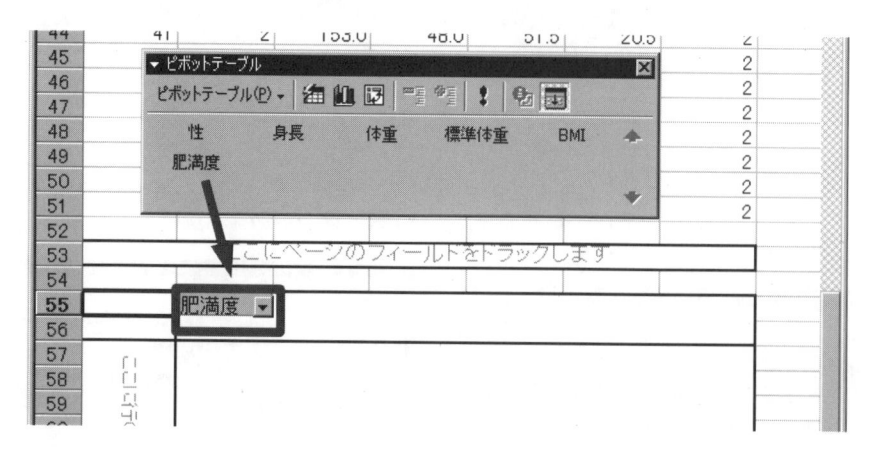

もう一度肥満度のラベルをドラッグし「ここにデータアイテムをドラッグします」と書いてある所の上で左クリックを離す.

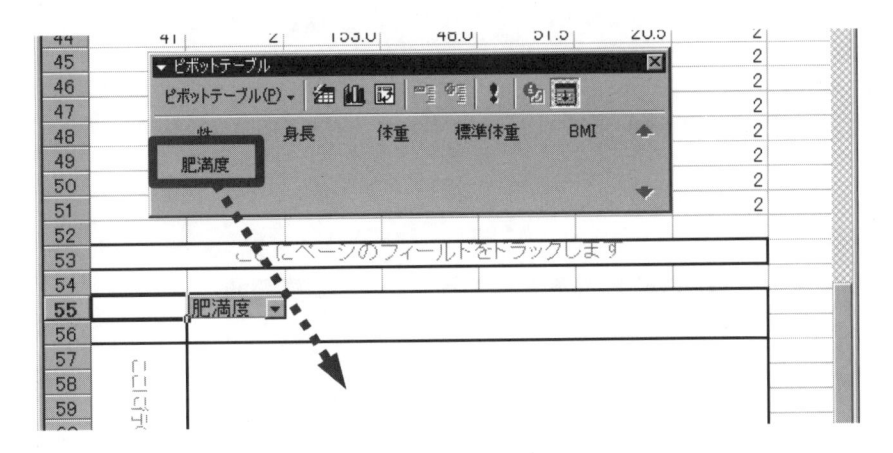

肥満度の度数表が作成される.

この度数表は後述する適合度の検定(一様性の検定)において利用する. 詳細は8章を参照のこと.
　次は2変数の度数表, すなわちクロス表を作成する.
　ここで終了する場合は, メニューバーから「ファイル (F)」「上書き保存 (S)」をクリックし, データを保存し, 終了する.

6.4.2 2変数の度数表(クロス表)

前回作成した1変数による度数表に，新たな1変数を加え，クロス表を作成する．クロス表の作成は，8章以降で説明する独立性の検定を行うために必要である．

肥満度と性のクロス表を作成する．前回作成したファイル「例題1」を開く．

1変量の度数表を表示する．

メニューバーから「ピボットテーブルウィザード」をクリックし，画面を表示する．

性のラベルをセルA56にドラッグ（ラベル上でマウスの左ボタンを押す）する．

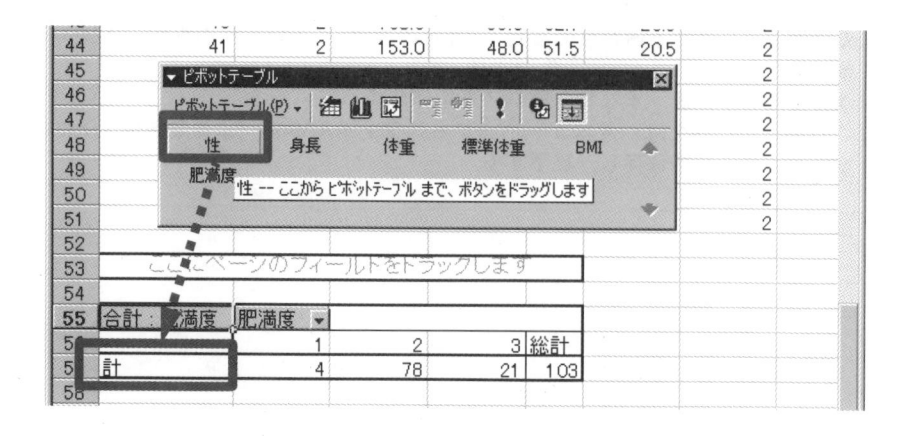

「計」(セルA57)上で，クリックを離す．

	A	B	C	D	E
55	合計：肥満度	肥満度			
56	性	1	2	3	総計
57	1	1	40	15	56
58	2		3	38	6	47
59	総計	4	78	21	103

性と肥満度のクロス表が作成される．同様の手順で3変数以上の度数表の作成も可能である．

2変数の独立性の検定を行う場合は，このまま8章「独立性の検定」に進む．この場合シート名に例えば「独立性の検定」などを入力しておくと，今後データを再利用する場合に便利である．データは適宜保存する．

Memo

パラメトリック検定

7.1 平均に関する検定
7.2 分散に関する検定
7.3 相関に関する検定

　平均に関する検定，分散に関する検定および相関に関する検定，これらの検定は，データを分析する上で基本的かつ重要な知見を提示してくれる．
　本書ではデータを解析する上で代表的な検定のみ取り上げている．また，本章における各解析は，小著1「例解　健康・スポーツ科学のための統計学」および小著2「健康・スポーツ科学のための統計学入門」を参照のこと．
　各解析において示される例題は，ローデータを含んでいない場合がある．例題で提示されている統計量は，解析に必要な統計量である．第1部および第2部で説明した手順に従い，手持ちのデータからこれらの統計量を適宜算出し，解析を進めて頂きたい．

第 7 章

7.1 平均に関する検定

　平均値の有意差検定は，平均値が2つの場合と3つ以上の場合に分けられる．前者は，母平均と標本平均の比較と，2つの標本平均の比較に分けられる．また，2つの標本平均の比較は「対応のある場合」と「対応のない場合」に分けられる．
　例題中に提示される解析に必要な各種統計量は5～6章を参考に算出する．

> 検定の手順は2章で詳しく説明している．各検定に共通するので確認されたい．

7.1.1 母平均と標本平均の差

■7.1.1.1 母分散が既知の場合

解析手順

1. 利用する統計量
   人数(n)，標本平均($\bar{X}$)，母平均(μ_o)，母標準偏差(σ)

2. 統計量の算出　　(H$_0$：$\mu = \mu_0$)
   既知の母平均μ_oと標本平均$\bar{X}$の差を標準誤差で $\sigma_{\bar{X}} = \sigma/\sqrt{n}$
   標準化した統計量z_oを求める式を入力する．μ_oは既知の母平均．

$$z_o = \frac{\bar{X} - \mu_o}{\sigma / \sqrt{n}} \qquad (7\text{-}1)$$

3. 有意差を判定する(両側検定，有意水準$\alpha=0.05$)
   標準正規分布から$\alpha/2$に対応するzを求め，$|z_o| \geq z(\alpha/2)$のとき有意差あり，$|z_o| < z(\alpha/2)$のとき有意差なしと判定する．関数NORMSINVを利用する場合は，NORMSINV(1-α/2)により，z(α/2)が求められる(検定法Ⅰ：第2章を参照，検定法Ⅱについては後述のPoint-2を参照)．

Point-1

> 検定の棄却域は両側検定と片側検定とで異なる．有意水準を5%にすると片側検定の場合，z($\alpha=0.05$)はNORMSINV(1-α)より求められる(2章参照)．

例題

例題7.1.1.1
男子大学1年生の身長の全国の平均(μ_o)と標準偏差(σ)はそれぞれ170.5cm，5.90cmである．3章から6章で入力した「例題1」における男子大学生の身長の平均($\bar{X}$=173.0)は，全国平均に比べて高いといえるか．

操作手順

事前処理
3章から6章で使用した「例題1」の大学生50名のデータファイルを開く．
データを男女別に並び替える(4.3.2参照)．

タスクバーの「ツール(T)」から「分析
ツール(D)」をクリックする．

基本統計量を選択し，「OK」を
クリックする．

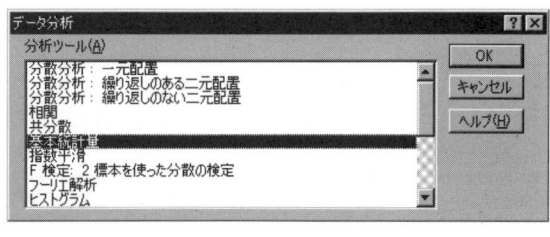

男子の身長のラベルとローデータの範囲を選択する．

「先頭行をラベルとして使用(L)」をチェックする．

「統計情報(S)」をチェックする．

「OK」をクリックする．

第7章 パラメトリック検定

自動的に新たなシートに男子の身長の基本統計量が算出される.
ここでは検定に必要な標本の大きさ(人数),平均を利用する.

	A	B
1	身長	
2		
3	平均	173.0154
4	標準誤差	1.219504
5	中央値(メ	173
6	最頻値(モ	169.5
7	標準偏差	6.218276
8	分散	38.66695
9	尖度	0.279935
10	歪度	0.53043
11	範囲	26.6
12	最小	162.3
13	最大	188.9
14	合計	4498.4
15	標本数	26

いずれかのシートを選択する,あるいは新しいシートを作成し,算出された基本統計量から,下図のように人数(n),平均値($\overline{X}, \mu_0$),標準偏差(S, σ)の各統計量と必要な文字の貼り付けなどを行い,入力する. μ_0の入力方法はPoint-3を参照.

	A	B	C	D	E
1	人数	標本平均	標本標準偏差	母平均	母標準偏差
2	n	$\overline{X}$	S	μ_0	σ
3	26	173.0	6.22	170.5	5.90
4					
5	$z_0=$				

セルB5に統計量z_0の算出式(7-1)を入力する(算出式に組み込まれる各統計量のセルの場所を確認のこと). 図では,$\overline{X}$がB3, μ_0がD3, σがE3, nがA3に対応している. 対応するセルの場所を指定した検定統計量z_0の算出式を入力する.

	A	B	C	D	E
	FINV	✗ ✓ =	=(B3-D3)/(E3/SQRT(A3))		
1	人数	標本平均	標本標準偏差	母平均	母標準偏差
2	n	$\overline{X}$	S	μ_0	σ
3	26	173.0	6.22	170.5	5.90
4					
5	$z_0=$	=(B3-D3)/(E3/SQRT(A3))			

↑ ↑ ↑ ↑
$\overline{X}$ μ_0 σ n

Enterキーを押すとz_0(2.173897)が算出される.

	A	B	C	D	E
	B5	=	=(B3-D3)/(E3/SQRT(A3))		
1	人数	標本平均	標本標準偏差	母平均	母標準偏差
2	n	$\overline{X}$	S	μ_0	σ
3	26	173.0	6.22	170.5	5.90
4					
5	$z_0=$	2.173897			

セルB6に有意水準α=0.05(両側検定なのでα/2=0.025)のzを求める式を入力する．標準正規累積分布の逆関数NORMSINV(1-α/2=0.975)を利用する．Enterキーを押す．

	FINV		× ✓ =	=NORMSINV(1-0.05/2)	
	A	B	C	D	E
1	人数	標本平均	標本標準偏差	母平均	母標準偏差
2	n	X̄	S	μ_0	σ
3	26	173.0	6.22	170.5	5.90
4					
5	$z_0=$	2.173897			
6	z=	=NORMSINV(1-0.05/2)			

セルB6にz(1.959961)が算出される．

	B6		=	=NORMSINV(1-0.05/2)	
	A	B	C	D	E
1	人数	標本平均	標本標準偏差	母平均	母標準偏差
2	n	X̄	S	μ	σ
3	26	173.0	6.22	170.5	5.90
4					
5	$z_0=$	2.173897			
6	z=	1.959961			

結論

α=0.05の場合，$|z_0|$=2.173897＞z(α/2)=1.959961(両側検定) であるから，5%水準で有意差ありと判定する．つまり，男子の身長の平均は，全国平均と比べて高いと判定する．ちなみに片側検定の場合は，$|z_0|$=2.173897＞z(α)=1.64485で，有意差あり．

Point-2

■検定法II(両側検定)の場合には，統計量z_0に対応する確率pを求め，α/2と比較する(第2章参照)．NORMSDISTは標準正規累積分布の片側確率を返す関数である．下図のようにセルB6にz_0の確率の算出式を入力する(エクセルではz_0に対応する左端からの累積確率(p_1)が求まるので，右端からの確率pは1-p_1となる．第2章参照)．p=0.014856で，p<α/2=0.05/2=0.025であるから，有意差ありと判定する．上述の結果と一致する．

	B7		=	=1-NORMSDIST(ABS(B5))	
	A	B	C	D	E
1	人数	標本平均	標本標準偏差	母平均	母標準偏差
2	n	X̄	S	μ_0	σ
3	26	173.0	6.22	170.5	5.90
4					
5	$z_0=$	2.173897			
6	z=	1.959961			
7	p=	0.014856			

■標本平均X̄が母平均μ_0より大きい場合，z_0は負になる．$|z_0|$と絶対値をとれば，常に，上側(右側)確率を利用して検定ができる．

Point-3

μ_o など,セル内の文字を特殊な形式で表示させるには「セルの書式設定」を利用する.表示形式を変更する文字を選択し(図では μ の右にある o のみを選択している),右クリックでサブメニューを表示する.「セルの書式設定(F)」を選択する.

「セルの書式設定」ウィンドウにあるフォント名やサイズなど,変更する内容を選択し,「OK」をクリックする.図では「文字飾り」にある「下付き(B)」をチェックし,「OK」をクリックしている.表示結果は前述のとおりである.

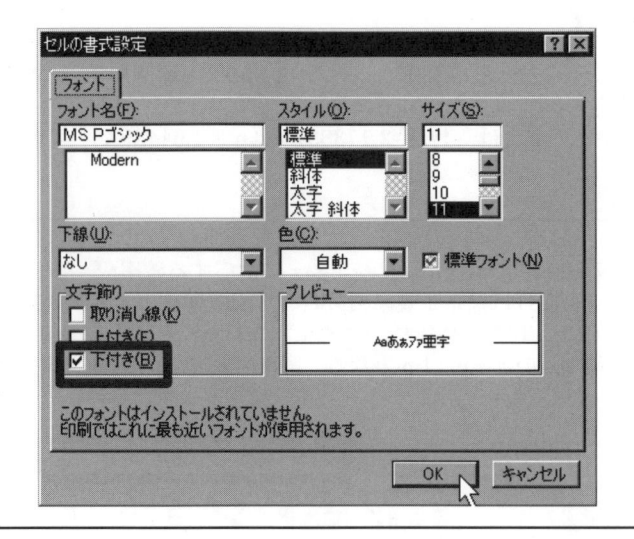

■7.1.1.2 母分散が未知の場合

母平均(μ_0)と標本平均($\overline{X}$)との差を検定する場合，母集団の平均が判明しているが，分散に関する情報のない場合(母分散は未知)がある．その場合，得られている標本の標本分散を手掛かりに母分散を推定し，母平均と標本平均との差を検定する．母分散が既知の場合は，分布は正規分布を利用したが，ここではt分布を利用する．

解析手順

1. 利用する統計量
   人数(n)，母平均(μ)，標本平均($\overline{X}$)，標準偏差(S)

2. 統計量の算出　(H_0: $\mu = \mu_0$)，μ_0:既知の母平均
   母分散σ^2が未知の場合，標本分散S^2を手掛かりにσ^2を推定し，統計量t_0が自由度df=n-1のt分布に従うことを利用する．

   $$t_o = \frac{\overline{X} - \mu_o}{S/\sqrt{n-1}} \quad (7\text{-}2)$$

3. 有意差を判定する(両側検定，有意水準α=0.05)
   t-分布から自由度df=n-1，$\alpha/2$に対応するtを求め，$|t_0| \geq t(df, \alpha/2)$のとき有意差あり，$|t_0| < t(df, \alpha/2)$のとき有意差なしと判定する．関数TINVを利用する場合は，TINV(α,df)により，t(df,$\alpha/2$)が求められる(第2章を参照)．

Point-1　関数NORMSINV(α)は片側確率を返すが，関数TINV(α,df)は両側確率を返す．つまり，TINV(α,df)により，t(df,$\alpha/2$)が求まる．よって，片側検定の場合にはαを2倍し，関数TINV(2α,df)とする必要がある．

例題

例題7.1.1.2（小著1：例題11-5）
定期的にスポーツセンターに通い，水泳を行っている20歳男子186名を対象に肺活量の測定を行った．その結果，平均($\overline{X}$)と標準偏差(S)は，それぞれ4806.4ml，603.41mlであった，20歳男子の全国平均(μ_0)は4660.0mlである．スポーツセンターに通い，水泳を行っている20歳の男子の肺活量は大きいといえるか．

操作手順

下図のように人数，標本平均，標本標準偏差，母平均を入力する．セルB5に統計量t_0の算出式(7-2)を入力する．$\overline{X}$がB3，μ_0がD3，SがC3，nがA3に対応する．Enterキーを押すと，t_0(3.300004)が得られる．

B5 = =ABS(B3-D3)/(C3/SQRT(A3-1))

	A	B	C	D	E
1	人数	標本平均	標本標準偏差	母平均	
2	n	$\overline{X}$	S	μ_0	
3	186	4806.4	603.41	4660	
4					
5	t_0=	3.300004			
6					

セルB6に関数TINVより自由度df=186-1, α=0.05に対応するtを求める式を入力する. セルB6の0.05はα, A3-1は自由度dfをそれぞれ意味する. TINV(α, df)はt-分布の右端α/2のtを返す(両側確率).

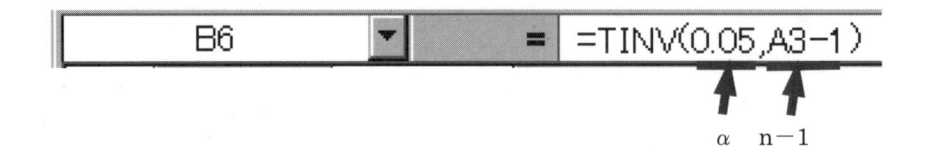

```
B6    =    =TINV(0.05,A3-1)
                    ↑      ↑
                    α     n-1
```

Enterキーを押すと, セルB6にt(1.972871)が算出される.

	A	B	C	D
1	人数	標本平均	標本標準偏差	母平均
2	n	$\bar{X}$	S	μ_o
3	186	4806.4	603.41	4660
4				
5	$t_o=$	3.300004		
6	t=	1.972871		

結論

α=0.05の場合, $|t_o|$=3.300004>t(df=185, α/2)=1.972871 (両側検定) であるから, 有意差ありと判定する. つまり, スポーツセンターに通い, 水泳を行っている20歳の男子の肺活量は, 同年代の全国平均と比べて優れていると判定する.

Point-2

■検定法II(両側検定)の場合には, 統計量t_oに対応する確率pを求め, α/2と比較する(第2章参照). TDISTはt分布の確率を返す関数である. 下図のようにセルB7にt_oの確率の算出式を入力する(TDIST(t_o,df,2)はt_oに対応する両側確率pを返し, TDIST(t_o,df,1)はt_oに対応する片側確率pを返す. 第2章参照). p=0.00058で, p<α/2=0.025であるから, 有意差ありと判定する. 上述の結果と一致する.

```
B7    =    =TDIST(ABS(B5),A3-1,1)
```

	A	B	C	D
1	人数	標本平均	標本標準偏差	母平均
2	n	$\bar{X}$	S	μ
3	186	4806.4	603.41	4660
4				
5	$t_o=$	3.300004		
6	t=	1.972871		
7	p=	0.00058		

7.1.2 2つの標本平均の差

2つの標本平均の差を検定する場合，既に説明した母平均と標本平均の差の検定と同様，母分散が既知の場合と未知の場合に分けられる．母分散が既知の場合はz検定を利用する（小著2参照）が，一般的には未知の場合が多いことから，ここでは母分散が未知の場合の2つの標本平均の差のみ説明する．また，対応のない場合と対応のある場合があり，両者について説明する．

■7.1.2.1 対応のない場合(母分散が未知で，等しいと仮定される場合)

Point
平均間の有意差検定は，母分散の同質性の検定によって母分散が等しいと仮定されなければならない．分散の同質性の検定については7.2.2.1にて説明する．ここでは，母分散が等しいと仮定される場合($\sigma_1^2 = \sigma_2^2$)の平均間の有意差検定を説明する．母分散が等しいと仮定されない場合($\sigma_1^2 \neq \sigma_2^2$)の方法は，次の7.1.2.2で説明する．

解析手順

1. 利用する統計量
   人数(n_1, n_2)，平均($\bar{X}_1$, $\bar{X}_2$)，標準偏差(S_1, S_2)

2. 分散の同質性の検定(7.2.2参照)
   同質性が保証された場合は以下の手順で行う．

3. 統計量の算出
   結合不偏分散U^2を求め，統計量t_oを求める．t_oは$df=n_1+n_2-2$のt分布に従う．

$$U^2 = (n_1 S_1^2 + n_2 S_2^2)/(n_1 + n_2 - 2) \quad (7\text{-}3)$$

$$t_o = (\bar{X}_1 - \bar{X}_2)/\sqrt{U^2(1/n_1 + 1/n_2)} \quad (7\text{-}4)$$

4. 有意差を判定する（両側検定，有意水準$\alpha=0.05$)
   t-分布から自由度$df=n_1+n_2-2$，$\alpha/2$に対応するtを求め，$|t_o| \geq t(df, \alpha/2)$のとき有意差あり，$|t_o| < t(df, \alpha/2)$のときは有意差なしと判定する．関数TINVを利用する場合は，TINV(α, df)により，$t(df, \alpha/2)$が求められる．片側検定の場合にはαを2倍し，関数TINV(2α, df)とする(検定法Ⅰ：第2章を参照，検定法Ⅱについては後述のPointを参照)．

例題

例題7.1.2.1(小著1：例題11-15)
跳躍と長距離をそれぞれ専門としている陸上選手の大腿囲(cm)を測定した結果，平均と標準偏差は次の通りであった．跳躍種目と長距離種目の選手の大腿囲に差があるといえるか．なお，両群の母分散は等しい($\sigma_1^2 = \sigma_2^2$)とする．
跳躍：$n_1=32$　$\bar{X}_1=59.3$cm　$S_1=3.81$cm　長距離：$n_2=28$　$\bar{X}_2=57.5$cm　$S_2=3.92$cm

操作手順

両群の人数，平均，標準偏差をデータとして入力する．

	A	B	C	D	E	F
1	人数1	標本平均1	標準偏差1	人数2	標本平均2	標準偏差2
2	n_1	$\overline{X}_1$	S_1	n_2	$\overline{X}_2$	S_2
3	32	59.3	3.81	28	57.5	3.92

U^2の算出式(7-3)を図の数式バーのようにセルB5に入力する．人数はA3とD3，標準偏差はC3とF3を設定する．「A3＊C3^2」は「$n_1 \times S_1^2$」を意味する．Enterキーを押すと，結合不偏分散U^2がB5に15.42714と算出される．

B5 = =(A3*C3^2+D3*F3^2)/(A3+D3-2)

	A	B	C	D	E	F
1	人数1	標本平均1	標準偏差1	人数2	標本平均2	標準偏差2
2	n_1	$\overline{X}_1$	S_1	n_2	$\overline{X}_2$	S_2
3	32	59.3	3.81	28	57.5	3.92
4						
5	U^2=	15.42714				

t_0の算出式(7-4)をセルB6に入力する．平均はB3とE3，U^2はB5，人数はA3とD3に対応する．Enterキーを押すとt_0(1.770957)がセルB6に算出される．

B6 = =(B3-E3)/SQRT(B5*(1/A3+1/D3))

	A	B	C	D	E	F
1	人数1	標本平均1	標準偏差1	人数2	標本平均2	標準偏差2
2	n_1	$\overline{X}_1$	S_1	n_2	$\overline{X}_2$	S_2
3	32	59.3	3.81	28	57.5	3.92
4						
5	U^2=	15.42714				
6	t_0=	1.770957				

セルB7に有意水準α=0.05のtの算出式を入力する(関数TINVを利用)．0.05はα，A3とD3は両群の人数に対応し，df=32+28-2=58となる．Enterキーを押すと，t(2.001716)が算出される．TINV(0.05,58)でもよい．

B7 = =TINV(0.05,A3+D3-2)

	A	B	C	D	E	F
1	人数1	標本平均1	標準偏差1	人数2	標本平均2	標準偏差2
2	n_1	$\overline{X}_1$	S_1	n_2	$\overline{X}_2$	S_2
3	32	59.3	3.81	28	57.5	3.92
4						
5	U^2=	15.42714				
6	t_0=	1.770957				
7	t=	2.001716				

結論

有意水準α=0.05の場合，$|t_0|$=1.770957＜t(df=58, α/2)=2.001716(両側検定)であるから，有意差なしと判定する．つまり，跳躍種目と長距離種目の選手の大腿囲に差はないと推測する．

> **Point**
>
> 検定法Ⅱ：統計量 t_0 の確率pと比較
>
> セルB8にp値の算出式TDIST(ABS(t_0),df,1)を入力する(関数TDISTおよびABSを利用). B6は統計量$|t_0|$, A3+D3-2はdf, 1は片側確率を意味する. Enterキーを押すと, B8にp値が算出される.
>
> | | B8 | | = | =TDIST(ABS(B6),A3+D3-2,1) | | |
> | --- | --- | --- | --- | --- | --- | --- |
> | | A | B | C | D | E | F |
> | 1 | 人数1 | 標本平均1 | 標準偏差1 | 人数2 | 標本平均2 | 標準偏差2 |
> | 2 | n_1 | $\bar{X}_1$ | S_1 | n_2 | $\bar{X}_2$ | S_2 |
> | 3 | 32 | 59.3 | 3.81 | 28 | 57.5 | 3.92 |
> | 4 | | | | | | |
> | 5 | $U^2=$ | 15.42714 | | | | |
> | 6 | $t_0=$ | 1.770957 | | | | |
> | 7 | $t=$ | 2.001716 | | | | |
> | 8 | $p=$ | 0.040911 | | | | |
>
> $p=0.040911 > \alpha/2=0.025$(両側検定)であるから, 有意差なしと推測する.

■ 7.1.2.2 対応のない場合（母分散が未知で，等しいと仮定されない場合）

7.1.2.1で説明したように，母分散が等しいと仮定されない場合（$\sigma_1^2 \neq \sigma_2^2$）（小著1参照）には，(7-4)を用いて平均間の有意差検定はできない．この場合コクラン・コックス(Cochran-Cox)法やウェルチ(Welch)法で検定を行う．ここではウェルチ(Welch)法を説明する．

解析手順

1. 利用する統計量
   人数(n_1, n_2)，平均($\bar{X}_1$, $\bar{X}_2$)，標準偏差(S_1, S_2)，
   不偏分散(u_1^2, u_2^2)

2. 分散の同質性の検定を行う(7.2.2参照)
   同質性が保証されない場合は，(7-3)のU^2を求めることはできない．以下の手順に従い両標本の不偏分散u_1^2, u_2^2を利用して，t_o'を求める．

3. 統計量の算出
   (7-8)のt_o'，(7-9)の自由度dfを求める．dfは一般に実数となる．

$$u_1^2 = n_1 S_1^2 /(n_1 - 1), \quad u_2^2 = n_2 S_2^2 /(n_2 - 1) \tag{7-5}$$

$$C1 = u_1^2 / n_1 = S_1^2 /(n_1 - 1) \tag{7-6}$$

$$C2 = u_2^2 / n_2 = S_2^2 /(n_2 - 1) \tag{7-7}$$

$$t_o' = (\bar{X}_1 - \bar{X}_2)/\sqrt{C1 + C2} \tag{7-8}$$

$$df = (n_1 - 1)(n_2 - 1) / \{(n_2 - 1)L^2 + (n_1 - 1)(1 - L)^2\} \tag{7-9}$$

ただし，$L = C1/(C1 + C2)$ \tag{7-10}

4. 有意差を判定する（両側検定，有意水準$\alpha = 0.05$）
   t-分布から自由度df，$\alpha/2$に対応するtを求め，$|t_o'| \geq t(df, \alpha/2)$のとき有意差あり，$|t_o'| < t(df, \alpha/2)$のときは有意差なしと判定する．関数TINVを利用する場合は，TINV(α, df)により，t(df, $\alpha/2$)が求められる（検定法Ⅰ：第2章を参照，検定法Ⅱについては後述のPointを参照）．片側検定の場合にはαを2倍し，関数TINV(2α, df)とする．

例題

例題7.1.2.2（小著1：例題11-21）
5年以上の経験をもつ野球選手とバレーボール選手を無作為に，38名(n_1)と45名(n_2)を抽出し，やり投げの飛距離を測定した．結果は以下の通りであった．両群のやり投げ距離に差があるか．
　野球選手：n_1=38　$\bar{X}_1$=42.5　S_1=9.09　バレーボール選手：n_2=45　$\bar{X}_2$=38.2　S_2=6.45

操作手順

両群の人数，平均，標準偏差をそれぞれ，セルA3～F3に入力する．

	A	B	C	D	E	F	G
1	人数1	標本平均1	標準偏差1	人数2	標本平均2	標準偏差2	
2	n_1	$\overline{X}_1$	S_1	n_2	$\overline{X}_2$	S_2	
3	38	42.5	9.09	45	38.2	6.45	

セルB5にC1の算出式(7-6)を入力する．セルC3は野球選手の標準偏差，セルA3は人数である．Enterキーを押す．セルB5にC1(2.233192)が算出される．

B5	▼	=	=C3^2/(A3-1)				
	A	B	C	D	E	F	G
1	人数1	標本平均1	標準偏差1	人数2	標本平均2	標準偏差2	
2	n_1	$\overline{X}_1$	S_1	n_2	$\overline{X}_2$	S_2	
3	38	42.5	9.09	45	38.2	6.45	
4							
5	C1=	2.233192					
6							

野球選手と同様にバレーボール選手のC2の算出式(7-7)をセルB6に入力する．セルF3は標準偏差，セルD3は人数を示している．Enterキーを押すと，セルB6にC2(0.945511)が算出される．

B6	▼	=	=F3^2/(D3-1)				
	A	B	C	D	E	F	G
1	人数1	標本平均1	標準偏差1	人数2	標本平均2	標準偏差2	
2	n_1	$\overline{X}_1$	S_1	n_2	$\overline{X}_2$	S_2	
3	38	42.5	9.09	45	38.2	6.45	
4							
5	C1=	2.233192					
6	C2=	0.945511					
7							

統計量t_0'の算出式(7-8)をセルB7に入力する．標本平均の差(セルB3－セルE3)を求め，C1とC2の和の平方根(セルB5，セルB6)で除す．Enterキーを押すと，セルB7に統計量t_0'(2.411812)が算出される．

B7	▼	=	=(B3-E3)/SQRT(B5+B6)		
	A	B	C	D	E
1	人数1	標本平均1	標準偏差1	人数2	標本平均
2	n_1	$\overline{X}_1$	S_1	n_2	$\overline{X}_2$
3	38	42.5	9.09	45	38.
4					
5	C1=	2.233192			
6	C2=	0.945511			
7	$t_0'=$	2.411812			
8					

セルB8にLの算出式(7-10)を入力する．セルB5とセルB6はそれぞれC1とC2である．Enterキーを押すと，セルB8にL(0.702548)が出力される．

	B8	▼	=	=B5/(B5+B6)
	A	B	C	D
4				
5	C1=	2.233192		
6	C2=	0.945511		
7	t_o'=	2.411812		
8	L=	0.702548		

ウェルチ法はt_o'が近似的に自由度dfでt分布に従うことを利用する．セルB9に自由度dfの算出式(7-9)を入力するが，入力ミスを防ぐ意味でセルに入力する式を分母と分子に2分割する．(7-9)の分母をセルC9に入力する．セルD3とセルA3は両群の人数，セルB8はLに対応している．Enterキーを押し，dfの分母(24.99092)を得る．

セルB9にdfの算出式を入力する．Enterキーを押すとdf(65.14366)が算出される．

	C9	▼	=	=(D3-1)*B8^2+(A3-1)*(1-B8)^2	
	A	B	C	D	E
1	人数1	標本平均1	標準偏差1	人数2	標本平均2
2	n_1	$\overline{X}_1$	S_1	n_2	$\overline{X}_2$
3	38	42.5	9.09	45	38.2
4					
5	C1=	2.233192			
6	C2=	0.945511			
7	t_o'=	2.411812			
8	L=	0.702548			
9	df=		24.99092		

	B9	▼	=	=(A3-1)*(D3-1)/C9
	A	B	C	D
1	人数1	標本平均1	標準偏差1	人数2
2	n_1	$\overline{X}_1$	S_1	n_2
3	38	42.5	9.09	45
4				
5	C1=	2.233192		
6	C2=	0.945511		
7	t_o'=	2.411812		
8	L=	0.702548		
9	df=	65.14366	24.99092	

セルB10に有意水準$\alpha=0.05$のtの算出式を入力する(t分布の関数TINVを利用)．0.05はα，B9はdf=65.14366である．Enterキーを押すと，t(1.997137)が算出される．

	B10	▼	=	=TINV(0.05,B9)		
	A	B	C	D	E	F
1	人数1	標本平均1	標準偏差1	人数2	標本平均2	標準偏差2
2	n_1	$\overline{X}_1$	S_1	n_2	$\overline{X}_2$	S_2
3	38	42.5	9.09	45	38.2	6.45
4						
5	C1=	2.233192				
6	C2=	0.945511				
7	t_o'=	2.411812				
8	L=	0.702548				
9	df=	65.14366	24.99092			
10	t=	1.997137				

結論

有意水準$\alpha=0.05$の場合，$|t_o'|=2.411812>t(df=65.14366, \alpha/2)=1.997137$(両側検定)であるから，有意差ありと判定する．つまり，野球選手とバレーボール選手のやり投げの飛距離に差があり，野球選手の方がやり投げの飛距離が長いと推測する．

Point-1

検定法Ⅱ：有意水準 α と統計量 t_o' の確率 p との比較

t分布の関数TDISTおよびABSを利用し，t_o'の確率pを求める．セルB11に算出式を入力する．B7は$|t_o'|$，B9は自由度dfである．片側確率を求める場合，引数は1を入力する．Enterキーを押すと，セルB11に p (0.009353)が算出される．

	B11		=	=TDIST(ABS(B7),B9,1)	
	A	B	C	D	E
4					
5	C1=	2.233192			
6	C2=	0.945511			
7	t_o'=	2.411812			
8	L=	0.702548			
9	df=	65.14366	24.99092		
10	t=	1.997137			
11	p=	0.009353			
12					

$p=0.009353 < \alpha/2 = 0.025$（両側検定）であるから，有意差ありと判定する．つまり，検定法Ⅰと同じ結果になる．

Point-2

2分割したdfの算出式は次のようにセルB9に1つにまとめてもよい．

B9		=	=(A3-1)*(D3-1)/((D3-1)*B8^2+(A3-1)*(1-B8)^2)

■7.1.2.3　対応のある場合

同じ被験者が一定期間の前後で測定される場合や同じ被験者が２つの条件下で測定される場合，対応のあるｔ検定を利用する．この場合，両測定値の$(\bar{X}_1 - \bar{X}_2)$平均の差および相関係数(r)を利用する検定と両測定値の$D_i = X_{1i} - X_{2i}$差を利用する検定がある．ここではそれぞれの例題を設定し，２つの検定法について説明する．

解析手順

1．利用する統計量
  個体数(n)，平均($\bar{X}_1$, $\bar{X}_2$)，標準偏差(S_1, S_2)，相関係数(r)，差の平均($\bar{D}$)

2．統計量の算出
 １）平均値の差を利用する方法
  ２つの変量の相関係数rと平均($\bar{X}_1$, $\bar{X}_2$)および標準偏差(S_1, S_2)を利用し，次式より統計量t_oを求める．

$$t_o = \frac{\bar{X}_1 - \bar{X}_2}{\sqrt{(S_1^2 + S_2^2 - 2rS_1S_2)/(n-1)}} \quad (7\text{-}11)$$

 ２）データの差を利用する方法
  大きさnの対（組）にした一方の変量をX_{1i}，他方の変量をX_{2i}，両者の差を$D_i = X_{1i} - X_{2i}$とすると，n個の差の平均$\bar{D}$，分散S_D^2，標準偏差S_Dは以下の各式で表される．

$$\bar{D} = \sum (X_{1i} - X_{2i})/n = \sum D_i/n \quad (7\text{-}12)$$
$$S_D^2 = \sum (D_i - \bar{D})^2/n = \sum D_i^2/n - \bar{D}^2 \quad (7\text{-}13)$$
$$t_o = \bar{D}/(S_D/\sqrt{n-1}) \quad (7\text{-}14)$$

3．有意差を判定する(両側検定，$\alpha=0.05$)
  t-分布から自由度df=n-1，$\alpha/2$に対応するtを求め，$|t_o| \geq t(df, \alpha/2)$のとき有意差あり，$|t_o| < t(df, \alpha/2)$のとき有意差なしと判定する．関数TINVを利用する場合は，TINV(α, df)により，$t(df, \alpha/2)$が求められる(検定法Ⅰ：第２章を参照)．

例題

例題7.1.2.3（小著１：例題11-29）
右表はある小学校の１年生10名の身長を４月と５月に測定したものである．１ヶ月間で身長が有意に伸びたといえるか．

表7-1-2-3　小学１年生の身長の変化

n	4月	5月
1	114.5	115.0
2	109.9	110.5
3	108.0	108.7
4	101.0	101.2
5	110.5	110.9
6	106.3	107.0
7	116.2	116.5
8	114.8	115.3
9	99.4	100.0
10	101.3	101.6

操作手順　　1）相関係数を利用する方法

セルB2～C11までにローデータを入力し、セルB13及びC13に両群の平均の算出式を入力する（関数AVERAGEを利用）．Enterキーを押す．両群の平均がそれぞれ108.2，108.7と算出される．

	B13	▼	=	=AVERAGE(B2:B11)
	A	B	C	D
1	n	4月	5月	
2	1	114.5	115.0	
3	2	109.9	110.5	
4	3	108.0	108.7	
5	4	101.0	101.2	
6	5	110.5	110.9	
7	6	106.3	107.0	
8	7	116.2	116.5	
9	8	114.8	115.3	
10	9	99.4	100.0	
11	10	101.3	101.6	
12				
13	X̄	108.2	108.7	
14				

セルB14及びC14に標準偏差の式を入力する（関数STDEVPを利用）．ローデータの範囲セルB2～B11およびセルC2～C11を指定する．

	B14	▼	=	=STDEVP(B2:B11)
	A	B	C	D
10	9	99.4	100.0	
11	10	101.3	101.6	
12				
13	X̄	108.2	108.7	
14	S	5.796283	5.808623	
15				

セルB15に両群間のピアソンの相関係数の算出式を入力する（関数CORRELを利用）．セルB2～B11，セルC2～C11とそれぞれのデータ範囲を指定する．Enterキーを押すとr(0.987497)が出力される．

	B15	▼	=	=CORREL(B2:B11,C2:C11)	
	A	B	C	D	E
10	9	99.4	100.0		
11	10	101.3	101.6		
12					
13	X̄	108.2	108.7		
14	S	5.796283	5.808623		
15	r	0.999592			

セルB16に統計量t_oの算出式（7-11）を入力する（関数SQRTを利用）．セルB13とC13は平均，B14とC14は標準偏差である．
Enterキーを押すと統計量t_o(-8.66778)が算出される．

	B16	▼	=	=(B13-C13)/SQRT((B14^2+C14^2-2*B15*B14*C14)/(A11-1))			
	A	B	C	D	E	F	G	H
10	9	99.4	100.0					
11	10	101.3	101.6					
12								
13	X̄	108.2	108.7					
14	S	5.796283	5.808623					
15	r	0.999592						
16	t_o=	-8.66778						

セルB17に有意水準α=0.05のtを求める式を入力する(t分布の関数TINVを利用)．0.05はα，A11は個体数（被験者）で，df=10-1である．Enterキーを押すと，t(2.262159)が算出される．

	B17	▼	=	=TINV(0.05,A11-1)
	A	B	C	D
10	9	99.4	100.0	
11	10	101.3	101.6	
12				
13	X̄	108.2	108.7	
14	S	5.796283	5.808623	
15	r	0.999592		
16	t_o=	-8.66778		
17	t=	2.262159		

結論

　有意水準α=0.05の場合，t_o=8.667781＞t(df=9, α/2)=2.262159(両側検定)であるから，有意差ありと判定する．つまり，小学校1年生10名の身長は4月と5月で，有意に伸びたと推測する．

操作手順　　2）データの差を利用する方法

4月と5月の身長の差 (D) の算出式をセルD2に入力する．4月と5月の身長の差 (D) の算出式 (セルD2) を貼り付けて，全被験者の値を算出する．理論的に5月よりも4月の値が高いことは考えられないため，C2－B2としている．

	D2			=	=C2－B2	
	A	B	C	D		
1	n	4月	5月	差(D)		
2	1	114.5	115.0	0.5		
3	2	109.9	110.5	0.6		
4	3	108.0	108.7	0.7		
5	4	101.0	101.2	0.2		
6	5	110.5	110.9	0.4		
7	6	106.3	107.0	0.7		
8	7	116.2	116.5	0.3		
9	8	114.8	115.3	0.5		
10	9	99.4	100.0	0.6		
11	10	101.3	101.6	0.3		
12						

身長差の2乗 (D^2) をセルE2に入力する．身長差の2乗 (D^2) の算出式を貼り付けて，全被験者の値を算出する．

	E2			=	=D2^2
	A	B	C	D	E
1	n	4月	5月	差(D)	D^2
2	1	114.5	115.0	0.5	0.25
3	2	109.9	110.5	0.6	0.36
4	3	108.0	108.7	0.7	0.49
5	4	101.0	101.2	0.2	0.04
6	5	110.5	110.9	0.4	0.16
7	6	106.3	107.0	0.7	0.49
8	7	116.2	116.5	0.3	0.09
9	8	114.8	115.3	0.5	0.25
10	9	99.4	100.0	0.6	0.36
11	10	101.3	101.6	0.3	0.09
12					

「差の平均 $\overline{D}$」(7-12) をセルB13に入力し，Enterキーを押すと $\overline{D}$ (0.48) が算出式をされる．セルD2～D11は各被験者の身長差 (D) を示している．

	B13			=	=AVERAGE(D2:D11)
	A	B	C	D	E
1	n	4月	5月	差(D)	D^2
2	1	114.5	115.0	0.5	0.25
3	2	109.9	110.5	0.6	0.36
4	3	108.0	108.7	0.7	0.49
5	4	101.0	101.2	0.2	0.04
6	5	110.5	110.9	0.4	0.16
7	6	106.3	107.0	0.7	0.49
8	7	116.2	116.5	0.3	0.09
9	8	114.8	115.3	0.5	0.25
10	9	99.4	100.0	0.6	0.36
11	10	101.3	101.6	0.3	0.09
12					
13	$\overline{D}=$	0.48			
14					

セルB14にS_D^2の算出式(7-13)を入力する．セルE2〜E11は差の2乗($\overline{D}^2$)，10は被験者，セルB13はDである．Enterキーを押すと分散(0.0276)が算出される．

B14		=	=SUM(E2:E11)/10-B13^2	
	A	B	C	D	E
1	n	4月	5月	差(D)	D^2
2	1	114.5	115.0	0.5	0.25
3	2	109.9	110.5	0.6	0.36
4	3	108.0	108.7	0.7	0.49
5	4	101.0	101.2	0.2	0.04
6	5	110.5	110.9	0.4	0.16
7	6	106.3	107.0	0.7	0.49
8	7	116.2	116.5	0.3	0.09
9	8	114.8	115.3	0.5	0.25
10	9	99.4	100.0	0.6	0.36
11	10	101.3	101.6	0.3	0.09
12					
13	$\overline{D}=$	0.48			
14	$S_D^2=$	0.0276			

セルB15に分散の平方根を入力する(関数SQRTを利用)．Enterキーを押すと，S_D(0.166132)が算出される．

B15		=	=SQRT(B14)
	A	B	C	D
12				
13	$\overline{D}=$	0.48		
14	$S_D^2=$	0.0276		
15	$S_D=$	0.166132		
16				

統計量の算出式(7-14)をセルB16に入力する(関数SQRTを利用)．セルB13は$\overline{D}$，セルB15は分散の平方根である．
Enterキーを押すと，統計量t_0(8.6677814)が算出される．

B16		=	=B13/(B15/SQRT(A11-1))		
	A	B	C	D	E	F
12						
13	$\overline{D}=$	0.48				
14	$S_D^2=$	0.0276				
15	$S_D=$	0.166132				
16	$t_0=$	8.6677814				
17						

セルB17に有意水準$\alpha/2=0.025$のtの算出式を入力する(t分布の関数TINVを利用). 0.05はα, A11は個体数で, df=10-1である. Enterキーを押すと, t(2.262159)が算出される.

	B17	▼	=	=TINV(0.05,A11-1)
	A	B	C	D
12				
13	$\overline{\overline{D}}=$	0.48		
14	$S_D^2=$	0.0276		
15	$S_D=$	0.166132		
16	$t_o=$	8.667781		
17	t=	2.262159		
18				

結論

有意水準$\alpha=0.05$の場合, $t_o=8.667781>t(df=9, \alpha/2)=2.262159$(両側検定)であるから, 有意差ありと判定する. つまり, 小学校1年生10名の身長は4月と5月で, 有意に伸びたと推測する.

Point

相関係数を利用した検定方法の結果と, t_0が一致していることがわかる. 状況に応じて, 利用しやすい方法を選択のこと.

7.1.3 1要因分散分析

　ここでは，3群以上の平均値の差の検定を行う．3つ以上の平均間の有意差検定には，t-検定ではなく，分散分析（F-検定）を利用する．分散分析では要因の各水準を1つの群とみなし，群間変動が偶然による誤差変動に比べて有意に大きいか否かを問題とする．この場合，群の大きさが等しい場合と，異なる場合がある．群の大きさが異なる場合の各変動の算出式は，群の大きさが等しい場合と同じ結果を算出するので，ここでは群の大きさが異なる場合について説明する．また，1要因分散分析には対応のある場合と対応のない場合がある．対応のある場合は，基本的には後述する繰り返しがない2要因分散分析（7.1.4.1）と計算式は同じである．

■7.1.3.1 1要因分散分析（対応のない場合）

解析手順

1. 利用する統計量
   個体数（r_j），平均（$\bar{X}_j$），標準偏差（S_j）

2. 分散の同質性を検定する（詳細は7.2.3参照）
   分散の同質性が認められた場合，分散分析を行う．
   （同質性が認められなかった場合は，Welch法や分布の型に依存しないHテストや中央値テストを利用する．第8章：8.1.1.2，8.1.1.3参照）

3. 統計量の算出
   群間変動（SS_b），群内変動（SS_w），総変動（SS_t）を求める（式に関しては小著1および小著2を参照）．（実際には「分析ツール」を利用するため，以下の式を入力し，各変動を求める必要はない）．

   修正項　　　：$CT = \sum r_j \bar{X}_{..}^2 = (\sum r_j \bar{X}_j)^2 / \sum r_j$ 　　　　　(7-15)
   水準間変動：$SS_b = \sum\sum (\bar{X}_j - \bar{X}_{..})^2 = \sum r_j \bar{X}_j^2 - CT$ 　　　(7-16)
   水準内変動：$SS_w = \sum\sum (X_{ij} - \bar{X}_j)^2 = \sum r_j S_j^2$ 　　　　　　　(7-17)
   全体　　　　：$SS_t = \sum\sum (X_{ij} - \bar{X}_{..})^2 = \sum\sum X_{ij}^2 - CT = \sum r_j (\bar{X}_j^2 + S_j^2) - CT$ 　(7-18)

   分散分析表を作成する

   表7-1

変動要因	変動	自由度	分散（平均変動）	分散比
水準間	SS_b	$df_b = k-1$	$MS_b = SS_b / df_b$	$F_b = MS_b / MS_w$
水準内	SS_w	$df_w = N-k$	$MS_w = SS_w / df_w$	
全体	SS_t	$df_t = N-1$		

   kは群の数，Nは各群の大きさの和（$=\sum r_j$），(7-16)～(7-18)は各群におけるr_jが等しい場合にも利用可能．「分析ツール」を利用すると上記の分散分析表が出力され，群間変動が「グループ間」，群内変動が「グループ内」，総変動が「合計」，分散比が「観測された分散比」として示される．

4. 有意差を判定する（有意水準$\alpha = 0.05$）
   F-分布から自由度df_b, df_w, αに対応するFを求め，$F_b \geq F(df_b, df_w, \alpha)$のとき有意差あり，$F_b < F(df_b, df_w, \alpha)$のとき有意差なしと判定する．関数FINVを利用する場合は，FINV(α, df_b, df_w)により$F(df_b, df_w, \alpha)$が求められる（第2章を参照）．

例題

例題7.1.3.1（小著1：例題21-5）

運動部の大学生15名に対して，懸垂測定を行い成就回数に差がないように3群に分けた．3群は8週間，ウェイトトレーニング（G1），アイソメトリックトレーニング（G2），動的トレーニング（G3）を実施した．8週間後，トレーニングを継続した12名に懸垂テストを行った結果，成就回数の増加量は表のとおりであった．成就回数の増加は各トレーニングによるものと仮定して，3群の増加量の有意差を検定せよ．

表7-1-3-1

	G1	G2	G3
1		6	8
2	6	2	10
3	8	4	7
4	7	5	7
5		3	
$\bar{X}$	7	4	8
S^2	1.00	1.53	1.73
n	3	5	4

操作手順

新規のファイルを開く．

表7-1-3-1のデータを図のように入力する．列ごとに各群のデータを配置する．セルA2～A6までが個人の識別番号，セルB2～D6までがローデータの範囲（人数が異なる）である．

	A	B	C	D	E
1		G1	G2	G3	
2	1		6	8	
3	2	6	2	10	
4	3	8	4	7	
5	4	7	5	7	
6	5		3		
7					
8					

メニューバーの「ツール（T）」から「分析ツール（D）」をクリックする．

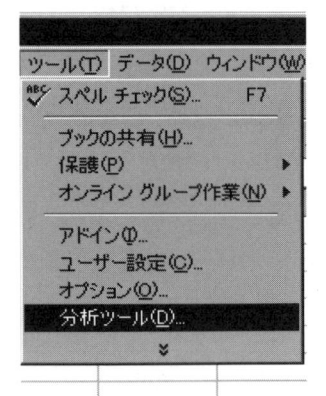

「分散分析：一元配置」を選択し，「OK」をクリックする．

データラベルを含むデータ範囲 (B1～D6) を「入力範囲 (W)」に示し,「先頭行をラベルとして使用(L)」をチェックし,「OK」をクリックする.

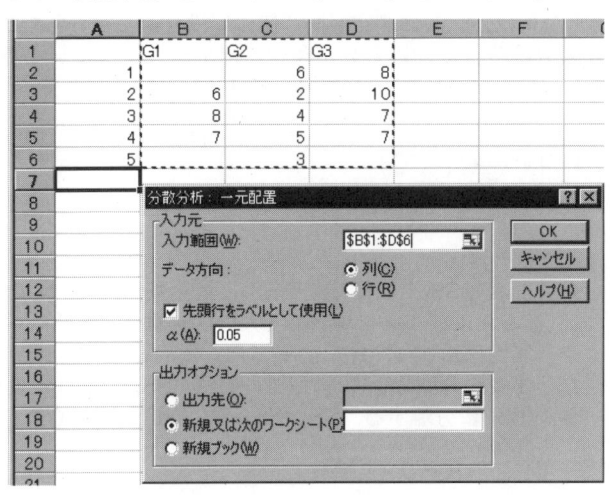

新しいシートに分散分析の結果が示される.

分散分析表から,分散比 (F_o) が確認できる. p値は0.005625, $F(df_b, df_w, \alpha)$ は4.256492である.

結論

$F_b = 9.729 > F(df_b=2, df_w=9, \alpha=0.05) = 4.26$であるから,有意差ありと判定する.従って,3つのトレーニング群間において懸垂回数に差があると推測する.

Point

分散分析は複数の水準(群)間に差があるかどうかを判定するが,どの水準間に差があるかは判定できない.どの水準(2群)間に差があるかは,7.1.5における多重比較検定を行う必要がある(7.1.2で説明したt検定は適用できない).

■7.1.3.2　1要因分散分析（対応のある場合）

対応のある1要因分散分析は，一般に測定が同じ個体に繰り返し行われた測定（反復測定）値の分析であり，2要因分散分析における列が条件，行が個人差に相当する（混合模型）．従って，分析手順は繰り返しのない2要因分散分析（7.1.4.1）と同じ手順で行う．

解析手順

1. 利用する統計量
   個体数（r），平均（$\bar{X}$）

2. 統計量の算出
   条件間変動SS_b，個体差変動SS_a，総変動SS_t，誤差変動SS_eを求める（小著1および小著2参照）．r人の各被験者にk種の処理（条件）を行い，測定値X_{ij}(i＝1，2，…，r ; j＝1，2，…，k)を得たとする．対応のない1要因分散分析における群内変動(SS_w)が個体差変動(SS_a)と誤差変動(SS_e)に分離する．$SS_w=SS_a+SS_e$，$df_w=df_a+df_e$

   修正項　　　: $CT=N\bar{X}..^2$ 　　　　　　　　　　　　　　(7-19)

   個体差変動: $SS_a=\sum\sum(\bar{X}_{i.}-\bar{X}..)^2=k\sum\bar{X}_{i.}^2-CT$ 　(7-20)

   条件間変動: $SS_b=r\sum\bar{X}_{.j}^2-CT$ 　　　　　　　　(7-21)

   全体　　　: $SS_t=\sum\sum X_{ij}^2-CT$ 　　　　　　　　(7-22)

   誤差変動　: $SS_e=SS_t-SS_a-SS_b$ 　　　　　　　(7-23)

   分散分析表を作成する

   表7-2

変動要因	変動	自由度	分散（平均変動）	分散比
個体差	SS_a	$df_a=r-1$	$MS_a=SS_a/df_a$	$F_a=MS_a/MS_e$
水準間	SS_b	$df_b=k-1$	$MS_b=SS_b/df_b$	$F_b=MS_b/MS_e$
誤差	SS_e	$df_e=(r-1)(k-1)$	$MS_e=SS_e/df_e$	
全体	SS_t	$df_t=N-1=rk-1$		

   kは条件（水準）数，rは個体数，Nは各群の大きさの和(rk)である．「分析ツール」を利用すると上記の分散分析表が出力される．分析ツールでは，個体差が「行」，条件差が「列」，残差が「誤差」，総変動が「合計」，分散比が「観測された分散比」として示される．

3. 有意差を判定する(有意水準α＝0.05)
   $F_b=MS_b/MS_e$が，第1自由度df_b，第2自由度df_eのF分布に従うことを利用する．F-分布から自由度df_b，df_e，αに対応するFを求め，$F_b \geq F(df_b, df_e, \alpha)$のとき有意差あり，$F_b < F(df_b, df_e, \alpha)$のとき有意差なしと判定する．関数FINVを利用する場合は，FINV(α, df_b, df_e)により(df_b, df_e, α)が求められる(第2章を参照)．

例題

例題7.1.3.2（小著1：例題22-3）
膝痛の学生10名に対して1週間のレーザー治療を行い，治療前，治療中，治療後における膝痛の度合いを20段階で調査した．表は調査結果を示したものである．疼痛度に変化が認められるか．

表7-1-3-2

	前	中	後
1	15	14	10
2	19	16	15
3	13	15	11
4	11	13	8
5	17	15	14
6	20	15	13
7	14	16	12
8	12	14	9
9	18	16	12
10	15	17	11

上の表のデータを右図のように入力する．
治療前，治療中，治療後の3つの列ごと(B,C,D)に各群のデータを配置する．セルA2～A11までが個人の識別番号，セルB2～D11までがローデータの範囲である．

タスクバーの「ツール(T)」の中から「分析ツール(D)」をクリックする．

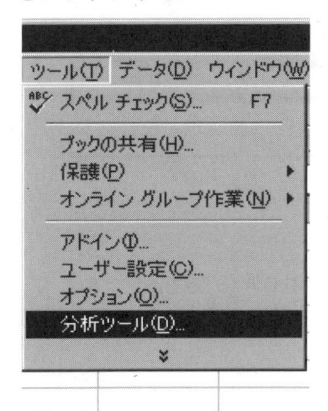

対応のある1要因分散分析は「分散分析：繰り返しのない二元配置」と一致するので，これを選択し，「OK」をクリックする．

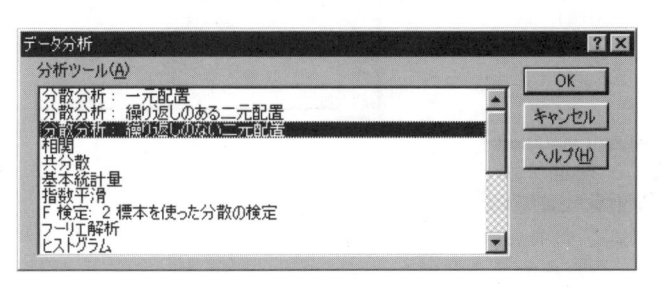

第7章　パラメトリック検定

データラベルを含むデータ範囲（A1〜D11）を「入力範囲(W)」に示し，「ラベル(L)」をチェックし，「OK」をクリックする．

新しいシートに分散分析の結果が示される．

分散分析表が表示され，分散比F_b(22.42857)，p値(0.000013)，F境界値(3.554561)が算出される．

分散分析表における行は個体差SS_a，列は条件差SS_bに対応する．なお，P-値(0.000013)は，1.29497E-05と表示される場合がある．これは$1.29497 \times 1/100000$を意味するが図では一般的な表示に修正してある（3.2.3参照）．

結論

有意水準$\alpha=0.05$の場合，$F_b=22.42857 > F(df_b=2, df_e=18, \alpha=0.05)=3.554561$であるから，有意差ありと判定する．従って，治療前，治療中，治療後の３つの群間において治療効果に差があると推測する．

Point

対応のない１要因分散分析と同様，いかなる水準（2群）間に差があるかどうかは，第7章7.1.5における多重比較検定を行う必要がある(7.1.2で説明したt検定は適用できない)．

7.1.4 2要因分散分析

2要因分散分析は，因子が2つになった場合の分散分析である．「繰り返しがない場合」と「繰り返しがある場合」に大別される．

■7.1.4.1 繰り返しがない場合：r=1

解析手順

1. ローデータの入力(表7-1-4-1)

2. 統計量の算出
   ローデータ（あるいは群平均($\bar{X}_{ij}$)）から(7-25)～(7-28)で示される群間変動，群内変動，総変動を求める（実際には「分析ツール」を利用し，各変動を求める）．手計算では，(7-24)の修正項CTを利用すると簡便である．7.1.3における行(r)および列(k)の記号は，ここではそれぞれk, lである．個体差変動が行間変動，条件差変動が列間変動に対応している．

修正項　　　　　　　　：$CT = (\sum\sum X_{ij})^2/N = N\bar{X}..^2$　　　　　(7-24)

行間変動(要因A)：$SS_a = \sum\sum(\bar{X}_{i.} - \bar{X}..)^2 = l\sum(\bar{X}_{i.} - \bar{X}..)^2 = l\sum\bar{X}_i^2 - CT$　　(7-25)

列間変動(要因B)：$SS_b = \sum\sum(\bar{X}_{.j} - \bar{X}..)^2 = k\sum(\bar{X}_{.j} - \bar{X}..)^2 = k\sum\bar{X}_{.j}^2 - CT$　　(7-26)

誤差変動　　　　　　：$SS_e = \sum\sum(X_{ij} - \bar{X}_{i.} - \bar{X}_{.j} + \bar{X}..)^2 = SS_t - SS_a - SS_b$　　(7-27)

全体　　　　　　　　：$SS_t = \sum\sum(X_{ij} - \bar{X}..)^2 = \sum\sum X_{ij}^2 - CT$　　　　　(7-28)

分散分析表を作成する

表7-3

変動要因	変動	自由度	分散（平均変動）	分散比
要因A	SS_a	$df_a = k-1$	$MS_a = SS_a/df_a$	$F_a = MS_a/MS_e$
要因B	SS_b	$df_b = l-1$	$MS_b = SS_b/df_b$	$F_b = MS_b/MS_e$
誤差	SS_e	$df_e = (k-1)(l-1)$	$MS_e = SS_e/df_e$	
全体	SS_t	$df_t = N-1 = kl-1$		

kおよびlは両要因の水準数，N=k×lである．「分析ツール」を利用すると上記の分散分析表が出力される．分析ツールでは，行間変動が「行」，列間変動が「列」，誤差変動が「誤差」，総変動（全体）が「合計」，2つの分散比が「観測された分散比」として示される．

3. 有意差を判定する（有意水準α=0.05）
   df_a, df_e, αに対応するFを求め，$F_a \geq F(df_a, df_e, \alpha)$のとき要因A($F_a$)の主効果は有意，$df_b$, df_e, αに対応するFを求め，$F_b \geq F(df_b, df_e, \alpha)$のとき要因B($F_b$)の主効果は有意とそれぞれ判定する（検定法I）．関数FINVでは，FINV(α,df_a,df_e)によりF(df_a,df_e,α)が求められる（第2章を参照）．

Point　繰り返しがない場合の2要因分散分析は，対応のある1要因分散分析（7.1.3.2）と同じ算出手順であるが，観点が異なる．

例題

例題7.1.4.1（小著1：例題22-1）
体操(B1)，スケート(B2)，バレー(B3)，水泳(B4)の選手を対象に，運動経験年数別にバランス能力を調べた．経験年数は2年未満(A1)，2～4年(A2)，5年以上(A3)の3段階に分けた．各群の被験者数が異なるので，各群の代表値として平均値を求めた．種目別と経験年数別バランス能力の差を検討せよ．

表7-1-4-1

	体操	スケート	バレー	水泳
2年未満	90	90	30	20
2～4年	100	80	40	40
5年以上	110	100	50	30

操作手順

新規のファイルを開き，上記の表に従ってスポーツ競技種目(B1～B4)と経験年数(A1～A3)の2つの要因を有するデータを入力する．列にはスポーツ競技種目，行には経験年数を入力する．

	A	B	C	D	E
1		B1	B2	B3	B4
2	A1	90	90	30	20
3	A2	100	80	40	40
4	A3	110	100	50	30

タスクバーの「ツール(T)」から「分析ツール(D)」をクリックする．

分析ツールから「分散分析：繰り返しのない二元配置」を選択し，「OK」をクリックする．

図のようにラベルを含めたデータ範囲(セルA1〜E4)を選択する.「ラベル(L)」にチェックを入れ,出力先はセルA6を指定し「OK」をクリックする.

セルA6以降に計算結果が算出される.

分散分析表から,行(MS_a)および列(MS_b)の2つの観察された分散比,F_a,F_bが確認できる.P-値は行が0.08374,列が6.18E-05である.なお,P-値(6.18E-05)は,必要に応じて表示形式を変更のこと(3.2.3参照).

結論

F_a=3.857143＜$F(df_a=2, df_e=6, \alpha=0.05)$=5.143249で要因Aの主効果($MS_a$)は有意でない,$F_b$=63.42857＞$F(df_b=3, df_e=6, \alpha=0.05)$=4.757055で要因Bの主効果($MS_b$)は有意と判定する.従って,バランス能力は経験年数によって差は認められないが,種目間により異なると推測する.

Point

1要因分散分析と同様,いかなる水準(2群)間に差があるかどうかは,多重比較検定を行う必要がある(詳しくは小著1および小著2参照).有意な主効果が認められた場合,その効果について7.1.5の多重比較検定を行う.

■7.1.4.2　繰り返しがある場合：$r \geq 2$
　　　　　２要因に対応がない場合（各セルの大きさが等しい場合）

ここでは２要因に対応がなく，セルの大きさが等しい場合の２要因分散分析について説明する．これは要因AとBがともに被験者間の変数で，それぞれの要因の各水準に異なる被験者が無作為に割り当てられ，完全無作為化要因計画と呼ばれることもある．

解析手順

1. ローデータの入力（例題の表7-1-4-2を参照）

2. 統計量の算出
   ローデータから(7-30)〜(7-35)より，行間変動，列間変動，交互作用変動，複合効果変動，誤差変動，総変動を求める（実際には「分析ツール」より各変動が求められる）．セルは群，繰り返し数は被験者に相当する．

修正項　　　　　　　：$CT = (\sum\sum\sum X_{ijp})^2/N = N\bar{X}..^2$ 　　　　　　　　　　(7-29)

行間変動(要因A)　：$SS_a = \sum\sum\sum(\bar{X}_{i..} - \bar{X}..)^2 = rl\sum(\bar{X}_{i..} - \bar{X}..)^2 = rl\sum\bar{X}_{i..}^2 - CT$ 　(7-30)

行間変動(要因B)　：$SS_b = \sum\sum\sum(\bar{X}_{.j.} - \bar{X}..)^2 = rk\sum(\bar{X}_{.j.} - \bar{X}..)^2 = rk\sum\bar{X}_{.j.}^2 - CT$ 　(7-31)

複合効果変動　　　：$SS_c = \sum\sum\sum(\bar{X}_{ij} - \bar{X}..)^2 = r\sum\sum(\bar{X}_{ij} - \bar{X}..)^2 = r\sum\sum\bar{X}_{ij}^2 - CT$ 　(7-32)

交互作用変動　　　：$SS_r = \sum\sum\sum(\bar{X}_{ij} - \bar{X}_{i..} - \bar{X}_{.j.} + \bar{X}..)^2 = r\sum\sum(X_{ij} - \bar{X}_{i..} - \bar{X}_{.j.} + \bar{X}..)^2$ 　(7-33)
　　　　　　　　　　$= SS_c - SS_a - SS_b$

誤差変動　　　　　：$SS_e = \sum\sum\sum(X_{ijp} - \bar{X}_{ij})^2 = r\sum\sum S_{ij}^2$ 　　　　　　(7-34)

全体　　　　　　　：$SS_t = \sum\sum\sum(X_{ijp} - \bar{X}..)^2 = SS_a + SS_b + SS_r + SS_e = SS_c + SS_e$ 　(7-35)

分散分析表を作成する

表7-4

変動要因	変動	自由度	分散（平均変動）	分散比
要因A	SS_a	$df_a = k-1$	$MS_a = SS_a/df_a$	$F_a = MS_a/MS_e$
要因B	SS_b	$df_b = l-1$	$MS_b = SS_b/df_b$	$F_b = MS_b/MS_e$
交互作用	SS_r	$df_r = (k-1)(l-1)$	$MS_r = SS_r/df_r$	$F_r = MS_r/MS_e$
誤差	SS_e	$df_e = N-kl$	$MS_e = SS_e/df_e$	
誤差	SS_t	$df_t = N-1$		

> **Point**
> エクセルでは入力するマス目のことをセルと呼び，分散分析では各要因における１つの標本（群）をセルと呼ぶ．

kおよびlは両要因の水準数，rは繰り返し数，N=klrである．「分析ツール」を利用すると上記の分散分析表が出力される．分析ツールでは，行間変動が「標本」，列間変動が「列」，交互作用は「交互作用」，誤差変動が「繰り返し誤差」，総変動(全体)が「合計」，３つの分散比が「観測された分散比」として示される．

3. 有意差を判定する（有意水準 $\alpha=0.05$）
   df_a, df_e, α に対応するFを求め，$F_a \geq F(df_a, df_e, \alpha)$ のとき要因A (F_a) の主効果は有意，df_b, df_e, α に対応するFを求め，$F_b \geq F(df_b, df_e, \alpha)$ のとき要因B (F_b) の主効果は有意，また，df_r, df_e, α に対応するFを求め，$F_r \geq F(df_r, df_e, \alpha)$ のとき交互作用 (F_r) は有意とそれぞれ判定する（検定法Ⅰ）．関数FINVでは，FINV(α, df_a, df_e) により $F(df_a, df_e, \alpha)$ が求められる．

例題

例題 7.1.4.2
3〜5歳の幼児男女のボール的当て投能力をとらえるため，3m離れた高さ1mの地点に，直径1mの的を置き，15回中何回的に当てられるかを測定した．結果は表7-1-4-2の通りであった．被験者は，年齢，性別にそれぞれ3名であり，この場合の年齢や性別，あるいは交互作用の有無について検定せよ．

表7-1-4-2

	3歳	4歳	5歳
男児	2	5	7
	1	6	9
	4	7	11
女児	1	2	6
	3	5	9
	2	6	9

操作手順

新規のファイルを開き，上記の表に従い，性(A)と年齢(B)を要因とするデータを入力する．

繰り返しがない2要因分散分析とは，データの並び方が異なるので注意する．セルB2〜B4は同じ3歳男児のデータである．

	A	B	C	D	E
1		B1	B2	B3	
2	A1	2	5	7	
3		1	6	9	
4		4	7	11	
5	A2	1	2	6	
6		3	5	9	
7		2	6	9	

タスクバーの「ツール(T)」から「分析ツール(D)」をクリックする．

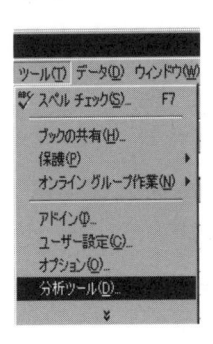

分析ツールから「分散分析：繰り返しのある二元配置」を選択し，「OK」をクリックする．

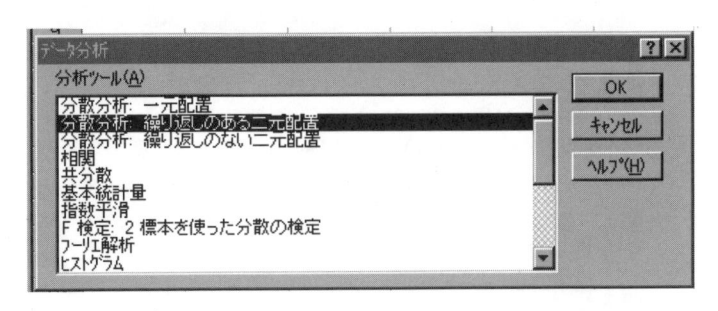

第7章 パラメトリック検定

因子名のラベルを含むデータ範囲(セルA1～D7)を選択する(5.1参照).1標本あたりの行数(ここでは「3」)を入力する.「α (A)」の欄に有意水準0.05が入力されている(αは第2章参照).出力オプションは7.1.4.1では「新規又は次のワークシート(F)」を選択したが,ここでは同一ワークシートに出力結果を表示する.出力先をセルA9と指定し,「OK」をクリックする.

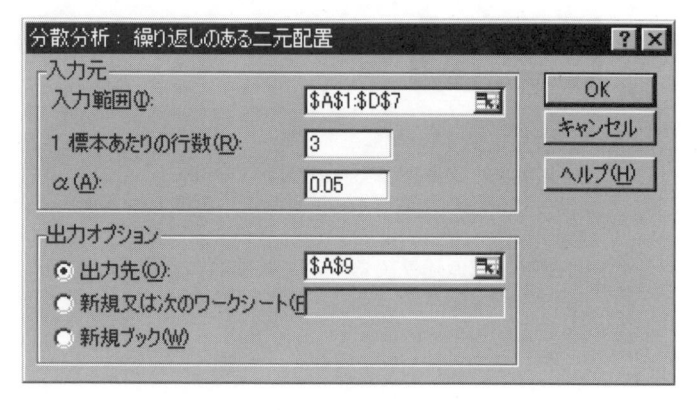

繰り返しのある二元配置分散分析の結果がセルA9以下に表示される.

分散分析表はセルA31～G38の範囲に表示される.MS_a(1.723404),MS_b(23.06383),MS_r(0.255319)の各分散比が算出され,それぞれのp値は,MS_aが0.213808,MS_bが0.000077,MS_rが0.778773と算出される.

変動要因の「標本」は行間変動(要因A)SS_a,「繰り返し誤差」は誤差SS_eと同じ(表7-4参照).

結論

F_a=1.723404＜$F(df_a=1, df_e=12, \alpha=0.05)$=4.747221で要因Aの主効果 ($MS_a$) は有意でない，$F_b$=23.06383 ＞ $F(df_b=2, df_e=12, \alpha=0.05)$=3.88529で要因Bの主効果 ($MS_b$) は有意，$F_r$=0.255319＜$F(df_b=2, df_e=12, \alpha=0.05)$=3.88529で交互作用 ($MS_r$) は有意でないとそれぞれ判定する．つまり，要因B(年齢)において有意性あり，要因A(性)および交互作用において有意性なしと判定される．どの水準間に有意差があるか否かについては多重比較検定によって検討する(→Point)．

Point

この例題の場合，要因Bが有意となった．考えられるケースとして，①要因Aと要因Bの主効果と交互作用のいずれも有意，②要因Aの主効果と交互作用が有意，③要因Bの主効果と交互作用が有意，④交互作用のみが有意，⑤要因Aと要因Bの主効果のみが有意，⑥要因Aと要因Bのいずれかの主効果のみが有意，の場合がある．この例題のように交互作用が有意でない場合と，交互作用が有意な場合とでは，事後の検定が異なる．交互作用が有意な場合は，単純主効果の有意性を確認し，セル平均間の差を検定する．

続いて，多重比較検定の手順について説明する．その他の多重比較検定の手順は7.1.5を，内容の詳細は小著2を参照．

2要因分散分析後の下位検定

2要因分散分析の結果を受け，事後処理は一般に以下のような手順で行う．

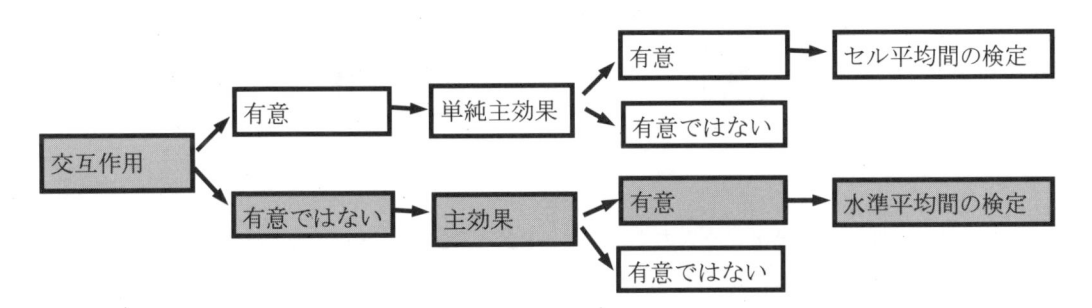

例題における2要因分散分析の結果，交互作用は有意ではなく，要因Bの主効果が有意であった．すなわち，網掛け部分の手順で事後処理を行い，要因Bにおける水準平均間の検定を実施する．なお，以下の解析では例題の結果に即した要因Bの水準平均間の検定に加え，参考として交互作用が有意であった場合の単純主効果の検定とセル平均間の検定例も説明する．ここでは多重比較検定にはTukeyのHSD法を利用する．

要因Bの水準平均間の検定

解析手順

1. 利用する統計量
   要因Aの水準数=k，要因Bの水準数l，MS_e，平均差 $|\bar{X}_i-\bar{X}_j|$

2. 統計量の算出

   要因Aが有意な場合：$HSD = q(k, df_e, \alpha)\sqrt{MS_e/lr}$　　(7-36)

   要因Bが有意な場合：$HSD = q(l, df_e, \alpha)\sqrt{MS_e/kr}$　　(7-37)

3. 有意差を判定する
   HSD を求 $|\bar{X}_i-\bar{X}_j|$ め，と比較 $|\bar{X}_i-\bar{X}_j|$ し，≧HSDのとき有意差ありと判定する(第2章を参照).
   要因Aの場合は(7-36)を，要因Bの場合は(7-37)を利用する．$q(k, df_e, \alpha)$，$q(l, df_e, \alpha)$ は平均の数k,lを考慮したスチューデント化された範囲である．表7-1-5aあるいは7-1-5bより求め，入力する(df_eは誤差分散の自由度).

操作手順

例題7.1.4.2では要因Bの主効果に有意性が認められたので，要因Bの水準平均間の対比較検定を行う．図のように予め比較する水準をセルA42〜B44に入力する．対比較数は$_3C_2=(3\times2)/2(3-2)=3$である．

セルC42に比較水準(列A)におけるkrの算出式を入力する(関数INDEXを利用)．セル番号につける$マークはセル位置の固定(絶対参照)を意味する(同式をセルC44まで貼り付けること).

C42		=	=INDEX($B$25:$D$25,A42)	
	A	B	C	D
39				
40	Bの場合			
41	比較群	比較群	kr=	
42	1	2	6	
43	1	3	6	
44	2	3	6	

セルD42に水準間の差を算出式を入力する．セルB27〜D27は各水準の平均を示し，ABS関数およびINDEX関数を利用している(関数の詳細は5章を参照)．Enterキーを押し，同式をセルD44まで貼り付ける．

D42		=	=ABS(INDEX($B$27:$D$27,A42)-INDEX($B$27:$D$27,B42))				
	A	B	C	D	E	F	G
39							
40	Bの場合						
41	比較群	比較群	kr=	平均差			
42	1	2	6	3			
43	1	3	6	6.333333			
44	2	3	6	3.333333			

ステューデント化した範囲の別表(表7-1-5a)からq(l,df$_e$,α)の臨界値を読み取る．水準の数 l=3とdf=12とのクロスした位置の数値3.773を，セルB46に直接入力する．

	A	B	C	D
39				
40	Bの場合			
41	比較群	比較群	kr=	平均差
42	1	2	6	3
43	1	3	6	6.333333
44	2	3	6	3.333333
45				
46	q(l,df$_e$,α)=	3.773		

セルE42にHSDの算出式(7-37)を入力する(SQRT関数を利用)．B46はq(l,df$_e$,α)の臨界値，D36はMSe，C42はkrである．Enterキーを押すとHSD(2.488994)が算出される．ここで，各平均差との比較を容易にするために同式をセルE44まで貼り付ける．

E42		=	=$B$46*(SQRT($D$36/C42))	
	A	B	C	D	E
39					
40	Bの場合				
41	比較群	比較群	kr=	平均差	HSD=
42	1	2	6	3	2.488994
43	1	3	6	6.333333	2.488994
44	2	3	6	3.333333	2.488994
45					
46	q(l,df$_e$,α)=	3.773			

各比較水準間のと$|\bar{X}_i - \bar{X}_j|$ HSDを比較し，$|\bar{X}_i - \bar{X}_j|$ ≧HSDとなる場合，有意差が認められたことを示すアスタリスク(*)を，列Fの該当するセル(セルF42〜F44)に入力する．

	A	B	C	D	E	F
39						
40	Bの場合					
41	比較群	比較群	kr=	平均差	HSD=	
42	1	2	6	3	2.488994	*
43	1	3	6	6.333333	2.488994	*
44	2	3	6	3.333333	2.488994	*
45						
46	q(l,df$_e$,α)=	3.773				

結論

B1-B2の差$|\bar{X}_1 - \bar{X}_2|$=3 > HSD=2.488994，B1-B3の差$|\bar{X}_1 - \bar{X}_3|$=6.333333 > HSD，B2-B3の差$|\bar{X}_2 - \bar{X}_3|$=3.333333>HSDとなる．従って，全ての年齢間に有意差が認められ，加齢に伴いボール的当て投能力が優れると推測する．

Point

要因Aの主効果に有意性が認められた場合，(7-36)を利用して，同様の手順で検定を行う．

交互作用が有意であった場合：要因Aおよび要因Bの単純主効果の検定

単純主効果の検定は，基本的に1要因分散分析と同じであり，(k+l)回の1要因分散分析を繰り返すことに相当する．

解析手順

1. 利用する統計量
   MS_e, 平均($\bar{X}$)

2. 統計量の算出
   要因Aの効果を要因Bの水準ごとに検定する．

$$CT_{A(bj)} = \sum r_{bj} \bar{X}_{\bullet j}^{\,2} \quad (7\text{-}38)$$
$$SS_{A(bj)} = \sum r_{bj} \bar{X}_{bj}^{\,2} - CT_{A(bj)} \quad (7\text{-}39)$$
$$MS_{A(bj)} = SS_{A(bj)} / (k-1) \quad (7\text{-}40)$$
$$F_{A(bj)} = MS_{A(bj)} / MS_e \quad (7\text{-}41)$$

要因Bの効果を要因Aの水準ごとに検定する場合は，添え字のAをBに，bをaに，jをiに，kをlにそれぞれ変更する．

3. 有意差を判定する
   F分布から自由度$df_a(df_b), df_e, \alpha$に対応するFを求め，$F_{A(bj)} \geq F(df_a, df_e, \alpha)$のとき有意差あり，$F_{A(bj)} < F(df_a, df_e, \alpha)$のとき有意差なしと判定する．また，$F_{B(aj)} \geq F(df_b, df_e, \alpha)$のとき有意差あり，$F_{B(aj)} < F(df_b, df_e, \alpha)$のとき有意差なしと判定する．

操作手順

＊前述の水準平均間の検定を行40以降に入力してある場合は，入力内容を削除あるいは消去のこと．
セルE40に(df_a, df_e, α)に対応するFの算出式を入力する（関数FINVを利用）．Enterキーを押すとF(4.747221)が算出される．

	A	B	C	D	E	F	G
30							
31	分散分析表						
32	変動要因	変動	自由度	分散	測された分散	P-値	F 境界値
33	標本	4.5	1	4.5	1.723404	0.213808	4.747221
34	列	120.4444	2	60.22222	23.06383	0.000077	3.88529
35	交互作用	1.333333	2	0.666667	0.255319	0.778773	3.88529
36	繰り返し誤	31.33333	12	2.611111			
37							
38	合計	157.6111	17				
39							
40	要因A(性差)の単純主効果		F=		4.747221		

E40 = =FINV(0.05,C33,C36)

セルB42にCT_Aの算出式(7-38)を入力する．B27は$\bar{X}_{1j}$に，セルB13とB19はそれぞれA1とA2のrに対応する．Enterキーを押すとCT_A(28.16667)が算出される．

	A	B	C	D	E
39					
40	要因A(性差)の単純主効果		F=		4.747221
41		3歳	4歳	5歳	
42	CT_A	28.16667			

B42 = =SUM(B13*B27^2,B19*B27^2)

セルB43にSS$_A$の算出式(7-39)を入力する．B27は$\bar{X}_{il}$，セルB13とB19はそれぞれA1とA2のrに対応する．Enterキーを押すとSS$_A$(0.166667)が算出される．

	B43		=	=SUM(B13*B15^2,B19*B21^2)-B42	
	A	B	C	D	E	F
39						
40	要因A(性差)の単純主効果		F=		4.747221	
41		3歳	4歳	5歳		
42	CT$_A$	28.16667				
43	SS$_A$	0.166667				

セルB44にMS$_A$の算出式(7-40)を入力する．B43はSS$_A$である．
Enterキーを押すとMS$_A$(0.166667)が算出される．

	B44		=	=B43/$C$33	
	A	B	C	D	E
39					
40	要因A(性差)の単純主効果		F=		4.747221
41		3歳	4歳	5歳	
42	CT$_A$	28.16667			
43	SS$_A$	0.166667			
44	MS$_A$	0.166667			

セルB45にF$_A$の算出式(7-41)を入力する．B44はMS$_A$である．
Enterキーを押すとF$_A$(0.06383)が算出される．

	B45		=	=B44/$D$36	
	A	B	C	D	E
39					
40	要因A(性差)の単純主効果		F=		4.747221
41		3歳	4歳	5歳	
42	CT$_A$	28.16667			
43	SS$_A$	0.166667			
44	MS$_A$	0.166667			
45	F$_A$	0.06383			

入力したセルB42〜B45の式をセルC42〜D45まで貼り付け，4歳および5歳の単純効果の検定結果を算出し，セルE39のF値と比較する．

	B42		=	=SUM(B13*B27^2,B19*B27^2)	
	A	B	C	D	E	F
39						
40	要因A(性差)の単純主効果		F=		4.747221	
41		3歳	4歳	5歳		
42	CT$_A$	28.16667	160.1667	433.5		
43	SS$_A$	0.166667	4.166667	1.5		
44	MS$_A$	0.166667	4.166667	1.5		
45	F$_A$	0.06383	1.595745	0.574468		

要因B(年齢差)について，要因A(性差)と同様に検定を行うと，以下のようになる．図中の式は女児の場合を示している(セルC49〜C52)．

	A	B	C	D	E	F	G	H
46								
47	要因B(年齢差)の単純主効果			F=	3.88529			
48		男児	女児					
49	CT_B	300.4444	205.4444	←=SUM(C19*F21^2,D19*F21^2,E19*F21^2)				
50	SS_B	66.88889	54.88889	←=SUM(3*C21^2,3*D21^2,3*E21^2)-D49				
51	MS_B	33.44444	27.44444	←=D50/$C$34				
52	F_B	12.80851	10.51064	←=D51/$D$36				
53								

結論

3,4,5歳児における単純主効果は全て有意ではない．また男児および女児における単純主効果はいずれも有意である．

Point

単純主効果に有意性が認められたので，次にセル平均間の比較を検定する．

単純主効果に有意性が認められた場合：各セル平均間の検定

単純主効果が有意と判定された水準について，各セル平均間の対比較検定を行う．本例の場合，要因B(年齢差)の単純主効果に有意性が認められたので，男女別にセル平均間の検定を行う．

解析手順

1. 利用する統計量
   要因Aの水準数=k，要因Bの水準数l，MS_e，平均差 $|\bar{X}_{ij}-\bar{X}_{ij}|$

2. 統計量の算出
   $(1) HSD = q(k, df_e, \alpha)\sqrt{MS_e/r}$　　　(7-42)
   $(2) HSD = q(l, df_e, \alpha)\sqrt{MS_e/r}$　　　(7-43)

3. 有意差を判定する
   HSDを求め，$|\bar{X}_{ij}-\bar{X}_{ij}|$と比較する．$|\bar{X}_{ij}-\bar{X}_{ij}|\geq$HSDのとき有意差ありと判定する(第2章を参照)．(1)は要因Aの各水準の単純主効果が有意な場合で(7-42)を利用する．(2)は要因Bの各水準の単純主効果が有意な場合で(7-43)を利用する．
   $q(k, df_e, \alpha)$，$q(l, df_e, \alpha)$は平均の数k,lを考慮したスチューデント化された範囲である．表7-1-5aあるいは7-1-5bより求め，入力する(df_eは誤差分散の自由度)．

要因Bの単純主効果に有意性が認められたので，男女(水準)別に平均間の比較を行う．
セルA40〜E44をコピーし，セルA48上に貼り付ける．

	A	B	C	D	E	F
39						
40	Bの場合					
41	比較群	比較群	kr=	平均差	HSD=	
42	1	2	6	3	2.488994	*
43	1	3	6	6.333333	2.488994	*
44	2	3	6	3.333333	2.488994	*
45						
46	α(l,df_e,α)=	3.773				
47						
48	Bの場合					
49	比較群	比較群	kr=	平均差	HSD=	
50	1	2	6	3	2.488994	
51	1	3	6	6.333333	2.488994	
52	2	3	6	3.333333	2.488994	

セルA48を「A1(男児)の場合」と書き換える．セルC50に比較水準におけるrの算出式を，関数INDEXを利用して入力する．セル番号に$マークを付けるとセル位置の固定(絶対参照)を意味する．同式をセルC52まで貼り付ける．

C50		=	=INDEX($B$13:$D$13,A50)		
	A	B	C	D	E
45					
46	α(l,df_e,α)=	3.773			
47					
48	A1(男児)の場合				
49	比較群	比較群	kr=	平均差	HSD=
50	1	2	3	3	3.519969
51	1	3	3	6.333333	3.519969
52	2	3	3	3.333333	3.519969

セルD50に水準間の差を算出式を入力する(セルB15〜D15は男児における各水準の平均が対応する．関数ABSおよびINDEXを利用する．関数の詳細は5章を参照)．Enterキーを押し，同式をセルD52まで貼り付ける．

D50		=	=ABS(INDEX($B$15:$D$15,A50)−INDEX($B$15:$D$15,B50))				
	A	B	C	D	E	F	G	H
45						
46	α(l,df_e,α)=	3.773				
47						
48	A1(男児)の場合					
49	比較群	比較群	r=	平均差	HSD=	
50	1	2	3	3.666667	3.519969	
51	1	3	3	6.666667	3.519969	
52	2	3	3	3	3.519969	

各比較水準間の$|\bar{X}_{ij}-\bar{X}_{ij}|$とHSDを比較し，$|\bar{X}_{ij}-\bar{X}_{ij}|\geq$HSDの場合，有意差が認められたことを示すアスタリスク(*)を，列Fの該当するセル(セルF50およびF51)に入力する．

	A	B	C	D	E	F
45						
46	α(l,df_e,α)=	3.773				
47						
48	A1(男児)の場合					
49	比較群	比較群	r=	平均差	HSD=	
50	1	2	3	3.666667	3.519969	*
51	1	3	3	6.666667	3.519969	*
52	2	3	3	3	3.519969	

同様に女子の場合について，多重比較検定を行う．セルA48～E52をコピーし，セルA53上に貼り付ける．

	A	B	C	D	E	F
45						
46	α(l,df$_e$,α)=	3.773				
47						
48	A1(男児)の場合					
49	比較群	比較群	r=	平均差	HSD=	
50	1	2	3	3.666667	3.519969	*
51	1	3	3	6.666667	3.519969	*
52	2	3	3	3	3.519969	
53	A1(男児)の場合					
54	比較群	比較群	r=	平均差	HSD=	
55	1	2	3	3.666667	3.519969	
56	1	3	3	6.666667	3.519969	
57	2	3	3	3.519969		

セルD55に水準間の差を算出式を入力する（セルA53を「A2(女子)の場合」と書き換える．セルB21～D21は女児における各水準の平均に対応する．関数ABSおよびINDEXを利用．関数の詳細は5章を参照）．Enterキーを押し，同式をセルD52まで貼り付ける．HSDは男児と同じになる．

D55			=	=ABS(INDEX($B$21:$D$21,A55)-INDEX($B$21:$D$21,B55))			
	A	B	C	D	E	F	G	H
45								
46	α(l,df$_e$,α)=	3.773						
47								
48	A1(男児)の場合							
49	比較群	比較群	r=	平均差	HSD=			
50	1	2	3	3.666667	3.519969	*		
51	1	3	3	6.666667	3.519969	*		
52	2	3	3	3	3.519969			
53	A2(女児)の場合							
54	比較群	比較群	r=	平均差	HSD=			
55	1	2	3	2.333333	3.519969			
56	1	3	3	6	3.519969			
57	2	3	3	3.666667	3.519969			

各比較水準間の$|\bar{X}_{ij}-\bar{X}_{ij}|$とHSDを比較し，$|\bar{X}_{ij}-\bar{X}_{ij}|\geq$HSDの場合，有意差が認められたことを示すアスタリスク(*)を，列Fの該当するセル(セルF56およびF57)に入力する．

	A	B	C	D	E	F	G
45							
46	α(l,df$_e$,α)=	3.773					
47							
48	A1(男児)の場合						
49	比較群	比較群	r=	平均差	HSD=		
50	1	2	3	3.666667	3.519969	*	
51	1	3	3	6.666667	3.519969	*	
52	2	3	3	3	3.519969		
53	A2(女児)の場合						
54	比較群	比較群	r=	平均差	HSD=		
55	1	2	3	2.333333	3.519969		
56	1	3	3	6	3.519969	*	
57	2	3	3	3.666667	3.519969	*	

結論

男児は3歳児より4,5歳児の方が優れ，女児は3,4歳児より5歳児の方が優れると推測する．

■7.1.4.3　繰り返しがある場合：$r \geq 2$
2要因に対応のない場合（各セルの大きさが異なる場合）

各セルの大きさが異なる場合には，7.1.4.2で説明した各セルの大きさが同じ場合の算出方法は利用できない．ここでは2要因に対応がなく，セルの大きさが異なる場合について説明する．

解析手順

1．ローデータの入力（例題の表を参照）

2．統計量の算出
　ローデータから以下の調和平均，修正項，行間変動，列間変動，交互作用変動，複合効果変動，および誤差変動を求める．
　要因Aの水準=k，要因Bの水準=l，繰り返しの数=r_{ij}，総数$N = \sum \sigma r_{ij}$

$$\text{調和平均} \quad : h = kl / \sum\sum (1/r_{ij}) \tag{7-36}$$

$$\text{修正項} \quad : CT = h(\sum\sum \bar{X}_{ij})^2 / kl \tag{7-37}$$

$$\text{行間変動（要因A）} \quad : SS_a = h\sum(\sum(\bar{X}_{ij})^2 / l - CT \tag{7-38}$$

$$\text{列間変動（要因B）} \quad : SS_b = h\sum(\sum(\bar{X}_{ij})^2 / k - CT \tag{7-39}$$

$$\text{複合効果変動} \quad : SS_c = h\sum\sum \bar{X}_{ij}^2 - CT \tag{7-40}$$

$$\text{交互作用} \quad : SS_r = SS_c - SS_a - SS_b \tag{7-41}$$

$$\text{誤差} \quad : SS_e = \sum\sum r_{ij} S_{ij}^2 \tag{7-42}$$

(7-38)と(7-39)が異なることは，後述の操作手順で確認されたい（詳細は小著2参照）．

分散分析表を作成する

表7-5

変動要因	変動	自由度	分散（平均変動）	分散比
要因A	SS_a	$df_a = k-1$	$MS_a = SS_a / df_a$	$F_a = MS_a / MS_e$
要因B	SS_b	$df_b = l-1$	$MS_b = SS_b / df_b$	$F_b = MS_b / MS_e$
交互作用	SS_r	$df_r = (k-1)(l-1)$	$MS_r = SS_r / df_r$	$F_r = MS_r / MS_e$
誤差	SS_e	$df_e = N - kl$	$MS_e = SS_e / df_e$	

3．有意差を判定する（有意水準$\alpha = 0.05$）
　df_a, df_e, αに対応するFを求め，$F_a \geq F(df_a, df_e, \alpha)$のとき要因A($F_a$)の主効果は有意，$df_b, df_e, \alpha$に対応するFを求め，$F_b \geq F(df_b, df_e, \alpha)$のとき要因Bの主効果($F_b$)は有意，また，$df_r, df_e, \alpha$に対応するFを求め，$F_r \geq F(df_r, df_e, \alpha)$のとき交互作用($F_r$)は有意とそれぞれ判定する（検定法I）．関数FINVでは，FINV(α, df_a, df_e)によりF(df_a, df_e, α)が求められる（第2章を参照）．

例題

表7-1-4-3

	B1	B2	B3
A1	2	5	7
	1	6	9
	4	7	11
	3	4	6
A2	1	2	6
	3	5	9
	2	6	9

例題7.1.4.3
例題7.1.4.2において，男児の繰り返し数が，他とは異なり4名である場合について，同様に，幼児のボール的当て投能力における性，および年齢による影響の有無を検定せよ．なお，測定結果は表7-1-4-3の通りであった．

操作手順

新規ファイルを開き,上記データをラベルとともに図のように入力する.セルB2〜G2までに各水準のラベルを,セルB3〜G5までにローデータを入力する.

	A	B	C	D	E	F	G
1		A1			A2		
2		B1	B2	B3	B1	B2	B3
3		2	5	7	1	2	6
4		1	6	9	3	5	9
5		4	7	11	2	6	9
6		3	4	6			
7							

セルB8にセルB3〜B6に属するセル数の算出式を入力する(関数COUNTを利用).入力した式をセルG8まで貼り付けると各水準の大きさが算出される.

B8 = =COUNT(B3:B6)

	A	B	C	D	E	F	G
1		A1			A2		
2		B1	B2	B3	B1	B2	B3
3		2	5	7	1	2	6
4		1	6	9	3	5	9
5		4	7	11	2	6	9
6		3	4	6			
7							
8	$r_{ij}=$	4	4	4	3	3	3

セルB9にセルB3〜B6の水準の合計を求める式を入力する(関数SUMを利用).入力した式をセルG9まで貼り付けると8つの水準における合計が算出される.

B9 = =SUM(B3:B6)

	A	B	C	D	E	F	G
1		A1			A2		
2		B1	B2	B3	B1	B2	B3
3		2	5	7	1	2	6
4		1	6	9	3	5	9
5		4	7	11	2	6	9
6		3	4	6			
7							
8	$r_{ij}=$	4	4	4	3	3	3
9	$T_{ij}=$	10	22	33	6	13	24

セルB10にセルB3～B6の平均を求める式を入力する(関数AVERAGEを利用). 入力した式をセルG10まで貼り付けると8つの水準における平均が算出される.

	B10		=	=AVERAGE(B3:B6)			
	A	B	C	D	E	F	G
1		A1			A2		
2		B1	B2	B3	B1	B2	B3
3		2	5	7	1	2	6
4		1	6	9	3	5	9
5		4	7	11	2	6	9
6		3	4	6			
7							
8	r_{ij}=	4	4	4	3	3	3
9	T_{ij}=	10	22	33	6	13	24
10	$\bar{X}_{ij}$=	2.5	5.5	8.25	2	4.333333	8
11							

セルB11にセルB3～B6の標準偏差の算出式を入力する(関数STDEVPを利用). 入力した式をセルG11まで貼り付けると8つの水準における標準偏差が算出される.

	B11		=	=STDEVP(B3:B6)			
	A	B	C	D	E	F	G
1		A1			A2		
2		B1	B2	B3	B1	B2	B3
3		2	5	7	1	2	6
4		1	6	9	3	5	9
5		4	7	11	2	6	9
6		3	4	6			
7							
8	r_{ij}=	4	4	4	3	3	3
9	T_{ij}=	10	22	33	6	13	24
10	$\bar{X}_{ij}$=	2.5	5.5	8.3	2.0	4.333333	8.0
11	S_{ij}=	1.118034	1.118034	1.920286	0.816497	1.699673	1.414214

セルA13～D15に, 2つの要因における平均のクロス表を作成する. 前に算出したセルB10～G10の平均をセルB14～D15に貼り付ける(数値の貼り付け方法は5.1.3参照).

	D15		=	8	
	A	B	C	D	E
12					
13		B1	B2	B3	$\bar{X}_{i.}$
14	A1	2.50	5.50	8.25	
15	A2	2.00	4.33	8.00	

セルB16に要因B1の平均の算出式を入力する(関数AVERAGEを利用し, セルB14とB15の範囲を指定する). 同式をセルD16まで貼り付けると平均が算出される.

	B16		=	=AVERAGE(B14:B15)	
	A	B	C	D	E
12					
13		B1	B2	B3	$\bar{X}_{i.}$
14	A1	2.50	5.50	8.25	
15	A2	2.00	4.33	8.00	
16	$\bar{X}_{.j}$	2.25	4.92	8.13	

第7章 パラメトリック検定

セルE14に要因A1の平均の算出式を入力する（関数AVERAGEを利用し，セルB14～D14の範囲を指定する）．同式をセルE15とE16に貼り付けると図のように要因Aおよび全体の平均が算出される．

	E14		=	=AVERAGE(B14:D14)	
	A	B	C	D	E	F
12						
13		B1	B2	B3	$\bar{X}_i$	T_i
14	A1	2.50	5.50	8.25	5.42	
15	A2	2.00	4.33	8.00	4.78	
16	$\bar{X}_j$	2.25	4.92	8.13	5.10	

セルF14に要因A1の合計の算出式を入力する（関数SUMを利用）．範囲は要因A1のデータが入力されているセルB3～D6を指定する．
Enterキーを押すと合計(65.00)が算出される．

	F14		=	=SUM(B3:D6)		
	A	B	C	D	E	F	G
1		A1			A2		
2		B1	B2	B3	B1	B2	B3
3		2	5	7	1	2	6
4		1	6	9	3	5	9
5		4	7	11	2	6	9
6		3	4	6			
7							
8	$r_{ij}=$	4	4	4	3	3	3
9	$T_{ij}=$	10	22	33	6	13	24
10	$\bar{X}_{ij}=$	2.50000	5.50000	8.25000	2.00000	4.33333	8.00000
11	$S_{ij}=$	1.12	1.12	1.92	0.82	1.70	1.41
12							
13		B1	B2	B3	$\bar{X}_i$	T_i	
14	A1	2.50	5.50	8.25	5.42	65.00	
15	A2	2.00	4.33	8.00	4.78		
16	$\bar{X}_j$	2.25	4.92	8.13	5.10		

同様に要因A2の合計の算出式を入力する（関数SUMを利用）．ローデータの範囲はセルE3～G5を指定する．
Enterキーを押すと要因A2の合計(43.00)が算出される．

	F15		=	=SUM(E3:G5)		
	A	B	C	D	E	F
12						
13		B1	B2	B3	$\bar{X}_i$	T_i
14	A1	2.50	5.50	8.25	5.42	65.00
15	A2	2.00	4.33	8.00	4.78	43.00
16	$\bar{X}_j$	2.25	4.92	8.13	5.10	

全てのデータの合計を要因A1とA2の合計から求める．セルF16に合計の算出式を入力する（関数SUMを利用し，セルF14とF15を指定する）．Enterキーを押すと総合計(108.00)が算出される．

	F16		=	=SUM(F14:F15)		
	A	B	C	D	E	F
12						
13		B1	B2	B3	$\bar{X}_i$	T_i
14	A1	2.50	5.50	8.25	5.42	65.00
15	A2	2.00	4.33	8.00	4.78	43.00
16	$\bar{X}_j$	2.25	4.92	8.13	5.10	108.00

18行目に要因の水準数および繰り返し数を入力しておく．セルB18に要因Aの水準数k，セルD18に要因Bの水準数l(図中では数字の1と混同しないように大文字で表記)，セルF18に最大の繰り返し数rを入力する．

	A	B	C	D	E	F
12						
13		B1	B2	B3	$\overline{X}_i$	T_i
14	A1	2.50	5.50	8.25	5.42	65.00
15	A2	2.00	4.33	8.00	4.78	43.00
16	$\overline{X}_j$	2.25	4.92	8.13	5.10	108.00
17						
18	k=	2	L=	3	r=	4

分散分析の計算は20行より開始する．調和平均hの算出式(7-36)をセルB20に入力する．B8〜G8は入力した要因Bの各水準のデータ数に対応している．セルB18は要因Aの水準k，セルD18は要因Bの水準lに対応している．これを関数SUMを利用して入力し，Enterキーを押すとh(3.428571)が算出される．式が長く感じる場合は，適宜他のセルを利用し，式を分割することによって，入力ミスを防ぐことができる．

	B20		=	=B18*D18/(SUM(1/B8,1/C8,1/D8,1/E8,1/F8,1/G8))			
	A	B	C	D	E	F	G
7							
8	r_{ij}=	4	4	4	3	3	3
9	T_{ij}=	10	22	33	6	13	24
10	$\overline{X}_{ij}$=	2.50000	5.50000	8.25000	2.00000	4.33333	8.00000
11	S_{ij}=	1.12	1.12	1.92	0.82	1.70	1.41
12							
13		B1	B2	B3	$\overline{X}_i$	T_i	
14	A1	2.50	5.50	8.25	5.42	65.00	
15	A2	2.00	4.33	8.00	4.78	43.00	
16	$\overline{X}_j$	2.25	4.92	8.13	5.10	108.00	
17							
18	k=	2	L=	3	r=	4	
19							
20	h=	3.428571					

セルB21に修正項CTの算出式(7-37)を入力する(関数SUMを利用)．B14〜D15は各水準の平均，B20はhに対応している．B14〜D15の合計の2乗に，hを乗じたものを，水準の数klで除する．Enterキーを押すとCT(534.4802)が算出される．

	B21		=	=B20*SUM(B14:D15)^2/(B18*D18)		
	A	B	C	D	E	F
12						
13		B1	B2	B3	$\overline{X}_i$	T_i
14	A1	2.50	5.50	8.25	5.42	65.00
15	A2	2.00	4.33	8.00	4.78	43.00
16	$\overline{X}_j$	2.25	4.92	8.13	5.10	108.00
17						
18	k=	2	L=	3	r=	4
19						
20	h=	3.428571				
21	CT=	534.4802				

セルB22にSS_aの算出式(7-38)を入力する(関数SUMを利用)．セルB14〜D14は要因A1における各水準の平均，セルB15〜D15は要因A2における各水準の平均である．要因Aの各水準における平均の合計の2乗を水準数だけ加算する．水準数が増えるほどSUM関数の利用回数も増える．セルD18は要因Bの水準数lに，B21はCTに対応している．Enterキーを押すとSS_a(2.099206)が算出される．

	B22		=	=B20*(SUM(SUM(B14:D14)^2,SUM(B15:D15)^2)/D18)-B21			
	A	B	C	D	E	F	G	H
12								
13		B1	B2	B3	$\overline{X}_i$	T_i		
14	A1	2.50	5.50	8.25	5.42	65.00		
15	A2	2.00	4.33	8.00	4.78	43.00		
16	$\overline{X}_j$	2.25	4.92	8.13	5.10	108.00		
17								
18	k=	2	L=	3	r=	4		
19								
20	h=	3.428571						
21	CT=	534.4802						
22	SS_a=	2.099206						

セルB23にSS$_b$の算出式(7-39)を入力する(関数SUMを利用)．要因Bの各水準の合計の2乗(水準B1の場合はSUM(B14：B15)^2)を合計する．B21はCTに対応している．Enterキーを押すとSS$_b$(118.6746)が算出される．

	B23	▼		=	=B20*(SUM(SUM(B14:B15)^2,SUM(C14:C15)^2,SUM(D14:D15)^2)/B18)-B21			
	A	B	C	D	E	F	G	H	I
12									
13		B1	B2	B3	$\overline{X}_i$	T_i			
14	A1	2.50	5.50	8.25	5.42	65.00			
15	A2	2.00	4.33	8.00	4.78	43.00			
16	$\overline{X}_j$	2.25	4.92	8.13	5.10	108.00			
17									
18	k=	2	L=	3	r=	4			
19									
20	h=	3.428571							
21	CT=	534.4802							
22	SS$_a$=	2.099206							
23	SS$_b$=	118.6746							

セルB24にSS$_c$の算出式(7-40)を入力する(関数SUMを利用)．セルB14～D15は各水準の平均に対応し，セルB21は修正項CTに対応している．Enterキーを押すとSS$_c$(121.5437)が算出される．

	B24	▼		=	=B20*SUM(B14^2,B15^2,C14^2,C15^2,D14^2,D15^2)-B21		
	A	B	C	D	E	F	G	H
12								
13		B1	B2	B3	$\overline{X}_i$	T_i		
14	A1	2.50	5.50	8.25	5.42	65.00		
15	A2	2.00	4.33	8.00	4.78	43.00		
16	$\overline{X}_j$	2.25	4.92	8.13	5.10	108.00		
17								
18	k=	2	L=	3	r=	4		
19								
20	h=	3.428571						
21	CT=	534.4802						
22	SS$_a$=	2.099206						
23	SS$_b$=	118.6746						
24	SS$_c$=	121.5437						

セルB25にSS$_r$の算出式(7-41)を入力する．セルB22～B24は，それぞれSS$_a$, SS$_b$, SS$_c$に対応する．Enterキーを押すとSS$_r$(0.769841)が算出される．

	B25	▼	=	=B24-B22-B23	
	A	B	C	D	
19					
20	h=	3.428571			
21	CT=	534.4802			
22	SS$_a$=	2.099206			
23	SS$_b$=	118.6746			
24	SS$_c$=	121.5437			
25	SS$_r$=	0.769841			

セルB26にSS$_e$の算出式(7-42)を入力する．セルB8～G8はr_{ij}，セルB11～G11はS_{ij}に対応している．Enterキーを押すとSS$_e$(41.41667)が算出される．

	B26	▼		=	=SUM(B8*B11^2,C8*C11^2,D8*D11^2,E8*E11^2,F8*F11^2,G8*G11^2)		
	A	B	C	D	E	F	G	H	I
7									
8	r_{ij}=	4	4	4	3	3	3		
9	T_{ij}=	10	22	33	6	13	24		
10	$\overline{X}_{ij}$=	2.5	5.5	8.3	2.0	4.333333	8.0		
11	S_{ij}=	1.118034	1.118034	1.920286	0.816497	1.699673	1.414214		
12									
13		B1	B2	B3	$\overline{X}_i$	T_i			
14	A1	2.50	5.50	8.25	5.42	65.00			
15	A2	2.00	4.33	8.00	4.78	43.00			
16	$\overline{X}_j$	2.25	4.92	8.13	5.10	108.00			
17									
18	k=	2	L=	3	r=	4			
19									
20	h=	3.428571							
21	CT=	534.4802							
22	SS$_a$=	2.099206							
23	SS$_b$=	118.6746							
24	SS$_c$=	121.5437							
25	SS$_r$=	0.769841							
26	SS$_e$=	41.41667							

セルD21～H26に分散分析表のフォーマットを図のように作成する.

	A	B	C	D	E	F	G	H
17								
18	k=	2	L=	3	r=	4		
19								
20	h=	3.428571						
21	CT=	534.4802		分散分析表				
22	SS_a=	2.099206		変動要因	分散	自由度	分散比	F境界値
23	SS_b=	118.6746		MS_a				
24	SS_c=	121.5437		MS_b				
25	SS_r=	0.769841		MS_r				
26	SS_e=	41.41667		MS_e				

セルF23にdf_aの算出式を入力する．B18は要因Aの水準数に対応している．Enterキーを押すとdf_a(1)が算出される．

F23		=	=B18-1					
	A	B	C	D	E	F	G	H
17								
18	k=	2	L=	3	r=	4		
19								
20	h=	3.428571						
21	CT=	534.4802		分散分析表				
22	SS_a=	2.099206		変動要因	分散	自由度	分散比	F境界値
23	SS_b=	118.6746		MS_a		1		
24	SS_c=	121.5437		MS_b				
25	SS_r=	0.769841		MS_r				
26	SS_e=	41.41667		MS_e				

セルF24にdf_bの算出式を入力する．D18は要因Bの水準数に対応している．Enterキーを押すとdf_b(2)が算出される．

F24		=	=D18-1					
	A	B	C	D	E	F	G	H
17								
18	k=	2	L=	3	r=	4		
19								
20	h=	3.428571						
21	CT=	534.4802		分散分析表				
22	SS_a=	2.099206		変動要因	分散	自由度	分散比	F境界値
23	SS_b=	118.6746		MS_a		1		
24	SS_c=	121.5437		MS_b		2		
25	SS_r=	0.769841		MS_r				
26	SS_e=	41.41667		MS_e				

セルF25にdf_rの算出式を入力する．セルF23はdf_a，セルF24はdf_bに対応している．Enterキーを押すとdf_r(2)が算出される．

F25		=	=F23*F24					
	A	B	C	D	E	F	G	H
17								
18	k=	2	L=	3	r=	4		
19								
20	h=	3.428571						
21	CT=	534.4802		分散分析表				
22	SS_a=	2.099206		変動要因	分散	自由度	分散比	F境界値
23	SS_b=	118.6746		MS_a		1		
24	SS_c=	121.5437		MS_b		2		
25	SS_r=	0.769841		MS_r		2		
26	SS_e=	41.41667		MS_e				

セルF26にdf$_e$の算出式を入力する（関数COUNTを利用）．セルB3～G6はローデータの範囲，セルB18とD18はそれぞれ要因Aと要因Bの水準数である．Enterキーを押すとdf$_e$(15)が算出される．

	F26		=	=COUNT(B3:G6)-B18*D18			
	A	B	C	D	E	F	G	H
17								
18	k=	2	L=	3	r=	4		
19								
20	h=	3.428571						
21	CT=	534.4802		分散分析表				
22	SS$_a$=	2.099206		変動要因	分散	自由度	分散比	F境界値
23	SS$_b$=	118.6746		MS$_a$		1		
24	SS$_c$=	121.5437		MS$_b$		2		
25	SS$_r$=	0.769841		MS$_r$		2		
26	SS$_e$=	41.41667		MS$_e$		15		

セルE23にMS$_a$の算出式を入力する．セルB22はSS$_a$，セルF23はdf$_a$に対応している．Enterキーを押すとMS$_a$(2.099206)が算出される．

	E23		=	=B22/F23			
	A	B	C	D	E	F	G	H
17								
18	k=	2	L=	3	r=	4		
19								
20	h=	3.428571						
21	CT=	534.4802		分散分析表				
22	SS$_a$=	2.099206		変動要因	分散	自由度	分散比	F境界値
23	SS$_b$=	118.6746		MS$_a$	2.099206	1		
24	SS$_c$=	121.5437		MS$_b$		2		
25	SS$_r$=	0.769841		MS$_r$		2		
26	SS$_e$=	41.41667		MS$_e$		15		

セルE24にMS$_b$の算出式を入力する．セルB23はSS$_b$に，セルF24はdf$_b$に対応している．Enterキーを押すとMS$_b$(59.3373)が算出される．

	E24		=	=B23/F24			
	A	B	C	D	E	F	G	H
17								
18	k=	2	L=	3	r=	4		
19								
20	h=	3.428571						
21	CT=	534.4802		分散分析表				
22	SS$_a$=	2.099206		変動要因	分散	自由度	分散比	F境界値
23	SS$_b$=	118.6746		MS$_a$	2.099206	1		
24	SS$_c$=	121.5437		MS$_b$	59.3373	2		
25	SS$_r$=	0.769841		MS$_r$		2		
26	SS$_e$=	41.41667		MS$_e$		15		

セルE25にMS$_r$の算出式を入力する．セルB25はSS$_r$に，セルF25はdf$_r$に対応している．Enterキーを押すとMS$_r$(0.384921)が算出される．

	E25		=	=B25/F25			
	A	B	C	D	E	F	G	H
17								
18	k=	2	L=	3	r=	4		
19								
20	h=	3.428571						
21	CT=	534.4802		分散分析表				
22	SS$_a$=	2.099206		変動要因	分散	自由度	分散比	F境界値
23	SS$_b$=	118.6746		MS$_a$	2.099206	1		
24	SS$_c$=	121.5437		MS$_b$	59.3373	2		
25	SS$_r$=	0.769841		MS$_r$	0.384921	2		
26	SS$_e$=	41.41667		MS$_e$		15		

セルE26にMS$_e$の算出式を入力する．セルB26はSS$_e$に，セルF26はdf$_e$に対応している．Enterキーを押すとMS$_e$(2.761111)が算出される．

	E26		=	=B26/F26			
	A	B	C	D	E	F	G	H
17								
18	k=	2	L=		3	r=	4	
19								
20	h=	3.428571						
21	CT=	534.4802		分散分析表				
22	SS$_a$=	2.099206		変動要因	分散	自由度	分散比	F境界値
23	SS$_b$=	118.6746		MS$_a$	2.099206	1		
24	SS$_c$=	121.5437		MS$_b$	59.3373	2		
25	SS$_r$=	0.769841		MS$_r$	0.384921	2		
26	SS$_e$=	41.41667		MS$_e$	2.761111	15		

セルG23に分散比F$_a$の算出式を入力する．セルE23はMS$_a$に，セルE26はMS$_e$に対応している．Enterキーを押すとF$_a$(0.760276)が算出される．

	G23		=	=E23/E26			
	A	B	C	D	E	F	G	H
17								
18	k=	2	L=		3	r=	4	
19								
20	h=	3.428571						
21	CT=	534.4802		分散分析表				
22	SS$_a$=	2.099206		変動要因	分散	自由度	分散比	F境界値
23	SS$_b$=	118.6746		MS$_a$	2.099206	1	0.760276	
24	SS$_c$=	121.5437		MS$_b$	59.3373	2		
25	SS$_r$=	0.769841		MS$_r$	0.384921	2		
26	SS$_e$=	41.41667		MS$_e$	2.761111	15		

セルG24に分散比F$_b$の算出式を入力する．セルE24はMS$_b$に，セルE26はMS$_e$に対応している．Enterキーを押すとF$_b$(21.49037)が算出される．

	G24		=	=E24/E26			
	A	B	C	D	E	F	G	H
17								
18	k=	2	L=		3	r=	4	
19								
20	h=	3.428571						
21	CT=	534.4802		分散分析表				
22	SS$_a$=	2.099206		変動要因	分散	自由度	分散比	F境界値
23	SS$_b$=	118.6746		MS$_a$	2.099206	1	0.760276	
24	SS$_c$=	121.5437		MS$_b$	59.3373	2	21.49037	
25	SS$_r$=	0.769841		MS$_r$	0.384921	2		
26	SS$_e$=	41.41667		MS$_e$	2.761111	15		

セルG25に分散比F$_r$の算出式を入力する．セルE25はMS$_r$に，セルE26はMS$_e$に対応している．Enterキーを押すとF$_r$(0.139408)が算出される．

	G25		=	=E25/E26			
	A	B	C	D	E	F	G	H
17								
18	k=	2	L=		3	r=	4	
19								
20	h=	3.428571						
21	CT=	534.4802		分散分析表				
22	SS$_a$=	2.099206		変動要因	分散	自由度	分散比	F境界値
23	SS$_b$=	118.6746		MS$_a$	2.099206	1	0.760276	
24	SS$_c$=	121.5437		MS$_b$	59.3373	2	21.49037	
25	SS$_r$=	0.769841		MS$_r$	0.384921	2	0.139408	
26	SS$_e$=	41.41667		MS$_e$	2.761111	15		

セルH23にα=0.05のFの算出式を入力する（関数FINVを利用）．F23およびF26はそれぞれ自由度df_a, df_eに対応している．Enterキーを押すとF(4.543068)が算出される．

	D	E	F	G	H
21	分散分析表				
22	変動要因	分散	自由度	分散比	F境界値
23	MS_a	2.099206	1	0.760276	4.543068
24	MS_b	59.3373	2	21.49037	
25	MS_r	0.384921	2	0.139408	
26	MS_e	2.761111	15		

セル H23 = =FINV(0.05,F23,F26)

セルH24にα=0.05のFの算出式を入力する（関数FINVを利用）．F24およびF26はそれぞれ自由度df_b, df_eに対応している．Enterキーを押すとF(3.682317)が算出される．

	D	E	F	G	H
21	分散分析表				
22	変動要因	分散	自由度	分散比	F境界値
23	MS_a	2.099206	1	0.760276	4.543068
24	MS_b	59.3373	2	21.49037	3.682317
25	MS_r	0.384921	2	0.139408	
26	MS_e	2.761111	15		

セル H24 = =FINV(0.05,F24,F26)

セルH25にα=0.05のFの算出式を入力する（関数FINVを利用）．F25およびF26はそれぞれ自由度df_r, df_eに対応している．Enterキーを押すとF(3.682317)が算出される．

	D	E	F	G	H
21	分散分析表				
22	変動要因	分散	自由度	分散比	F境界値
23	MS_a	2.099206	1	0.760276	4.543068
24	MS_b	59.3373	2	21.49037	3.682317
25	MS_r	0.384921	2	0.139408	3.682317
26	MS_e	2.761111	15		

セル H25 = =FINV(0.05,F25,F26)

結論

F_a=0.760276＜F(df_a=1,df_e=15, α=0.05)=4.543068で要因Aの主効果（MS_a）は有意でない，F_b=21.49037＞F(df_b=2,df_e=15, α=0.05)=3.682317で要因Bの主効果（MS_b）は有意である，F_r=0.139408＜F(df_r=2,df_e=15, α=0.05)=3.682317で交互作用（MS_r）は有意でない，とそれぞれ判定する．従って，交互作用は認められず，年齢の違いによってボール的当て投能力は異なると推測する．

■7.1.4.4　繰り返しがある場合：r≧2
要因Bに対応のある場合（対応のない要因Aの各水準の大きさが等しい場合）

ここでは2要因のうち，いずれかの要因に対応があり，対応のない要因の各水準の大きさが等しい2要因分散分析について説明する．これは要因Aの各水準に異なる対象が無作為に割り当てられ，要因Bの各水準には同一の対象が全て参加するか，ブロック内の同質の対象を各水準に無作為に割り当てる場合である．

解析手順

1. ローデータの入力（7.1.4.2に同じ）
2. 統計量の算出
   7.1.4.2で算出した，行間変動，列間変動，交互作用変動，複合効果変動，誤差変動（「分析ツール」で算出）に加え，ここでは次式から得られるX'，S_{ae}，SS_e'をさらに求める．要因Aの水準=k，要因Bの水準=l，繰り返しの数=r，総数N=kr，U_{ij}は各被験者のデータの合計，(7-34)の誤差変動SS_eが個人差S_{ae}とSS_e'に分離（小著2を参照）．

$$X' = \sum\sum U_{ij}^2 / l \quad (7\text{-}43)$$

誤差変動： $S_{ae} = X' - r\sum(\sum \bar{X}_{ij})^2 / l \quad (7\text{-}44)$

誤差変動： $SS_e' = SS_e - S_{ae} \quad (7\text{-}45)$

表7-6　分散分析表を作成する

変動要因	変動	自由度	分散（平均変動）	分散比
要因A	SS_a	$df_a=k-1$	$MS_a=SS_a/df_a$	$F_a=MS_a/\underline{MS_{ae}}$
要因B	SS_b	$df_b=l-1$	$MS_b=SS_b/df_b$	$F_b=MS_b/\underline{MS_e'}$
交互作用(A×B)	SS_r	$df_r=(k-1)(l-1)$	$MS_r=SS_r/df_r$	$F_r=MS_r/\underline{MS_e'}$
誤差(S×B)	SS_e'	$df_e'=k(l-1)(r-1)$	$MS_e'=SS_e'/df_e'$	
誤差(S_A)	S_{ae}	$df_{ae}=k(r-1)$	$MS_{ae}=SS_{ae}/df_{ae}$	

2要因に対応がなく水準の大きさが等しい場合（表7-4）とは，(7-43)～(7-45)を求めるだけ（網掛けおよび下線部分）が異なる．SS_eの自由度df_e=N-klはdf_{ae}とdf_e'に分離する（$df_e=df_{ae}+df_e'$）．

3. 有意差を判定する（有意水準α=0.05）
   df_a, df_{ae}, αに対応するFを求め，$F_a≧F(df_a, df_{ae}, α)$のとき要因A(F_a)の主効果は有意，df_b, df_e', αに対応するFを求め，$F_b≧F(df_b, df_e', α)$のとき要因B(F_b)の主効果は有意，また，df_r, df_e', αに対応するFを求め，$F_r≧F(df_r, df_e', α)$のとき交互作用(F_r)は有意と判定する（検定法I）．関数FINVでは，FINV(α, df_a, df_{ae},)によりF(df_a, df_{ae}, α)が求められる（第2章を参照）．

例題

例題7.1.4.4
例題7.1.4.2において，要因Bの年齢をボール投げ指導前，指導中，指導後に置き換え，要因Bの水準間に対応があると仮定する．この場合の性別や指導前後，あるいは交互作用の有無について検定せよ．

表7-1-4-4

	B1	B2	B3
A1	2	5	7
	1	6	9
	4	7	11
A2	1	2	6
	3	5	9
	2	6	9

操作手順

7.1.4.2で作成したファイルを開く．セルA1～D7にローデータ，セルA9以降に分散分析「繰り返しのある二元配置」の結果が表示される．

	A	B	C	D
1		B1	B2	B3
2	A1	2	5	7
3		1	6	9
4		4	7	11
5	A2	1	2	6
6		3	5	9
7		2	6	9
8				
9	分散分析：繰り返しのある二元配置			

セルE2～E7にU_{ij}の算出式を入力する(関数SUMを利用)．まず，セルE2にU_{i1}の算出式を関数SUMを利用して入力する．E2に入力した同式をE7まで貼り付ける．セルE2～E7まで要因Aの繰り返し数に対応してU_{ij}が算出される．

E2 = =SUM(B2:D2)

	A	B	C	D	E
1		B1	B2	B3	U_{ij}
2	A1	2	5	7	14
3		1	6	9	16
4		4	7	11	22
5	A2	1	2	6	9
6		3	5	9	17
7		2	6	9	17

セルF2～F7にU_{ij}^2の算出式（7-43）を入力する．まず，セルF2において先に算出したU_{ij}を2乗する式を入力し，同式をセルF7まで貼り付ける．6つのU_{ij}^2が算出される．

F2 = =E2^2

	A	B	C	D	E	F
1		B1	B2	B3	U_{ij}	U_{ij}^2
2	A1	2	5	7	14	196
3		1	6	9	16	256
4		4	7	11	22	484
5	A2	1	2	6	9	81
6		3	5	9	17	289
7		2	6	9	17	289

7.1.3の例題で説明した多重比較検定の結果(行40以下に表示)が残っている場合はそれらを全て削除する．セルB40に$\Sigma\Sigma U_{ij}^2/l$の算出式（7-43）を入力する．先に算出した6つのU_{ij}(セルF2～F7)を関数SUMで合計し，要因Bの水準数3で除す．
Enterキーを押すと$\Sigma\Sigma U_{ij}^2/l$(531.6667)が算出される．

B40 = =SUM(F2:F7)/3

	A	B	C	D	E	F	G
31	分散分析表						
32	変動要因	変動	自由度	分散	測された分:	P-値	F 境界値
33	標本	4.5	1	4.5	1.723404	0.213808	4.747221
34	列	120.4444	2	60.22222	23.06383	0.000077	3.88529
35	交互作用	1.333333	2	0.666667	0.255319	0.778773	3.88529
36	繰り返し誤差	31.33333	12	2.611111			
37							
38	合計	157.6111	17				
39							
40	$\Sigma\Sigma U_{ij}^2/L=$	531.6667					

セルB41に$r\Sigma(\Sigma\overline{X}_{ij})^2/l$の算出式 (7-44) を入力する．B15〜D15は要因A1の平均，B21〜D21は要因A2の平均に対応している．Enterキーを押すと$r\Sigma(\Sigma\overline{X}_{ij})^2/l$(505.8889)が算出される．分子の3は繰り返し数r，分母の3は要因Bの水準数lに対応している．

	A	B	C	D	E	F	G
	B41		=	=3*SUM(SUM(B15:D15)^2,SUM(B21:D21)^2)/3			
31	分散分析表						
32	変動要因	変動	自由度	分散	測された分散	P-値	F 境界値
33	標本	4.5	1	4.5	1.723404	0.213808	4.747221
34	列	120.4444	2	60.22222	23.06383	0.000077	3.88529
35	交互作用	1.333333	2	0.666667	0.255319	0.778773	3.88529
36	繰り返し誤差	31.33333	12	2.611111			
37							
38	合計	157.6111	17				
39							
40	$\Sigma\Sigma U_{ij}^2/L=$	531.6667					
41	$r\Sigma(\Sigma\overline{X}_{ij})^2/L=$	505.8889					

「分析ツール」で算出された分散分析表を利用して，1要因に対応のある場合の分散分析表を作成する．セルA37にMS_{ae}と入力する．その他，df_e(セルC36)，MS_e(セルD36)，F_a,F_b，F_r(セルE33〜E36)，p値(セルF33〜F36)，F境界値(セルG33〜G36)はそれぞれ新たな内容に変更されるので，Deleteキーや右クリックの「数式と値のクリア(N)」などで削除する．

	A	B	C	D	E	F	G
	A37		=	MS_{ae}			
31	分散分析表						
32	変動要因	変動	自由度	分散	測された分散	P-値	F 境界値
33	標本	4.5	1	4.5			
34	列	120.4444	2	60.22222			
35	交互作用	1.333333	2	0.666667			
36	繰り返し誤差	31.33333					
37	MS_{ae}						
38	合計	157.6111	17				
39							
40	$\Sigma\Sigma U_{ij}^2/L=$	531.6667					
41	$r\Sigma(\Sigma\overline{X}_{ij})^2/L=$	505.8889					

セルB37にS_{ae}の算出式 (7-44) を入力する．B40は$\Sigma\Sigma U_{ij}^2/l$，B41は$r\Sigma(\Sigma\overline{X}_{ij})^2/l$に対応している．Enterキーを押すと$S_{ae}$(25.77778)が算出される．

	A	B	C	D	E	F	G
	B37		=	=B40-B41			
31	分散分析表						
32	変動要因	変動	自由度	分散	測された分散	P-値	F 境界値
33	標本	4.5	1	4.5			
34	列	120.4444	2	60.22222			
35	交互作用	1.333333	2	0.666667			
36	繰り返し誤差	31.33333					
37	MS_{ae}	25.77778					
38	合計	157.6111	17				
39							
40	$\Sigma\Sigma U_{ij}^2/L=$	531.6667					
41	$r\Sigma(\Sigma\overline{X}_{ij})^2/L=$	505.8889					

セルB36にSS$_e$'の算出式(7-45)を入力する．予め算出されていた繰り返し誤差の変動(31.333...)を利用し，MS$_{ae}$のセル番号B37を追加入力する．
Enterキーを押すと，SS$_e$'(5.555556)が算出される．

	B36		=31.3333333333334-B37				
	A	B	C	D	E	F	G
31	分散分析表						
32	変動要因	変動	自由度	分散	測された分散	P-値	F 境界値
33	標本	4.5	1	4.5			
34	列	120.4444	2	60.22222			
35	交互作用	1.333333	2	0.666667			
36	繰り返し誤差	5.555556					
37	MS$_{ae}$	25.77778					
38	合計	157.6111	17				

セルC36にMS$_e$'の自由度df$_e$'=k(l-1)(r-1)の算出式を入力する．2は要因Aの水準数k，3は要因Bの水準数l，3は繰り返し数r．Enterキーを押すとdf$_e$'(8)が算出される．

	C36		=2*(3-1)*(3-1)				
	A	B	C	D	E	F	G
31	分散分析表						
32	変動要因	変動	自由度	分散	測された分散	P-値	F 境界値
33	標本	4.5	1	4.5			
34	列	120.4444	2	60.22222			
35	交互作用	1.333333	2	0.666667			
36	繰り返し誤差	5.555556	8				
37	MS$_{ae}$	25.77778					
38	合計	157.6111	17				

セルC37にMS$_{ae}$の自由度df$_{ae}$=k(r-1)の算出式を入力する．2は要因Aの水準数k，3は繰り返し数r．Enterキーを押すとdf$_{ae}$（4）が算出される．

	C37		=2*(3-1)				
	A	B	C	D	E	F	G
31	分散分析表						
32	変動要因	変動	自由度	分散	測された分散	P-値	F 境界値
33	標本	4.5	1	4.5			
34	列	120.4444	2	60.22222			
35	交互作用	1.333333	2	0.666667			
36	繰り返し誤差	5.555556	8				
37	MS$_{ae}$	25.77778	4				
38	合計	157.6111	17				

セルD36にMS$_e$'の算出式を入力する．B36はSS$_e$'，C36はdf$_e$'に対応する．
Enterキーを押すとMS$_e$'（0.694444）が算出される．

	D36		=B36/C36				
	A	B	C	D	E	F	G
31	分散分析表						
32	変動要因	変動	自由度	分散	測された分散	P-値	F 境界値
33	標本	4.5	1	4.5			
34	列	120.4444	2	60.22222			
35	交互作用	1.333333	2	0.666667			
36	繰り返し誤差	5.555556	8	0.694444			
37	MS$_{ae}$	25.77778	4				
38	合計	157.6111	17				

セルD37にMS$_{ae}$の算出式を入力する．B37はS$_{ae}$，C37はdf$_{ae}$に対応する．Enterキーを押すとMS$_{ae}$(6.444444)が算出される．

	D37	▼	=	=B37/C37		
	A	B	C	D	E	F	G
31	分散分析表						
32	変動要因	変動	自由度	分散	測された分散	P-値	F 境界値
33	標本	4.5	1	4.5			
34	列	120.4444	2	60.22222			
35	交互作用	1.333333	2	0.666667			
36	繰り返し誤差	5.555556	8	0.694444			
37	MS$_{ae}$	25.77778	4	6.444444			
38	合計	157.6111	17				

セルE33にF$_a$の算出式を入力する．D33はMS$_a$，D37はMS$_{ae}$に対応する．Enterキーを押すと，F$_a$(0.698276)が算出される．

	E33	▼	=	=D33/D37		
	A	B	C	D	E	F	G
31	分散分析表						
32	変動要因	変動	自由度	分散	測された分散	P-値	F 境界値
33	標本	4.5	1	4.5	0.698276		
34	列	120.4444	2	60.22222			
35	交互作用	1.333333	2	0.666667			
36	繰り返し誤差	5.555556	8	0.694444			
37	MS$_{ae}$	25.77778	4	6.444444			
38	合計	157.6111	17				

セルE34にF$_b$の算出式を入力する．D34はMS$_b$，D36はMS$_e$'に対応する．Enterキーを押すと，F$_b$(86.72)が算出される．

	E34	▼	=	=D34/D36		
	A	B	C	D	E	F	G
31	分散分析表						
32	変動要因	変動	自由度	分散	測された分散	P-値	F 境界値
33	標本	4.5	1	4.5	0.698276		
34	列	120.4444	2	60.22222	86.72		
35	交互作用	1.333333	2	0.666667			
36	繰り返し誤差	5.555556	8	0.694444			
37	MS$_{ae}$	25.77778	4	6.444444			
38	合計	157.6111	17				

セルE35にF$_r$の算出式を入力する．D35はMS$_r$，D36はMS$_e$'に対応する．Enterキーを押すと，F$_r$(0.96)が算出される．

	E35	▼	=	=D35/D36		
	A	B	C	D	E	F	G
31	分散分析表						
32	変動要因	変動	自由度	分散	測された分散	P-値	F 境界値
33	標本	4.5	1	4.5	0.698276		
34	列	120.4444	2	60.22222	86.72		
35	交互作用	1.333333	2	0.666667	0.96		
36	繰り返し誤差	5.555556	8	0.694444			
37	MS$_{ae}$	25.77778	4	6.444444			
38	合計	157.6111	17				

セルF33に分散比F_aに基づく確率の算出式を入力する(関数FDISTを利用).
E33はF_a, C33およびC37はそれぞれ自由度df_a, df_{ae}に対応する.
Enterキーを押すとp(0.450372)が算出される.

	F33		=	=FDIST(E33,C33,C37)			
	A	B	C	D	E	F	G
31	分散分析表						
32	変動要因	変動	自由度	分散	測された分散	P-値	F 境界値
33	標本	4.5	1	4.5	0.698276	0.450372	
34	列	120.4444	2	60.22222	86.72		
35	交互作用	1.333333	2	0.666667	0.96		
36	繰り返し誤差	5.555556	8	0.694444			
37	MS_{ae}	25.77778	4	6.444444			
38	合計	157.6111	17				

セルF34に分散比F_bに基づく確率の算出式を入力する(関数FDISTを利用).
E34はF_b, C34およびC36はそれぞれ自由度df_b, df_e'に対応する.
Enterキーを押すとp(0.000004)が算出される.

	F34		=	=FDIST(E34,C34,C36)			
	A	B	C	D	E	F	G
31	分散分析表						
32	変動要因	変動	自由度	分散	測された分散	P-値	F 境界値
33	標本	4.5	1	4.5	0.698276	0.450372	
34	列	120.4444	2	60.22222	86.72	0.000004	
35	交互作用	1.333333	2	0.666667	0.96		
36	繰り返し誤差	5.555556	8	0.694444			
37	MS_{ae}	25.77778	4	6.444444			
38	合計	157.6111	17				

セルF35に分散比F_rに基づく確率の算出式を入力する(関数FDISTを利用).
E35はF_r, C35およびC36はそれぞれ自由度df_r, df_e'に対応する.
Enterキーを押すとp(0.422974)が算出される.

	F35		=	=FDIST(E35,C35,C36)			
	A	B	C	D	E	F	G
31	分散分析表						
32	変動要因	変動	自由度	分散	測された分散	P-値	F 境界値
33	標本	4.5	1	4.5	0.698276	0.450372	
34	列	120.4444	2	60.22222	86.72	0.000004	
35	交互作用	1.333333	2	0.666667	0.96	0.422974	
36	繰り返し誤差	5.555556	8	0.694444			
37	MS_{ae}	25.77778	4	6.444444			
38	合計	157.6111	17				

セルG33に$\alpha=0.05$のFの算出式を入力する(関数FINVを利用). セルC33およびC37はそれぞれ自由度df_a, df_{ae}に対応する. Enterキーを押すとF(7.70865)が算出される.

	G33		=	=FINV(0.05,C33,C37)			
	A	B	C	D	E	F	G
31	分散分析表						
32	変動要因	変動	自由度	分散	測された分散	P-値	F 境界値
33	標本	4.5	1	4.5	0.698276	0.450372	7.70865
34	列	120.4444	2	60.22222	86.72	0.000004	
35	交互作用	1.333333	2	0.666667	0.96	0.422974	
36	繰り返し誤差	5.555556	8	0.694444			
37	MS_{ae}	25.77778	4	6.444444			
38	合計	157.6111	17				

セルG34にα=0.05のFの算出式を入力する（関数FINVを利用）．C34およびC36はそれぞれ自由度df_b, df_e'に対応する．Enterキーを押すとF(4.458968)が算出される．

	A	B	C	D	E	F	G
31	分散分析表						
32	変動要因	変動	自由度	分散	測された分散	P-値	F 境界値
33	標本	4.5	1	4.5	0.698276	0.450372	7.70865
34	列	120.4444	2	60.22222	86.72	0.000004	4.458968
35	交互作用	1.333333	2	0.666667	0.96	0.422974	
36	繰り返し誤差	5.555556	8	0.694444			
37	MS_{se}	25.77778	4	6.444444			
38	合計	157.6111	17				

セルG35にα=0.05のFの算出式を入力する（関数FINVを利用）．C35およびC36はそれぞれ自由度df_r, df_e'に対応する．Enterキーを押すとF(4.458968)が算出される．

	A	B	C	D	E	F	G
31	分散分析表						
32	変動要因	変動	自由度	分散	測された分散	P-値	F 境界値
33	標本	4.5	1	4.5	0.698276	0.450372	7.70865
34	列	120.4444	2	60.22222	86.72	0.000004	4.458968
35	交互作用	1.333333	2	0.666667	0.96	0.422974	4.458968
36	繰り返し誤差	5.555556	8	0.694444			
37	MS_{se}	25.77778	4	6.444444			
38	合計	157.6111	17				

結論

F_a=0.698276＜F(df_a=1,df_{ae}=4, α=0.05)=7.70865で要因Aの主効果（MS_a）は有意でない，F_b=86.72＞F(df_b=2,df_e'=8, α=0.05)=4.458968で要因Bの主効果（MS_b）は有意，F_r=0.96＜F(df_r=2,df_e'=8, α=0.05)=4.458968で交互作用（MS_r）は有意でない，とそれぞれ判定する．

Point

「分析ツール」で求められた分散分析表における変動要因を，表7-6の分散分析表に対応させると以下のようになる．

	A	B	C	D	E	F	G
31	分散分析表						
32	変動要因	変動	自由度	分散	測された分散	P-値	F 境界値
33	要因A	4.5	1	4.5	0.698276	0.450372	7.70865
34	要因B	120.4444	2	60.22222	86.72	0.000004	4.458968
35	交互作用(A×B)	1.333333	2	0.666667	0.96	0.422974	4.458968
36	誤差(S×B)	5.555556	8	0.694444			
37	誤差(S)	25.77778	4	6.444444			
38	合計	157.6111	17				

■7.1.4.5 繰り返しがある場合:$r \geq 2$
要因Bに対応のある場合(対応のない要因Aの各水準の大きさが異なる場合)

7.1.4.4ではエクセルの分析ツールを利用し，2要因のうちの要因Bに対応があり，対応のない要因Aの各水準の大きさが等しい場合を説明した．しかし，要因Aの各水準の大きさが異なる場合は利用することはできない．ここでは要因Bに対応があり，対応のない要因Aの各水準の大きさが異なる2要因分散分析について説明する．

解析手順

1. ローデータの入力

2. 統計量の算出
   7.1.4.3で説明した調和平均(h)，修正項(CT)，行間変動(SS_a)，列間変動(SS_b)，複合効果変動(SS_c)，交互作用(SS_r)および誤差(SS_e)を(7-36)～(7-42)より求める．加えてS_{ae}，SS_e'を新たに求める．なお，調和平均は(7-48)によっても求められる．

$$個人差：S_{ae} = \sum\sum U_{ij}^2/l - \sum\left\{r_j\left(\sum \bar{X}_{ij}\right)^2\right\}/l \quad (7\text{-}46)$$

$$誤差：SS_e' = SS_e - S_{ae} \quad (7\text{-}47)$$

$$調和平均：h = k/\sum(1/r_j) \quad (7\text{-}48)$$

分散分析表を作成する

表7-7

変動要因	変動	自由度	分散(平均変動)	分散比
要因A	SS_a	$df_a = k-1$	$MS_a = SS_a/df_a$	$F_a = MS_a/\underline{MS_{ae}}$
誤差(S_A)	S_{ae}	$df_{ae} = \sum r_j - k$	$MS_{ae} = S_{ae}/df_{ae}$	
要因B	SS_b	$df_b = l-1$	$MS_b = SS_b/df_b$	$F_b = MS_b/\underline{MS_e'}$
交互作用(A×B)	SS_r	$df_r = (k-1)(l-1)$	$MS_r = SS_r/df_r$	$F_r = MS_r/MS_e'$
誤差(S_A×B)	SS_e'	$df_e' = (\sum r_j - k)(l-1)$	$MS_e' = SS_e'/df_e'$	

表7-5とは網掛けおよび下線部分が異なる．

3. 有意差を判定する（有意水準$\alpha=0.05$）
   df_a, df_{ae}, αに対応するFを求め，$F_a \geq F(df_a, df_{ae}, \alpha)$のとき要因A($F_a$)の主効果は有意，$df_b$, df_e', αに対応するFを求め，$F_b \geq F(df_b, df_e', \alpha)$のとき要因B($F_b$)の主効果は有意，また，$df_r$, df_e', αに対応するFを求め，$F_r \geq F(df_r, df_e', \alpha)$のとき交互作用($F_r$)は有意とそれぞれ判定する(検定法I)．関数FINVでは，FINV(α, df_a, df_{ae})によりF(df_a, df_{ae}, α)が求められる(第2章を参照).

例題

例題7.1.4.5
例題7.1.4.3において，要因Bの年齢をボール投げ指導前，指導中，指導後に置き換え，要因Bの水準間に対応があると仮定する．表7-1-4-5の結果が得られた．この場合の性別や指導前後，あるいは交互作用の有無について検定せよ．

表7-1-4-5

	B1	B2	B3
A1	2	5	7
	1	6	9
	4	7	11
	3	4	6
A2	1	2	6
	3	5	9
	2	6	9

新規ファイルを開き，表7-1-4-5のデータをラベルとともに図のように入力する．セルB1～G2までに各水準のラベルを，セルB3～G5にローデータを入力する．セルB8～G8に各水準の標本の大きさの算出式を入力する（関数COUNTを利用）．まず，セルB8では図のように入力し，セルB3～B6を指定する．入力した式をセルG8まで貼り付けると6つの水準における標本の大きさが算出される．

	B8 ▼	= =COUNT(B3:B6)					
	A	B	C	D	E	F	G
1		A1			A2		
2		B1	B2	B3	B1	B2	B3
3		2	5	7	1	2	6
4		1	6	9	3	5	9
5		4	7	11	2	6	9
6		3	4	6			
7							
8	$r_{ij}=$	4	4	4	3	3	3

セルB9～G9に各水準の合計の算出式を入力する（関数SUMを利用）．まず，セルB9にセルB3～B6における合計の算出式を入力する．入力した式をセルG9まで貼り付けると6つの水準のデータの合計が算出される．

	B9 ▼	= =SUM(B3:B6)					
	A	B	C	D	E	F	G
1		A1			A2		
2		B1	B2	B3	B1	B2	B3
3		2	5	7	1	2	6
4		1	6	9	3	5	9
5		4	7	11	2	6	9
6		3	4	6			
7							
8	$r_{ij}=$	4	4	4	3	3	3
9	$T_{ij}=$	10	22	33	6	13	24

セルB10～G10に各水準の標本の平均の算出式を入力する（関数AVERAGEを利用）．まず，セルB10にセルB3～B6における平均の算出式を入力する．入力した式をセルG10まで貼り付けると6つの水準における平均が算出される．

	B10 ▼	= =AVERAGE(B3:B6)					
	A	B	C	D	E	F	G
1		A1			A2		
2		B1	B2	B3	B1	B2	B3
3		2	5	7	1	2	6
4		1	6	9	3	5	9
5		4	7	11	2	6	9
6		3	4	6			
7							
8	$r_{ij}=$	4	4	4	3	3	3
9	$T_{ij}=$	10	22	33	6	13	24
10	$\overline{X}_{ij}=$	2.5	5.5	8.3	2.0	4.3	8.0

セルB11～G11までに各水準のS_{ij}の算出式を入力する（関数STDEVPを利用）．まずセルB11にセルB3～B6から得られるS_{ij}の算出式を図のように入力する．入力した式をセルG11まで貼り付けると6つの水準におけるS_{ij}が算出される．

	B11 ▼	= =STDEVP(B3:B6)					
	A	B	C	D	E	F	G
1		A1			A2		
2		B1	B2	B3	B1	B2	B3
3		2	5	7	1	2	6
4		1	6	9	3	5	9
5		4	7	11	2	6	9
6		3	4	6			
7							
8	$r_{ij}=$	4	4	4	3	3	3
9	$T_{ij}=$	10	22	33	6	13	24
10	$\overline{X}_{ij}=$	2.5	5.5	8.3	2.0	4.3	8.0
11	$S_{ij}=$	1.12	1.12	1.92	0.82	1.70	1.41

セルH3～H6およびI3～I5に要因A1およびA2の合計の2乗U_{ij}^2を入力する(関数SUMを利用). セルH3ではB3～D3までを, セルI3ではE3～G3までをそれぞれ指定する. 入力したそれぞれの式をセルH6およびI5まで貼り付けるとU_{ij}^2が算出される.

	D	E	F	G	H	I
		I3		=	=SUM(E3:G3)^2	
1		A2				
2	B3	B1	B2	B3	U_{i1}^2	U_{i2}^2
3	7	1	2	6	196	81
4	9	3	5	9	256	289
5	11	2	6	9	484	289
6	6				169	
7						
8	4	3	3	3		
9	33	6	13	24		
10	8.3	2.0	4.3	8.0		
11	1.92	0.82	1.70	1.41		

セルA13～D15に, 2つの要因における平均のクロス表を作成する. 前に算出したセルB10～G10の平均をセルB14～D15に貼り付ける(数値の貼り付け方法は5.1.3参照).

	A	B	C	D
12				
13		B1	B2	B3
14	A1	2.5	5.5	8.3
15	A2	2.0	4.3	8.0

セルB16に要因Bの各水準の平均の算出式を入力する(関数AVERAGEを利用し, セルB14とB15の範囲を指定する). 同式をセルD16まで貼り付けると要因Bの各水準の平均が算出される.

	A	B	C	D	E
	B16		=	=AVERAGE(B14:B15)	
12					
13		B1	B2	B3	
14	A1	2.5	5.5	8.3	
15	A2	2.0	4.3	8.0	
16	$\bar{X}_j$	2.3	4.9	8.1	

セルE14に要因Aの各水準の平均の算出式を入力する(関数AVERAGEを利用し, セルB14～D14の範囲を指定する). 同式をセルE15とE16に貼り付けると図のように要因Aおよび全体の平均が算出される.

	A	B	C	D	E	F	G	H	I
	E14		=	=AVERAGE(B14:D14)					
1		A1			A2				
2		B1	B2	B3	B1	B2	B3	U_{i1}	U_{i2}
3		2	5	7	1	2	6	14	9
4		1	6	9	3	5	9	16	17
5		4	7	11	2	6	9	22	17
6		3		6				13	
7									
8	$r_{ij}=$	4	4	4	3	3	3		
9	$T_{ij}=$	10	22	33	6	13	24		
10	$\bar{X}_{ij}=$	2.5	5.5	8.3	2.0	4.3	8.0		
11	$S_{ij}=$	1.12	1.12	1.92	0.82	1.70	1.41		
12									
13		B1	B2	B3	$\bar{X}_i$				
14	A1	2.5	5.5	8.3	5.4				
15	A2	2.0	4.3	8.0	4.8				
16	$\bar{X}_j$	2.3	4.9	8.1	5.1				

セルF14およびF15にそれぞれ要因A1およびA2の合計の算出式を入力する(関数SUMを利用). セルF14における範囲はB3〜D6, セルF15ではE3〜G6が指定される. Enterキーを押すと要因A1の合計(65)と要因A2の合計(43)が算出される.

	A	B	C	D	E	F
12						
13		B1	B2	B3	$\bar{X}_{i.}$	$T_{i.}$
14	A1	2.5	5.5	8.3	5.4	65
15	A2	2.0	4.3	8.0	4.8	43
16	$\bar{X}_{.j}$	2.3	4.9	8.1	5.1	

(F15 = =SUM(E3:G6))

セルF16に総合計の算出式を入力する(関数SUMを利用し, セルB3とG6を指定する). Enterキーを押すと総合計(108)が算出される.

	A	B	C	D	E	F
12						
13		B1	B2	B3	$\bar{X}_{i.}$	$T_{i.}$
14	A1	2.5	5.5	8.3	5.4	65
15	A2	2.0	4.3	8.0	4.8	43
16	$\bar{X}_{.j}$	2.3	4.9	8.1	5.1	108

(F16 = =SUM(B3:G6))

行18に要因AおよびBの水準数および繰り返し数を入力する. セルB18に要因Aの水準数k, セルD18に要因Bの水準数l, セルF18およびH18にそれぞれ要因A1およびA2の繰り返しの数r_1およびr_2を入力する.

	A	B	C	D	E	F	G	H
12								
13		B1	B2	B3	$\bar{X}_{i.}$	$T_{i.}$		
14	A1	2.5	5.5	8.3	5.4	65		
15	A2	2.0	4.3	8.0	4.8	43		
16	$\bar{X}_{.j}$	2.3	4.9	8.1	5.1	108		
17								
18	K=	2	L=	3	r_1=	4	r_2=	3

セルB20にhの算出式(7-36)を入力する. B18は要因Aの水準数k, F18は要因A1の繰り返し数r_1, H18は要因A1の繰り返し数r_2に対応する. Enterキーを押すとh(3.428571)が算出される.

	A	B	C	D	E	F	G	H
12								
13		B1	B2	B3	$\bar{X}_{i.}$	$T_{i.}$		
14	A1	2.5	5.5	8.3	5.4	65		
15	A2	2.0	4.3	8.0	4.8	43		
16	$\bar{X}_{.j}$	2.3	4.9	8.1	5.1	108		
17								
18	K=	2	L=	3	r_1=	4	r_2=	3
19								
20	h=	3.428571						

(B20 = =B18/(1/F18+1/H18))

セルB21にCTの算出式(7-37)を入力する(関数SUMを利用).B18は要因Aの水準数k,D18は要因Bの水準数l.B20はhに対応する.
Enterキーを押すとCT(534.4802)が算出される.

	B21	▼	=	=B20*SUM(B14:D15)^2/(B18*D18)			
	A	B	C	D	E	F	G	H
12								
13		B1	B2	B3	$\overline{X}_{i.}$	$T_{i.}$		
14	A1	2.5	5.5	8.3	5.4	65		
15	A2	2.0	4.3	8.0	4.8	43		
16	$\overline{X}_{.j}$	2.3	4.9	8.1	5.1	108		
17								
18	K=	2	L=	3	r_1=	4	r_2=	3
19								
20	h=	3.428571						
21	CT=	534.4802						

セルB22にSS_aの算出式(7-38)を入力する(関数SUMを利用).セルB14〜D14は要因A1における各水準の平均,セルB15〜D15は要因A2における各水準の平均である.B20はh,B21はCTに対応する.
Enterキーを押すとSS_a(2.099206)が算出される.

	B22	▼	=	=B20*(SUM(SUM(B14:D14)^2,SUM(B15:D15)^2)/D18)-B21			
	A	B	C	D	E	F	G	H
12								
13		B1	B2	B3	$\overline{X}_{i.}$	$T_{i.}$		
14	A1	2.5	5.5	8.3	5.4	65		
15	A2	2.0	4.3	8.0	4.8	43		
16	$\overline{X}_{.j}$	2.3	4.9	8.1	5.1	108		
17								
18	K=	2	L=	3	r_1=	4	r_2=	3
19								
20	h=	3.428571						
21	CT=	534.4802						
22	SS_a=	2.099206						

セルB23にSS_bの算出式(7-39)を入力する(関数SUMを利用).セルB14〜D14は要因A1における各水準の平均,セルB15〜D15は要因A2における各水準の平均である.B20はh,B21はCTに対応する.
Enterキーを押すとSS_b(118.6746)が算出される.

	B23	▼	=	=B20*(SUM(SUM(B14:B15)^2,SUM(C14:C15)^2,SUM(D14:D15)^2)/B18)-B21				
	A	B	C	D	E	F	G	H	I
12									
13		B1	B2	B3	$\overline{X}_{i.}$	$T_{i.}$			
14	A1	2.5	5.5	8.3	5.4	65			
15	A2	2.0	4.3	8.0	4.8	43			
16	$\overline{X}_{.j}$	2.3	4.9	8.1	5.1	108			
17									
18	K=	2	L=	3	r_1=	4	r_2=	3	
19									
20	h=	3.428571							
21	CT=	534.4802							
22	SS_a=	2.099206							
23	SS_b=	118.6746							

セルB24にSS$_c$の算出式(7-40)を入力する(関数SUMを利用).セルB14〜D14は要因A1における各水準の平均,セルB15〜D15は要因A2における各水準の平均である.セルB20はh,セルB21はCTに対応する.Enterキーを押すとSS$_c$(121.5437)が算出される.

セルB25にSS$_r$の算出式(7-41)を入力する.B24はSS$_c$,B22はSS$_a$,B23はSS$_b$にそれぞれ対応する.Enterキーを押すとSS$_r$(0.769841)が算出される.

セルB26にSS$_e$の算出式(7-42)を入力する(関数SUMを利用).セルB11〜D11は要因A1における各水準の標準偏差,セルE11〜G11は要因A2における各水準の標準偏差である.Enterキーを押すとSS$_e$(41.41667)が算出される.

セルB27に$\Sigma\Sigma U_{ij}^2/l$の算出式(7-46)を入力する(関数SUMを利用).セルH3〜H6およびI3〜I5はU_{ij}^2に,D18は水準数に対応する.Enterキーを押すと$\Sigma\Sigma U_{ij}^2/l$(588)が算出される.

セルB28に$\Sigma\{r_j(\Sigma\overline{X}_{ij})^2\}/l$の算出式 (7-46) を入力する．セルB10〜D10は，要因A1の平均，E10〜G10は要因A2の平均に対応する．
Enterキーを押すと$\Sigma\{r_j(\Sigma\overline{X}_{ij})^2\}/l$(557.5278)が算出される．

	B28	▼	=	=(F18*SUM(B10:D10)^2+H18*SUM(E10:G10)^2)/D18		
	A	B	C	D	E	F	G
19							
20	h=	3.428571					
21	CT=	534.4802					
22	SS_a=	2.099206					
23	SS_b=	118.6746					
24	SS_c=	121.5437					
25	SS_r=	0.769841					
26	SS_e=	41.41667					
27	$\Sigma\Sigma U_{ij}^2/l$=	588					
28	$\Sigma\{r_j(\Sigma\overline{X}_{ij})^2\}/l$=	557.5278					

セルB29にS_{ae}の算出式 (7-46) を入力する．セルB27は$\Sigma\Sigma U_{ij}^2/l$，セルB28は$\Sigma\{r_j(\Sigma\overline{X}_{ij})^2\}/l$に対応する．Enterキーを押すと$S_{ae}$(30.47222)が算出される．

セルB30にSS_e'の算出式 (7-47) を入力する．セルB26はSS_e，セルB29はS_{ae}に対応する．Enterキーを押すとSS_e'(10.94444)が算出される．

	B29	▼	=	=B27-B28
	A	B	C	
19				
20	h=	3.428571		
21	CT=	534.4802		
22	SS_a=	2.099206		
23	SS_b=	118.6746		
24	SS_c=	121.5437		
25	SS_r=	0.769841		
26	SS_e=	41.41667		
27	$\Sigma\Sigma U_{ij}^2/l$=	588		
28	$\Sigma\{r_j(\Sigma\overline{X}_{ij})^2\}/l$=	557.5278		
29	S_{ae}=	30.47222		

	B30	▼	=	=B26-B29
	A	B	C	
19				
20	h=	3.428571		
21	CT=	534.4802		
22	SS_a=	2.099206		
23	SS_b=	118.6746		
24	SS_c=	121.5437		
25	SS_r=	0.769841		
26	SS_e=	41.41667		
27	$\Sigma\Sigma U_{ij}^2/l$=	588		
28	$\Sigma\{r_j(\Sigma\overline{X}_{ij})^2\}/l$=	557.5278		
29	S_{ae}=	30.47222		
30	SS_e'=	10.94444		

セルD21〜H27に分散分析表のフォーマットを図のように作成する．

	A	B	C	D	E	F	G	H
17								
18	K=	2	L=	3	r_1=	4	r_2=	3
19								
20	h=	3.428571						
21	CT=	534.4802		分散分析表				
22	SS_a=	2.099206		変動要因	変動	自由度	分散比	F境界値
23	SS_b=	118.6746		MS_a				
24	SS_c=	121.5437		MS_{ae}				
25	SS_r=	0.769841		MS_b				
26	SS_e=	41.41667		MS_r				
27	$\Sigma\Sigma U_{ij}^2/l$=	588		MS_e'				
28	$\Sigma\{r_j(\Sigma\overline{X}_{ij})^2\}/l$=	557.5278						
29	S_{ae}=	30.47222						
30	SS_e'=	10.94444						

セルF23にdf_aの算出式(k-1)を入力する．セルB18は要因Aの水準数kに対応する．
Enterキーを押すと$df_a(1)$が算出される．

	F23		=	=B18-1			
	A	B	C	D	E	F	G	H
17								
18	K=	2	L=		3	r_1=	4	r_2=	3
19								
20	h=	3.428571						
21	CT=	534.4802		分散分析表				
22	SS_a=	2.099206		変動要因	変動	自由度	分散比	F境界値
23	SS_b=	118.6746		MS_a		1		
24	SS_c=	121.5437		MS_{ae}				
25	SS_r=	0.769841		MS_b				
26	SS_e=	41.41667		MS_r				
27	$\Sigma\Sigma U_{ij}^2/l$=	588		MS_e'				
28	$\Sigma\{r_j(\Sigma \overline{X}_{ij})^2\}/l$=	557.5278						
29	S_{ae}=	30.47222						
30	SS_e'=	10.94444						

セルF24にdf_{ae}の算出式($\Sigma r_j - k$)を入力する．B18は要因Aの水準数k，F18およびH18は要因A1およびA2それぞれの繰り返し数に対応する．
Enterキーを押すと$df_{ae}(5)$が算出される．

	F24		=	=F18+H18-B18			
	A	B	C	D	E	F	G	H
17								
18	K=	2	L=		3	r_1=	4	r_2=	3
19								
20	h=	3.428571						
21	CT=	534.4802		分散分析表				
22	SS_a=	2.099206		変動要因	変動	自由度	分散比	F境界値
23	SS_b=	118.6746		MS_a		1		
24	SS_c=	121.5437		MS_{ae}		5		
25	SS_r=	0.769841		MS_b				
26	SS_e=	41.41667		MS_r				
27	$\Sigma\Sigma U_{ij}^2/l$=	588		MS_e'				
28	$\Sigma\{r_j(\Sigma \overline{X}_{ij})^2\}/l$=	557.5278						
29	S_{ae}=	30.47222						
30	SS_e'=	10.94444						

セルF25にdf_bの算出式(l-1)を入力する．セルD18は要因Bの水準数lに対応する．
Enterキーを押すと$df_b(2)$が算出される．

	F25		=	=D18-1			
	A	B	C	D	E	F	G	H
17								
18	K=	2	L=		3	r_1=	4	r_2=	3
19								
20	h=	3.428571						
21	CT=	534.4802		分散分析表				
22	SS_a=	2.099206		変動要因	変動	自由度	分散比	F境界値
23	SS_b=	118.6746		MS_a		1		
24	SS_c=	121.5437		MS_{ae}		5		
25	SS_r=	0.769841		MS_b		2		
26	SS_e=	41.41667		MS_r				
27	$\Sigma\Sigma U_{ij}^2/l$=	588		MS_e'				
28	$\Sigma\{r_j(\Sigma \overline{X}_{ij})^2\}/l$=	557.5278						
29	S_{ae}=	30.47222						
30	SS_e'=	10.94444						

セルF26にdf$_r$の算出式(k-1)(l-1)を入力する．セルB18は要因Aの水準数k，セルD18は要因Bの水準数lである．Enterキーを押すとdf$_r$(2)が算出される．

	F26		▼	=	=(B18-1)*(D18-1)		
	A	B	C	D	E	F	G	H
17								
18	K=	2	L=	3	r$_1$=	4	r$_2$=	3
19								
20	h=	3.428571						
21	CT=	534.4802		分散分析表				
22	SS$_a$=	2.099206		変動要因	変動	自由度	分散比	F境界値
23	SS$_b$=	118.6746		MS$_a$		1		
24	SS$_c$=	121.5437		MS$_{ee}$		5		
25	SS$_r$=	0.769841		MS$_b$		2		
26	SS$_e$=	41.41667		MS$_r$		2		
27	ΣΣU$_{ij}^2$/l=	588		MS$_e$'				
28	Σ{r$_j$(ΣX̄$_{ij}$)^2}/l=	557.5278						
29	S$_{ee}$=	30.47222						
30	SS$_e$'=	10.94444						

セルF27にdf$_e$'の算出式(Σr$_j$-k)(l-1)を入力する．F18とH18は繰り返し数，B18とD18はそれぞれ要因Aと要因Bの水準数である．Enterキーを押すとdf$_e$'(10)が算出される．

	F27		▼	=	=((F18+H18)-B18)*(D18-1)		
	A	B	C	D	E	F	G	H
17								
18	K=	2	L=	3	r$_1$=	4	r$_2$=	3
19								
20	h=	3.428571						
21	CT=	534.4802		分散分析表				
22	SS$_a$=	2.099206		変動要因	変動	自由度	分散比	F境界値
23	SS$_b$=	118.6746		MS$_a$		1		
24	SS$_c$=	121.5437		MS$_{ee}$		5		
25	SS$_r$=	0.769841		MS$_b$		2		
26	SS$_e$=	41.41667		MS$_r$		2		
27	ΣΣU$_{ij}^2$/l=	588		MS$_e$'		10		
28	Σ{r$_j$(ΣX̄$_{ij}$)^2}/l=	557.5278						
29	S$_{ee}$=	30.47222						
30	SS$_e$'=	10.94444						

セルE23にMS$_a$の算出式を入力する．B22はSS$_a$，セルF23はdf$_a$に対応である．Enterキーを押すとMS$_a$(2.099206)が算出される．

	E23		▼	=	=B22/F23		
	A	B	C	D	E	F	G	H
17								
18	K=	2	L=	3	r$_1$=	4	r$_2$=	3
19								
20	h=	3.428571						
21	CT=	534.4802		分散分析表				
22	SS$_a$=	2.099206		変動要因	変動	自由度	分散比	F境界値
23	SS$_b$=	118.6746		MS$_a$	2.099206	1		
24	SS$_c$=	121.5437		MS$_{ee}$		5		
25	SS$_r$=	0.769841		MS$_b$		2		
26	SS$_e$=	41.41667		MS$_r$		2		
27	ΣΣU$_{ij}^2$/l=	588		MS$_e$'		10		
28	Σ{r$_j$(ΣX̄$_{ij}$)^2}/l=	557.5278						
29	S$_{ee}$=	30.47222						
30	SS$_e$'=	10.94444						

セルE24にMS$_{ae}$の算出式を入力する．セルB29はS$_{ae}$，セルF24はdf$_{ae}$である．
Enterキーを押すとMS$_{ae}$(6.094444)が算出される．

	A	B	C	D	E	F	G	H
	E24		=	=B29/F24				
17								
18	K=	2	L=	3	r$_1$=	4	r$_2$=	3
19								
20	h=	3.428571						
21	CT=	534.4802		分散分析表				
22	SS$_a$=	2.099206		変動要因	変動	自由度	分散比	F境界値
23	SS$_b$=	118.6746		MS$_a$	2.099206	1		
24	SS$_c$=	121.5437		MS$_{ae}$	6.094444	5		
25	SS$_r$=	0.769841		MS$_b$		2		
26	SS$_e$=	41.41667		MS$_r$		2		
27	ΣΣU$_{ij}$^{2}/l=	588		MS$_e$'		10		
28	Σ{r$_i$(ΣX̄$_{ij}$)^2}/l=	557.5278						
29	S$_{ae}$=	30.47222						
30	SS$_e$'=	10.94444						

セルE25にMS$_b$の算出式を入力する．B23はSS$_b$，セルF25はdf$_b$である．
Enterキーを押すとMS$_b$(59.3373)が算出される．

	A	B	C	D	E	F	G	H
	E25		=	=B23/F25				
17								
18	K=	2	L=	3	r$_1$=	4	r$_2$=	3
19								
20	h=	3.428571						
21	CT=	534.4802		分散分析表				
22	SS$_a$=	2.099206		変動要因	変動	自由度	分散比	F境界値
23	SS$_b$=	118.6746		MS$_a$	2.099206	1		
24	SS$_c$=	121.5437		MS$_{ae}$	6.094444	5		
25	SS$_r$=	0.769841		MS$_b$	59.3373	2		
26	SS$_e$=	41.41667		MS$_r$		2		
27	ΣΣU$_{ij}$^{2}/l=	588		MS$_e$'		10		
28	Σ{r$_i$(ΣX̄$_{ij}$)^2}/l=	557.5278						
29	S$_{ae}$=	30.47222						
30	SS$_e$'=	10.94444						

セルE26にMS$_r$の算出式を入力する．セルB25はSS$_r$，セルF26はdf$_r$である．
Enterキーを押すとMS$_r$(0.384921)が算出される．

	A	B	C	D	E	F	G	H
	E26		=	=B25/F26				
17								
18	K=	2	L=	3	r$_1$=	4	r$_2$=	3
19								
20	h=	3.428571						
21	CT=	534.4802		分散分析表				
22	SS$_a$=	2.099206		変動要因	変動	自由度	分散比	F境界値
23	SS$_b$=	118.6746		MS$_a$	2.099206	1		
24	SS$_c$=	121.5437		MS$_{ae}$	6.094444	5		
25	SS$_r$=	0.769841		MS$_b$	59.3373	2		
26	SS$_e$=	41.41667		MS$_r$	0.384921	2		
27	ΣΣU$_{ij}$^{2}/l=	588		MS$_e$'		10		
28	Σ{r$_i$(ΣX̄$_{ij}$)^2}/l=	557.5278						
29	S$_{ae}$=	30.47222						
30	SS$_e$'=	10.94444						

セルE27にMS$_e$'の算出式を入力する．セルB30はSS$_e$'，F27はdf$_e$'である．
Enterキーを押すとMS$_e$'(1.094444)が算出される．

	A	B	C	D	E	F	G	H
	E27			=	=B30/F27			
17								
18	K=	2	L=	3	r$_1$=	4	r$_2$=	3
19								
20	h=	3.428571						
21	CT=	534.4802		分散分析表				
22	SS$_a$=	2.099206		変動要因	変動	自由度	分散比	F境界値
23	SS$_b$=	118.6746		MS$_a$	2.099206	1		
24	SS$_c$=	121.5437		MS$_{ae}$	6.094444	5		
25	SS$_r$=	0.769841		MS$_b$	59.3373	2		
26	SS$_e$=	41.41667		MS$_r$	0.384921	2		
27	Σ Σ U$_{ij}^2$/l=	588		MS$_e$'	1.094444	10		
28	Σ {r$_i$(Σ X$_{ij}$)^2}/l=	557.5278						
29	S$_{ae}$=	30.47222						
30	SS$_e$'=	10.94444						
31								

セルG23にF$_a$の算出式を入力する．セルE23はMS$_a$，E24はMS$_{ae}$である．
Enterキーを押すとF$_a$(0.344446)が算出される．

	D	E	F	G	H
	G23		=	=E23/E24	
21	分散分析表				
22	変動要因	変動	自由度	分散比	F境界値
23	MS$_a$	2.099206	1	0.344446	
24	MS$_{ae}$	6.094444	5		
25	MS$_b$	59.3373	2		
26	MS$_r$	0.384921	2		
27	MS$_e$'	1.094444	10		

セルG25に分散比F$_b$の算出式を入力する．セルE25はMS$_b$，E27はMS$_e$'である．
Enterキーを押すとF$_b$(54.21682)が算出される．

	D	E	F	G	H
	G25		=	=E25/E27	
21	分散分析表				
22	変動要因	変動	自由度	分散比	F境界値
23	MS$_a$	2.099206	1	0.344446	
24	MS$_{ae}$	6.094444	5		
25	MS$_b$	59.3373	2	54.21682	
26	MS$_r$	0.384921	2		
27	MS$_e$'	1.094444	10		

セルG26に分散比F$_r$の算出式を入力する．セルE26はMS$_r$，E27はMS$_e$'である．
Enterキーを押すとF$_r$(0.351704)が算出される．

	D	E	F	G	H
	G26		=	=E26/E27	
21	分散分析表				
22	変動要因	変動	自由度	分散比	F境界値
23	MS$_a$	2.099206	1	0.344446	
24	MS$_{ae}$	6.094444	5		
25	MS$_b$	59.3373	2	54.21682	
26	MS$_r$	0.384921	2	0.351704	
27	MS$_e$'	1.094444	10		

セルH23にα=0.05のF値の算出式を入力する(関数FINVを利用).F23およびF24はそれぞれdf_a,df_{ae}である.Enterキーを押すとF(6.607877)が算出される.

	H23		=	=FINV(0.05,F23,F24)	
	D	E	F	G	H
21	分散分析表				
22	変動要因	変動	自由度	分散比	F境界値
23	MS_a	2.099206	1	0.344446	6.607877
24	MS_{ae}	6.094444	5		
25	MS_b	59.3373	2	54.21682	
26	MS_r	0.384921	2	0.351704	
27	MS_e'	1.094444	10		

セルH25にα=0.05のF値の算出式を入力する(関数FINVを利用).F25およびF27はそれぞれdf_b,df_e'を示している.Enterキーを押すとF(4.102816)が算出される.

	H25		=	=FINV(0.05,F25,F27)	
	D	E	F	G	H
21	分散分析表				
22	変動要因	変動	自由度	分散比	F境界値
23	MS_a	2.099206	1	0.344446	6.607877
24	MS_{ae}	6.094444	5		
25	MS_b	59.3373	2	54.21682	4.102816
26	MS_r	0.384921	2	0.351704	
27	MS_e'	1.094444	10		

セルH26にα=0.05のF値の算出式を入力する(関数FINVを利用).F26およびF27はそれぞれdf_r,df_e'である.Enterキーを押すとF(4.102816)が算出される.

	H26		=	=FINV(0.05,F26,F27)	
	D	E	F	G	H
21	分散分析表				
22	変動要因	変動	自由度	分散比	F境界値
23	MS_a	2.099206	1	0.344446	6.607877
24	MS_{ae}	6.094444	5		
25	MS_b	59.3373	2	54.21682	4.102816
26	MS_r	0.384921	2	0.351704	4.102816
27	MS_e'	1.094444	10		

結論

F_a=0.344446＜F(df_a=1,df_{ae}=5,α=0.05)=6.607877で要因Aの主効果(MS_a)は有意でない,F_b=54.21682＞F(df_b=2,df_e'=10,α=0.05)=4.102816で要因Bの主効果(MS_b)は有意である,F_r=0.351704＜F(df_r=2,df_e'=10,α=0.05)=4.102816で交互作用(MS_r)は有意でないとそれぞれ推測する.つまり,年齢の要因にのみ有意な主効果が認められた.

■7.1.4.6　繰り返しがある場合：$r \geq 2$
　　　　　2要因とも対応のある場合

　2要因とも対応がある場合の2要因分散分析は，同じ被験者が要因AおよびBの各水準に参加する(被験者内変数)．ここで説明する内容は，7.1.4.4における分析と途中までの手続きは同じである．7.1.4.4を実施していない場合は，先ずそちらを実施のこと．

解析手順

1. ローデータの入力（7.1.4.4に同じ）

2. 統計量の算出
　7.1.4.3で算出した修正項(CT)，7.1.4.4で算出した，行間変動，列間変動，交互作用変動，誤差変動，X'，S_{ae}，SS_e'を利用する．これに加えて，以下の各式からSS_s，S_{ae}'，S_{be}'，S_{be}，SS_e''を新たに求める．V_{ij}は繰り返し数ごとのローデータの合計（→Point-2参照）．

　個体差変動(S)　　　　　：$SS_s = \sum U_{i\cdot}^2/(kl) - CT$ 　　　　　(7-49)

　行間誤差変動(要因A)　：$S_{ae}' = S_{ae} - SS_s$ 　　　　　(7-50)

　列間誤差変動(要因A)　：$S_{be}' = \sum V_{ij}^2/k - r\sum(\sum \bar{X}_{ij})^2/k$ 　　　　　(7-51)

　誤差変動(S×B)　　　　：$S_{be} = S_{be}' - SS_s$ 　　　　　(7-52)

　誤差変動(S×A×B)　　：$SS_e'' = SS_e' - S_{be}$ 　　　　　(7-53)

　　　　　分散分析表を作成する

表7-8

変動要因	変動	自由度	分散(平均変動)	分散比
個体差(S)	SS_s	$df_s = r-1$	$MS_s = SS_s/df_s$	
要因A	SS_a	$df_a = k-1$	$MS_a = SS_a/df_a$	$F_a = MS_a/\underline{MS_{ae}}$
誤差(S×A)	SS_{ae}'	$df_{ae}' = (k-1)(r-1)$	$MS_{ae}' = SS_{ae}'/df_{ae}'$	
要因B	SS_b	$df_b = l-1$	$MS_b = SS_b/df_b$	$F_b = MS_b/\underline{MS_{be}}$
誤差(S×B)	S_{be}	$df_{be} = (l-1)(r-1)$	$MS_{be} = SS_{be}/df_{be}$	
交互作用(A×B)	SS_r	$df_r = (k-1)(l-1)$	$MS_r = SS_r/df_r$	$F_r = MS_r/\underline{MS_e''}$
誤差(S×A×B)	SS_e''	$df_e'' = (k-1)(l-1)(r-1)$	$MS_e'' = SS_e''/df_e''$	

　2要因に対応がなく水準の大きさが等しい場合(表7-4)は，「分析ツール」で「分散分析：繰り返しのある二元配置」を実施して求められるが，ここで説明する2要因に対応がある場合(表7-8)は，網掛けおよび下線部分が異なる．

3. 有意差を判定する
　df_a，df_{ae}'，$\alpha = 0.05$に対応するFを求め，$F_a \geq F(df_a, df_{ae}', \alpha)$のとき要因A ($F_a$)の主効果は有意，$df_b$，$df_{be}$，$\alpha$に対応するFを求め，$F_b \geq F(df_b, df_{be}, \alpha)$のとき要因B($F_b$)の主効果は有意，また，$df_r$，$df_e''$，$\alpha$に対応するFを求め，$F_r \geq F(df_r, df_e'', \alpha)$のとき交互作用($F_r$)は有意と判定する(検定法 I)．関数FINVでは，FINV(α, df_a, df_{ae}')により(df_a, df_{ae}', α)が求められる(第2章を参照)．

例題

例題7.1.4.6
例題7.1.4.2において，要因Aの性別をボール投げ指導条件(1,2)に置き換え，要因Bを指導前後(前,中,後)に置き換える．被験者は時間をおいて，2つの指導条件とも受けて試行したものとする．つまり，要因AとBの水準間に対応があると仮定する．この場合の指導前後や指導条件，あるいは交互作用の有無について検定せよ．

表7-1-4-6

	B1	B2	B3
A1	2	5	7
	1	6	9
	4	7	11
A2	1	2	6
	3	5	9
	2	6	9

7.1.4.4で使用したファイルを開く．セルB2〜D7にローデータ，セルE2〜E7にU_{ij}，9行目以降に分散分析の結果(繰り返しのある二元配置)が配置されている．

	A	B	C	D	E	F	G
1		B1	B2	B3	U_{ij}	U_{ij}^2	
2	A1	2	5	7	14	196	
3		1	6	9	16	256	
4		4	7	11	22	484	
5	A2	1	2	6	9	81	
6		3	5	9	17	289	
7		2	6	9	17	289	
8							
9	分散分析：繰り返しのある二元配置
10							

セルG2〜G4に$U_{i.}^2$の算出式を関数SUMを利用して入力する．セルG2にU_{11}とU_{21}の合計の2乗の算出式を入力し，セルG3とG4に貼り付ける．

G2 = =SUM(E2,E5)^2

	D	E	F	G	H
1	B3	U_{ij}	U_{ij}^2	$U_{i.}^2$	
2	7	14	196	529	
3	9	16	256	1089	
4	11	22	484	1521	
5	6	9	81		
6	9	17	289		
7	9	17	289		

セルH2に繰り返し数ごとのローデータの合計(V_{i1})の2乗の算出式(7-51)を入力する(→Point-2)．セルB2とB5，C2とC5，D2とD5はそれぞれ対応する値である．同式をセルH3とH4に貼り付ける．

H2 = =SUM((B2+B5)^2,(C2+C5)^2,(D2+D5)^2)

	D	E	F	G	H
1	B3	U_{ij}	U_{ij}^2	$U_{i.}^2$	$V_{i.}^2$
2	7	14	196	529	227
3	9	16	256	1089	461
4	11	22	484	1521	605
5	6	9	81		
6	9	17	289		
7	9	17	289		

7.1.4.4で作成した分散分析表を利用する．列38を選択し，メニューバーの「挿入(I)」から「行(R)」を選択する．新たに1行(列38)挿入される．

解析手順の表示と対応させる．セルA33～G35の表示をそれぞれ「標本」→MS_a，「列」→MS_b，「交互作用」→MS_r，「繰り返し誤差」→MS_e''，MS_{ae}→MS_{ae}'と変更する．セルA38にMS_{be}とラベルを入力する．さらに，図に残された数値以外をDeleteキーなどで削除する．セルB41およびB42には，すでに(7-43)および(7-44)の算出式が入力され，値が算出されている．

セルB40にCTを入力する．3は繰り返し数，セルB15～D15およびセルB21～D21はそれぞれ平均，分母の2と3はそれぞれ要因Aおよび要因Bにおける水準数である．Enterキーを押すとCT(501.3889)が算出される．

セルB43にSS$_s$を算出するための(7-49)の一部を入力する．関数SUMを利用し，$\Sigma\Sigma U_i^2/kl$の算出式を入力する．G2〜G4はU_i^2，2と3はそれぞれ要因Bの水準数と繰り返し数に対応する．Enterキーを押すと$\Sigma\Sigma U_i^2/kl(523.1667)$が算出される．

	B43		=	=SUM(G2:G4)/(2*3)			
	A	B	C	D	E	F	G
31	分散分析表						
32	変動要因	変動	自由度	分散	測された分散	P-値	F 境界値
33	MS$_a$	4.5	1	4.5			
34	MS$_b$	120.4444	2	60.2222222			
35	MS$_r$	1.333333	2	0.66666667			
36	MS$_e$″	31.33333					
37	MS$_{ae}$′						
38	MS$_{be}$						
39	合計	157.6111	17				
40	CT=	501.3889					
41	$\Sigma\Sigma U_{ij}^2/l=$	531.6667					
42	$r\Sigma(\Sigma\overline{X}_{ij})^2/l=$	505.8889					
43	$\Sigma\Sigma U_i^2/kl=$	523.1667					

セルB44にSS$_s$の算出式(7-49)を入力する．B43は$\Sigma U_i^2/kl$，B40はCTに対応する．Enterキーを押すとSS$_s$(21.77778)が算出される．

	B44		=	=B43-B40			
	A	B	C	D	E	F	G
31	分散分析表						
32	変動要因	変動	自由度	分散	測された分散	P-値	F 境界値
33	MS$_a$	4.5	1	4.5			
34	MS$_b$	120.4444	2	60.2222222			
35	MS$_r$	1.333333	2	0.66666667			
36	MS$_e$″	31.33333					
37	MS$_{ae}$′						
38	MS$_{be}$						
39	合計	157.6111	17				
40	CT=	501.3889					
41	$\Sigma\Sigma U_{ij}^2/l=$	531.6667					
42	$r\Sigma(\Sigma\overline{X}_{ij})^2/l=$	505.8889					
43	$\Sigma\Sigma U_i^2/kl=$	523.1667					
44	SS$_s=$	21.77778					

セルB37にS$_{ae}$′の算出式(7-50)を入力する．(B41-B42)はS$_{ae}$，B44はSS$_s$である．Enterキーを押すとS$_{ae}$′(4)が算出される．

	B37		=	=B41-B42-B44			
	A	B	C	D	E	F	G
31	分散分析表						
32	変動要因	変動	自由度	分散	測された分散	P-値	F 境界値
33	MS$_a$	4.5	1	4.5			
34	MS$_b$	120.4444	2	60.2222222			
35	MS$_r$	1.333333	2	0.66666667			
36	MS$_e$″	31.33333					
37	MS$_{ae}$′	4					
38	MS$_{be}$						
39	合計	157.6111	17				
40	CT=	501.3889					
41	$\Sigma\Sigma U_{ij}^2/l=$	531.6667					
42	$r\Sigma(\Sigma\overline{X}_{ij})^2/l=$	505.8889					
43	$\Sigma\Sigma U_i^2/kl=$	523.1667					
44	SS$_s=$	21.77778					

セルE42にr$\Sigma(\Sigma \bar{X}_{ij})^2/k$の算出式(7-51)を入力する(関数SUMを利用). B15〜D15は水準A1の平均, B21〜D21は水準A2の平均である. 水準B1における要因Aに対応する平均どうしを足し, 2乗し, 要因Aにおける合計を求める. Enterキーを押すとr$\Sigma(\Sigma \bar{X}_{ij})^2/k$(621.8333)が算出される.

	E42		=	=3*SUM((B15+B21)^2,(C15+C21)^2,(D15+D21)^2)/2	
	A	B	C	D	E	F
40	CT=	501.3889				
41	$\Sigma\Sigma U_{ij}^2/l=$	531.6667				
42	$r\Sigma(\Sigma \bar{X}_{ij})^2/l=$	505.8889		$r\Sigma(\Sigma \bar{X}_{ij})^2/k=$	621.8333	
43	$\Sigma\Sigma U_i^2/kl=$	523.1667				
44	$SS_s=$	21.77778				

セルE43に$\Sigma V_{ij}^2/k$の算出式を入力する. H2〜H4は対応するセルの合計の2乗和である. Enterキーを押すと$\Sigma V_{ij}^2/k$(646.5)が算出される.

	E43		=	=SUM(H2:H4)/2	
	A	B	C	D	E	F
40	CT=	501.3889				
41	$\Sigma\Sigma U_{ij}^2/l=$	531.6667				
42	$r\Sigma(\Sigma \bar{X}_{ij})^2/l=$	505.8889		$r\Sigma(\Sigma \bar{X}_{ij})^2/k=$	621.8333	
43	$\Sigma\Sigma U_i^2/kl=$	523.1667		$\Sigma V_{ij}^2/k=$	646.5	
44	$SS_s=$	21.77778				

セルB38に$S_{be}(=S_{be}'-SS_s)$の算出式(7-52)を入力する. (E43-E42)はS_{be}', B44はSS_sである. Enterキーを押すとS_{be}(2.888889)が算出される.

	B38		=	=E43-E42-B44		
	A	B	C	D	E	F	G
31	分散分析表						
32	変動要因	変動	自由度	分散	測された分散	P-値	F 境界値
33	MS_a	4.5	1	4.5			
34	MS_b	120.4444	2	60.2222222			
35	MS_r	1.333333	2	0.66666667			
36	MS_e''	31.33333					
37	MS_{ae}'	4					
38	MS_{be}	2.888889					
39	合計	157.6111	17				
40	CT=	501.3889					
41	$\Sigma\Sigma U_{ij}^2/l=$	531.6667					
42	$r\Sigma(\Sigma \bar{X}_{ij})^2/l=$	505.8889		$r\Sigma(\Sigma \bar{X}_{ij})^2/k=$	621.8333		
43	$\Sigma\Sigma U_i^2/kl=$	523.1667		$\Sigma V_{ij}^2/k=$	646.5		
44	$SS_s=$	21.77778					

セルB36にSS_e''の算出式(7-53)を入力する. 誤差変動(31.333...)を利用する. (B41-B42)はS_{ae}, B38はS_{be}に対応

	B36		=	=31.3333333333334-(B41-B42)-B38		
	A	B	C	D	E	F	G
31	分散分析表						
32	変動要因	変動	自由度	分散	測された分散	P-値	F 境界値
33	MS_a	4.5	1	4.5			
34	MS_b	120.4444	2	60.2222222			
35	MS_r	1.333333	2	0.66666667			
36	MS_e''	2.666667					
37	MS_{ae}'	4					
38	MS_{be}	2.888889					
39	合計	157.6111	17				
40	CT=	501.3889					
41	$\Sigma\Sigma U_{ij}^2/l=$	531.6667					
42	$r\Sigma(\Sigma \bar{X}_{ij})^2/l=$	505.8889		$r\Sigma(\Sigma \bar{X}_{ij})^2/k=$	621.8333		
43	$\Sigma\Sigma U_i^2/kl=$	523.1667		$\Sigma V_{ij}^2/k=$	646.5		
44	$SS_s=$	21.77778					

セルC36にdf_e''の算出式$(k-1)(l-1)(r-1)=(2-1)(3-1)(3-1)$を入力する．
Enterキーを押すと$df_e''(4)$が算出される．

	A	B	C	D	E	F	G
			C36	=(2-1)*(3-1)*(3-1)			
31	分散分析表						
32	変動要因	変動	自由度	分散	測された分散	P-値	F境界値
33	MS_a	4.5	1	4.5			
34	MS_b	120.4444	2	60.2222222			
35	MS_r	1.333333	2	0.66666667			
36	MS_e''	2.666667	4				
37	MS_{se}'	4					
38	MS_{be}	2.888889					
39	合計	157.6111	17				

セルC37にdf_{ae}の算出式$(k-1)(l-1)=(2-1)(3-1)$を入力する．
Enterキーを押すと$df_{ae}(2)$が算出される．

	A	B	C	D	E	F	G
			C37	=(2-1)*(3-1)			
31	分散分析表						
32	変動要因	変動	自由度	分散	測された分散	P-値	F境界値
33	MS_a	4.5	1	4.5			
34	MS_b	120.4444	2	60.2222222			
35	MS_r	1.333333	2	0.66666667			
36	MS_e''	2.666667	4				
37	MS_{se}'	4	2				
38	MS_{be}	2.888889					
39	合計	157.6111	17				

セルC38にdf_{be}の算出式$(l-1)(r-1)=(3-1)(3-1)$を入力する．
Enterキーを押すと$df_{be}(4)$が算出される．

	A	B	C	D	E	F	G
			C38	=(3-1)*(3-1)			
31	分散分析表						
32	変動要因	変動	自由度	分散	測された分散	P-値	F境界値
33	MS_a	4.5	1	4.5			
34	MS_b	120.4444	2	60.2222222			
35	MS_r	1.333333	2	0.66666667			
36	MS_e''	2.666667	4				
37	MS_{se}'	4	2				
38	MS_{be}	2.888889	4				
39	合計	157.6111					

セルD37にMS_{ae}'の算出式を入力する．B37はS_{ae}'，C37はdf_{ae}'である．
Enterキーを押すと$MS_{ae}'(2)$が算出される．

	A	B	C	D	E	F	G
			D37	=B37/C37			
31	分散分析表						
32	変動要因	変動	自由度	分散	測された分散	P-値	F境界値
33	MS_a	4.5	1	4.5			
34	MS_b	120.4444	2	60.2222222			
35	MS_r	1.333333	2	0.66666667			
36	MS_e''	2.666667	4				
37	MS_{se}'	4	2	2			
38	MS_{be}	2.888889	4				
39	合計	157.6111	17				

セルD38にMS_{be}の算出式を入力する．B38はS_{be}，C38はdf_{be}である．
Enterキーを押すと$MS_{be}(0.7222...)$が算出される．

	A	B	C	D	E	F	G
	D38		=	=B38/C38			
31	分散分析表						
32	変動要因	変動	自由度	分散	測された分	P-値	F境界値
33	MS_a	4.5	1	4.5			
34	MS_b	120.4444	2	60.2222222			
35	MS_r	1.333333	2	0.66666667			
36	MS_e''	2.666667	4				
37	MS_{ae}'	4	2	2			
38	MS_{be}	2.888889	4	0.72222222			
39	合計	157.6111	17				

セルD36にMS_e''の算出式を入力する．B36はSS_e''，C36はdf_e''である．
Enterキーを押すと$MS_e''(0.666...)$が算出される．

	A	B	C	D	E	F	G
	D36		=	=B36/C36			
31	分散分析表						
32	変動要因	変動	自由度	分散	測された分	P-値	F境界値
33	MS_a	4.5	1	4.5			
34	MS_b	120.4444	2	60.2222222			
35	MS_r	1.333333	2	0.66666667			
36	MS_e''	2.666667	4	0.66666667			
37	MS_{ae}'	4	2	2			
38	MS_{be}	2.888889	4	0.72222222			
39	合計	157.6111	17				

セルE33にF_aの算出式を入力する．D33はMS_a，D37はMS_{ae}'である．
Enterキーを押すと，$F_a(2.25)$が算出される．

	A	B	C	D	E	F	G
	E33		=	=D33/D37			
31	分散分析表						
32	変動要因	変動	自由度	分散	測された分	P-値	F境界値
33	MS_a	4.5	1	4.5	2.25		
34	MS_b	120.4444	2	60.2222222			
35	MS_r	1.333333	2	0.66666667			
36	MS_e''	2.666667	4	0.66666667			
37	MS_{ae}'	4	2	2			
38	MS_{be}	2.888889	4	0.72222222			
39	合計	157.6111	17				

セルE34にF_bの算出式を入力する．D34はMS_b，D38はMS_{be}である．
Enterキーを押すと，$F_b(83.38462)$が算出される．

	A	B	C	D	E	F	G
	E34		=	=D34/D38			
31	分散分析表						
32	変動要因	変動	自由度	分散	測された分	P-値	F境界値
33	MS_a	4.5	1	4.5	2.25		
34	MS_b	120.4444	2	60.2222222	83.38462		
35	MS_r	1.333333	2	0.66666667			
36	MS_e''	2.666667	4	0.66666667			
37	MS_{ae}'	4	2	2			
38	MS_{be}	2.888889	4	0.72222222			
39	合計	157.6111	17				

セルE35にF_rの算出式を入力する．D35はMS_r，D36はMS_e''である．
Enterキーを押すと，$F_r(1)$が算出される．

	A	B	C	D	E	F	G
31	分散分析表						
32	変動要因	変動	自由度	分散	制された分散	P-値	F境界値
33	MS_a	4.5	1	4.5	2.25		
34	MS_b	120.4444	2	60.2222222	83.38462		
35	MS_r	1.333333	2	0.66666667	1		
36	MS_e''	2.666667	4	0.66666667			
37	MS_{ae}'	4	2	2			
38	MS_{be}	2.888889	4	0.72222222			
39	合計	157.6111	17				

セルF33に分散比F_aに基づく確率の算出式を入力する（関数FDISTを利用）．
E33はF_a，C33およびC37はそれぞれdf_a，df_{ae}'に対応する．
Enterキーを押すと$p(0.272393)$が算出される．

F33　＝FDIST(E33,C33,C37)

	A	B	C	D	E	F	G
31	分散分析表						
32	変動要因	変動	自由度	分散	制された分散	P-値	F境界値
33	MS_a	4.5	1	4.5	2.25	0.272393	
34	MS_b	120.4444	2	60.2222222	83.38462		
35	MS_r	1.333333	2	0.66666667	1		
36	MS_e''	2.666667	4	0.66666667			
37	MS_{ae}'	4	2	2			
38	MS_{be}	2.888889	4	0.72222222			
39	合計	157.6111	17				

セルF34に分散比F_bに基づく確率の算出式を入力する（関数FDISTを利用）．
E34はF_b，C34およびC38はそれぞれdf_b，df_{be}に対応する．
Enterキーを押すと$p(0.000549)$が算出される．

F34　＝FDIST(E34,C34,C38)

	A	B	C	D	E	F	G
31	分散分析表						
32	変動要因	変動	自由度	分散	制された分散	P-値	F境界値
33	MS_a	4.5	1	4.5	2.25	0.272393	
34	MS_b	120.4444	2	60.2222222	83.38462	0.000549	
35	MS_r	1.333333	2	0.66666667	1		
36	MS_e''	2.666667	4	0.66666667			
37	MS_{ae}'	4	2	2			
38	MS_{be}	2.888889	4	0.72222222			
39	合計	157.6111	17				

セルF35に分散比F_rに基づく確率の算出式を入力する（関数FDISTを利用）．
E35はF_r，C35およびC36はそれぞれdf_r，df_e''に対応する．
Enterキーを押すと$p(0.444444)$が算出される．

F35　＝FDIST(E35,C35,C36)

	A	B	C	D	E	F	G
31	分散分析表						
32	変動要因	変動	自由度	分散	制された分散	P-値	F境界値
33	MS_a	4.5	1	4.5	2.25	0.272393	
34	MS_b	120.4444	2	60.2222222	83.38462	0.000549	
35	MS_r	1.333333	2	0.66666667	1	0.444444	
36	MS_e''	2.666667	4	0.66666667			
37	MS_{ae}'	4	2	2			
38	MS_{be}	2.888889	4	0.72222222			
39	合計	157.6111	17				

セルG33に$\alpha=0.05$のFの算出式を入力する(関数FINVを利用). C33およびC37はそれぞれdf_a, df_{ae}'に対応する. Enterキーを押すとF(18.51276)が算出される.

	A	B	C	D	E	F	G
					=FINV(0.05,C33,C37)		
	A	B	C	D	E	F	G
31	分散分析表						
32	変動要因	変動	自由度	分散	測された分散	P-値	F境界値
33	MS_a	4.5	1	4.5	2.25	0.272393	18.51276
34	MS_b	120.4444	2	60.2222222	83.38462	0.000549	
35	MS_r	1.333333	2	0.66666667	1	0.444444	
36	MS_e''	2.666667	4	0.66666667			
37	MS_{ae}'	4	2	2			
38	MS_{be}	2.888889	4	0.72222222			
39	合計	157.6111	17				

セルG34に$\alpha=0.05$のFの算出式を入力する(関数FINVを利用). C34およびC38はそれぞれdf_b, df_{be}に対応する. Enterキーを押すとF(6.944276)が算出される.

	A	B	C	D	E	F	G
					=FINV(0.05,C34,C38)		
	A	B	C	D	E	F	G
31	分散分析表						
32	変動要因	変動	自由度	分散	測された分散	P-値	F境界値
33	MS_a	4.5	1	4.5	2.25	0.272393	18.51276
34	MS_b	120.4444	2	60.2222222	83.38462	0.000549	6.944276
35	MS_r	1.333333	2	0.66666667	1	0.444444	
36	MS_e''	2.666667	4	0.66666667			
37	MS_{ae}'	4	2	2			
38	MS_{be}	2.888889	4	0.72222222			
39	合計	157.6111	17				

セルG35に$\alpha=0.05$のFの算出式を入力する(関数FINVを利用). C35およびC36はそれぞれdf_r, df_e''に対応する. Enterキーを押すとF(6.944276)が算出される.

	A	B	C	D	E	F	G
					=FINV(0.05,C35,C36)		
	A	B	C	D	E	F	G
31	分散分析表						
32	変動要因	変動	自由度	分散	測された分散	P-値	F境界値
33	MS_a	4.5	1	4.5	2.25	0.272393	18.51276
34	MS_b	120.4444	2	60.2222222	83.38462	0.000549	6.944276
35	MS_r	1.333333	2	0.66666667	1	0.444444	6.944276
36	MS_e''	2.666667	4	0.66666667			
37	MS_{ae}'	4	2	2			
38	MS_{be}	2.888889	4	0.72222222			
39	合計	157.6111	17				

結論

$F_a=2.25 < F(df_a=1, df_{ae}'=2, \alpha=0.05)=18.51276$で要因Aの主効果($MS_a$)は有意でない, $F_b=83.38462 > F(df_b=2, df_{be}=4, \alpha=0.05)=6.944276$で要因Bの主効果($MS_b$)は有意, $F_r=1 < F(df_r=2, df_e''=4, \alpha=0.05)=6.944276$で交互作用($MS_r$)は有意でない, とそれぞれ判定する.

Point-1

対応するセルのデータの和（V_{ij}）

	A	B	C	D	E	F	G	H
1		B1	B2	B3	U_{ij}	U_{ij}^2	$U_{i.}^2$	$V_{i.}^2$
2	A1	2	5	7	14	196	529	227
3		1	6	9	16	256	1089	461
4		4	7	11	22	484	1521	605
5	A2	1	2	6	9	81		
6		3	5	9	17	289		
7		2	6	9	17	289		

V_{ij}を求めるための$V_{i.}$は，下式で求められる．
V11=B2+B5=2+1=3
V12=C2+C5=5+2=7
　　　　⋮
V33=D4+D7=11+9=20

```
3   7  13    V₁.² = ΣV₁ⱼ² = 3² + 7² + 13² = 227
4  11  18    V₂.² = ΣV₂ⱼ² = 4² + 11² + 18² = 461
6  13  20    V₃.² = ΣV₃ⱼ² = 6² + 13² + 20² = 605
```

各行についてV_{ij}^2を合計するとセルH2～H4に$V_{i.}^2$（227～605）が求められる．

Point-2

表7-8の分散分析表に対応させると以下のようになる．

	A	B	C	D	E	F	G
31	分散分析表						
32	変動要因	変動	自由度	分散	測された分散	P-値	F 境界値
33	要因A	4.5	1	4.5	2.25	0.272393	18.51276
34	要因B	120.4444	2	60.2222222	83.38462	0.000549	6.944276
35	交互作用(A×B)	1.333333	2	0.66666667	1	0.444444	6.944276
36	誤差(S×A×B)	2.666667	4	0.66666667			
37	誤差(S×A)	4	2	2			
38	誤差(S×B)	2.888889	4	0.72222222			
39	合計	157.6111	17				

7.1.5 多重比較検定

3つ以上の平均間に差があると判定された場合であっても，全ての平均間に差があるとは限らない．1要因分散分析の結果，有意差が認められた場合，どの水準（群）間に有意差があるか確認する手法を多重比較検定という．

多重比較検定は様々な検定方法が提案されている．ここではボンフェローニ(Bonferroni)法，テューキー(Tukey)のHSD法，およびシェフィ(Scheffe)法（線型比較）について説明する．フィッシャー(Fisher)のLSD法はほとんど利用されないこともあり説明していない．

■7.1.5.1　ボンフェローニ(Bonferroni)法

ここではボンフェローニ法について説明する．ボンフェローニ法はボンフェローニの不等式に基づく多重比較検定であり，比較の対象となる水準ごとに帰無仮説を設定し，それぞれの検定における有意水準を調整し，棄却域を決定する方法である．この方法は簡便であるが保守的であり，検出力が低くなる．

解析手順

1. 利用する統計量
   比較する水準の個体数(r_i, r_j)，MS_e，平均差 $|\bar{X}_i - \bar{X}_j|$

2. 統計量の算出
   比較する水準をi，jとし，その差を求め，個体数と分散から検定統計量t_oを求める．

$$t_o = \frac{\bar{X}_i - \bar{X}_j}{\sqrt{MS_e(1/r_i + 1/r_j)}} \quad (7\text{-}54)$$

3. 有意差を判定する
   ボンフェローニ法は有意水準を総対比較数で除算して，水準毎に有意水準を設定する．対比較の総数をmとすると，名義水準$\alpha' = \alpha/m$を求める．t-分布（片側確率）からMS_eの自由度df_e，$\alpha'/2$に対応するtを求め，$|t_o| \geq t(df_e, \alpha'/2)$のとき有意差あり，$|t_o| < t(df_e, \alpha'/2)$のとき有意差なしと判定する．関数TINVを利用する場合は，TINV(α', df_e)により，$t(df_e, \alpha'/2)$が求められる（第2章を参照）．水準が5の場合，比較の総数は${}_5C_2 = (5 \times 4)/(2 \times 1) = 10$となる．

操作手順

第7章7.1.3の1要因分散分析の結果に基づき，多重比較検定を行う．この場合，水準が3であるから，比較総数は${}_3C_2 = (3 \times 2)/(2 \times 1) = 3$となる．作成した分散分析表のシートを開く．

	A	B	C	D	E	F	G
1	分散分析：一元配置						
2							
3	概要						
4	グループ	標本数	合計	平均	分散		
5	G1	3	21	7	1		
6	G2	5	20	4	2.5		
7	G3	4	32	8	2		
8							
9							
10	分散分析表						
11	変動要因	変動	自由度	分散	測された分散	P-値	F境界値
12	グループ間	38.91667	2	19.45833	9.729167	0.005625	4.256492
13	グループ内	18	9	2			
14							
15	合計	56.91667	11				
16							

セルC19に水準間の差を算出する式を関数ABSおよび関数INDEXを利用して入力する（関数の詳細は第5章を参照）．セルD5〜D7は3つの水準それぞれの平均に，A19とB19は比較する水準のセルに対応する．Enterキーを押すと，セルC19に水準1と2の差が算出される．

C19		=	=ABS(INDEX($D$5:$D$7,A19)-INDEX($D$5:$D$7,B19))			
	A	B	C	D	E	F	G
17							
18	比較群	比較群	平均差				
19	1	2	3				
20	1	3					
21	2	3					

セルC19に水準間の平均差が算出される．同式を同様にセルC20〜C21まで貼り付け，他の水準間の差を算出する．

	A	B	C	D
17				
18	比較群	比較群	平均差	
19	1	2	3	
20	1	3	1	
21	2	3	4	

$1/r_i$の算出式 (7-54) をセルD19に，関数INDEXを利用して入力する．これによって，2つの水準における$1/r_i$が算出される．入力した式をE21まで貼り付ける．

D19		=	=1/INDEX($B$5:$B$7,A19)	
	A	B	C	D	E
17					
18	比較群	比較群	平均差		
19	1	2	3	0.333333	
20	1	3	1	0.333333	
21	2	3	4	0.2	

同様に$1/r_j$の算出式をセルE19に入力する．入力した式をE21まで貼り付ける．

E19		=	=1/INDEX($B$5:$B$7,B19)	
	A	B	C	D	E
17					
18	比較群	比較群	平均差		
19	1	2	3	0.333333	0.2
20	1	3	1	0.333333	0.25
21	2	3	4	0.2	0.25

セルF19に先に算出した$1/r_i$, $1/r_j$を組み合わせ, 統計量t_oの算出式(7-54)を入力する. セルC19は比較する水準の平均差, セルD13は誤差分散の平均平方, D19およびE19はそれぞれ$1/r_i$, $1/r_j$に対応する. 入力した式をセルF21まで貼り付ける.

	F19		=	=C19/SQRT($D$13*(D19+E19))		
	A	B	C	D	E	F
17						
18	比較群	比較群	平均差			t_o
19	1	2	3	0.333333	0.2	2.904738
20	1	3	1	0.333333	0.25	0.92582
21	2	3	4	0.2	0.25	4.21637

セルB23に$t(df_e=9, \alpha'/2)$を求める関数TINVを入力する. 0.05/3はα', C13はdf_e(誤差分散の自由度)に対応している. Enterキーを押すと, t(2.93332)が算出される.

	B23		=	=TINV(0.05/3,C13)			
	A	B	C	D	E	F	G
17							
18	比較群	比較群	平均差			t_o	
19	1	2	3	0.333333	0.2	2.904738	
20	1	3	1	0.333333	0.25	0.92582	
21	2	3	4	0.2	0.25	4.21637	
22							
23	$t(df_e,\alpha')=$	2.93332					

各比較水準間の$|t_o|$と$t(df_e, \alpha'/2)$を比較し, $|t_o| \geq t(df_e, \alpha'/2)$のとき, 有意差が認められたことを示すアスタリスク(*)を, 列Gの該当するセル(G21)に入力する.

	A	B	C	D	E	F	G
17							
18	比較群	比較群	平均差			t_o	
19	1	2	3	0.333333	0.2	2.904738	
20	1	3	1	0.333333	0.25	0.92582	
21	2	3	4	0.2	0.25	4.21637	*
22							
23	$t(df_e,\alpha')=$	2.93332					

結論

G1とG2間は$|t_o|=2.904738<t(df=9, \alpha'/2)=2.93332$, G1とG3間は$|t_o|=0.92582<t(df=9, \alpha'/2)$, G2とG3間は$|t_o|=4.21637>t(df=9, \alpha'/2)$となる. よって, G2-G3の差は有意と判定する.

■7．1．5．2　テューキー(Tukey)のHSD法

ここでは7.1.3の1要因分散分析の結果に基づき，テューキーのHSD (honestly significant difference)法による多重比較検定を行う．

解析手順

1. 利用する統計量
   比較する水準の個体数(r_i, r_j)，$MS_e(MS_w)$，平均差$|\bar{X}_i - \bar{X}_j|$

2. 統計量の算出
   $$HSD = q(k, df_e, \alpha)\sqrt{(MS_e/2)(1/r_i + 1/r_j)} \quad (7\text{-}55)$$
   $r_i = r_j$の場合
   $$HSD = q(k, df_e, \alpha)\sqrt{MS_e/r} \quad (7\text{-}56)$$

3. 有意差を判定する
   HSDを求め，$|\bar{X}_i - \bar{X}_j|$と比較する．$|\bar{X}_i - \bar{X}_j| \geq$ HSDのとき有意差ありと判定する(検定法Ⅲ：第2章を参照)．
   $q(k, df_e, \alpha)$は平均の数kを考慮したスチューデント化された範囲で，表7-1-5aあるいは7-1-5bより求め，入力する(df_eは誤差分散の自由度)．

操作手順

第7章7.1.3.1の1要因分散分析の結果に基づき，多重比較検定を行う．作成した分散分析表のシートを開く．

	A	B	C	D	E	F	G
1	分散分析：一元配置						
2							
3	概要						
4	グループ	標本数	合計	平均	分散		
5	G1	3	21	7	1		
6	G2	5	20	4	2.5		
7	G3	4	32	8	2		
8							
9							
10	分散分析表						
11	変動要因	変動	自由度	分散	測された分	P-値	F境界値
12	グループ間	38.91667	2	19.45833	9.729167	0.005625	4.256492
13	グループ内	18	9	2			
14							
15	合計	56.91667	11				

多重比較検定を行う前に，図のように予め比較する水準をセルA18～B21に入力する．

セルC19に比較水準(列A)における個体数(r_i)の算出式を入力する(関数INDEXを利用)．セル番号に$マークを付けるとセル位置の固定(絶対参照)を意味する．同式をセルC21まで貼り付ける．

C19　　=INDEX($B$5:$B$7,A19)

	A	B	C	D	E
17					
18	比較群	比較群	$r_i=$		
19	1	2	3		
20	1	3	3		
21	2	3	5		
22					

同様にセルD19に比較水準(列B)における個体数(r_j)の算出式を入力する(関数INDEXを利用).同式をセルD21まで貼り付ける.

	D19		▼		=	=INDEX($B$5:$B$7,B19)	
	A	B	C	D	E	F
17						
18	比較群	比較群	$r_i=$	$r_j=$		
19	1	2	3	5		
20	1	3	3	4		
21	2	3	5	4		
22						

セルE19に水準間の差を算出式を入力する(セルD5〜D7は各水準の平均,関数ABSおよびINDEXを利用).Enterキーを押し,同式をセルE21まで貼り付ける.

	E19		▼		=	=ABS(INDEX($D$5:$D$7,A19)-INDEX($D$5:$D$7,B19))	
	A	B	C	D	E	F	G
17							
18	比較群	比較群	$r_i=$	$r_j=$	平均差		
19	1	2	3	5	3		
20	1	3	3	4	1		
21	2	3	5	4	4		

セルB23に$q(k, df_e, \alpha)$の臨界値の算出式をステューデント化した範囲の表(表7-1-5a)から読み取る.表7-1-5aから水準の数k=3とdf=9とのクロスした位置の数値3.95,セルB23に直接入力する.

	A	B	C	D	E
17					
18	比較群	比較群	$r_i=$	$r_j=$	平均差
19	1	2	3	5	3
20	1	3	3	4	1
21	2	3	5	4	4
22					
23	$q(k,df_e,\alpha)=$	3.95			

セルF19によりHSDの算出式(7-55)を入力する(関数SQRTを利用).B23は$q(k, df_e, \alpha)$の臨界値,D13はMS_e,C19とD19はそれぞれr_iとr_jである.
Enterキーを押し,同式をセルF21まで貼り付ける.

	F19		▼		=	=$B$23*(SQRT(($D$13)/2)*(1/C19+1/D19))	
	A	B	C	D	E	F	G
17							
18	比較群	比較群	$r_i=$	$r_j=$	平均差	HSD=	
19	1	2	3	5	3	2.106667	
20	1	3	3	4	1	2.304167	
21	2	3	5	4	4	1.7775	
22							
23	$q(k,df_e,\alpha)=$		3.95				

各比較水準間の $|\bar{X}_i - \bar{X}_j|$ とHSDを比較し，$|\bar{X}_i - \bar{X}_j| \geqq$ HSDのとき，有意差が認められたことを示すアスタリスク(*)を，列Gの該当するセル(セルG19およびG21)に入力する．

	A	B	C	D	E	F	G
17							
18	比較群	比較群	r_i=	r_j=	平均差	HSD=	
19	1	2	3	5	3	2.106667	*
20	1	3	3	4	1	2.304167	
21	2	3	5	4	4	1.7775	*
22							
23	q(k,dfe,α)=	3.95					
24							

結論

G1-G2の差 $|\bar{X}_1 - \bar{X}_2|$ =3＞HSD=2.106667，G1-G3の差 $|\bar{X}_1 - \bar{X}_3|$ =1＜HSD=2.304167，G2-G3の差 $|\bar{X}_2 - \bar{X}_3|$ =4＞HSD=1.7775となる．よって、G1-G2の差とG2-G3の差は有意と判定する。

7.1.5.1のボンフェローニの結果は，G2-G3の差のみが有意であり，7.1.5.2のテューキーのHSDの結果とは異なる結果となった．

> **Point**
>
> 群の大きさが異なる場合 ($r_i \neq r_j$), (7-55) ではなく, 調和平均 $h=2/(1/r_1+1/r_2)$ を求め, r の代用としてもよい.

表7-1-5a　ステューデント化した範囲の表　$\alpha = 0.05$

df	水準数：k								
	2	3	4	5	6	7	8	9	10
1	17.97	26.98	32.82	37.08	40.41	43.12	45.40	47.36	49.07
2	6.08	8.33	9.80	10.88	11.74	12.44	13.03	13.54	13.99
3	4.50	5.91	6.82	7.50	8.04	8.48	8.85	9.18	9.46
4	3.93	5.04	5.76	6.29	6.71	7.05	7.35	7.60	7.83
5	3.64	4.60	5.22	5.67	6.03	6.33	6.58	6.80	6.99
6	3.46	4.34	4.90	5.30	5.63	5.90	6.12	6.32	6.49
7	3.34	4.16	4.68	5.06	5.36	5.61	5.82	6.00	6.16
8	3.26	4.04	4.53	4.89	5.17	5.40	5.60	5.77	5.92
9	3.20	3.95	4.41	4.76	5.02	5.24	5.43	5.59	5.74
10	3.15	3.88	4.33	4.65	4.91	5.12	5.30	5.46	5.60
11	3.11	3.82	4.26	4.57	4.82	5.03	5.20	5.35	5.49
12	3.08	3.77	4.20	4.51	4.75	4.95	5.12	5.27	5.39
13	3.06	3.73	4.15	4.45	4.69	4.88	5.05	5.19	5.32
14	3.03	3.70	4.11	4.41	4.64	4.83	4.99	5.13	5.25
15	3.01	3.67	4.08	4.37	4.59	4.78	4.94	5.08	5.20
16	3.00	3.65	4.05	4.33	4.56	4.74	4.90	5.03	5.15
17	2.98	3.63	4.02	4.30	4.52	4.70	4.86	4.99	5.11
18	2.97	3.61	4.00	4.28	4.49	4.67	4.82	4.96	5.07
19	2.96	3.59	3.98	4.25	4.47	4.65	4.79	4.92	5.04
20	2.95	3.58	3.96	4.23	4.45	4.62	4.77	4.90	5.01
24	2.92	3.53	3.90	4.17	4.37	4.54	4.68	4.81	4.92
30	2.89	3.49	3.85	4.10	4.30	4.46	4.60	4.72	4.82
40	2.86	3.44	3.79	4.04	4.23	4.39	4.52	4.63	4.73
60	2.83	3.40	3.74	3.98	4.16	4.31	4.44	4.55	4.65
120	2.80	3.36	3.68	3.92	4.10	4.24	4.36	4.47	4.56
∞	2.77	3.31	3.63	3.86	4.03	4.17	4.29	4.39	4.47

表7-1-5b　ステューデント化した範囲の表　α = 0.01

df	水準数:k								
	2	3	4	5	6	7	8	9	10
1	90.03	135.00	164.30	185.60	202.20	215.80	227.20	237.00	245.60
2	14.04	19.02	22.29	24.72	26.63	28.20	29.53	30.68	31.69
3	8.26	10.62	12.17	13.33	14.24	15.00	15.64	16.20	16.69
4	6.51	8.12	9.17	9.96	10.58	11.10	11.55	11.93	12.27
5	5.70	6.98	7.80	8.42	8.91	9.32	9.67	9.97	10.24
6	5.24	6.33	7.03	7.56	7.97	8.32	8.61	8.87	9.10
7	4.95	5.92	6.54	7.01	7.37	7.68	7.94	8.17	8.37
8	4.75	5.64	6.20	6.62	6.96	7.24	7.47	7.68	7.86
9	4.60	5.43	5.96	6.35	6.66	6.91	7.13	7.33	7.49
10	4.48	5.27	5.77	6.14	6.43	6.67	6.87	7.05	7.21
11	4.39	5.15	5.62	5.97	6.25	6.48	6.67	6.84	6.99
12	4.32	5.05	5.50	5.84	6.10	6.32	6.51	6.67	6.81
13	4.26	4.96	5.40	5.73	5.98	6.19	6.37	6.53	6.67
14	4.21	4.89	5.32	5.63	5.88	6.08	6.26	6.41	6.54
15	4.17	4.84	5.25	5.56	5.80	5.99	6.16	6.31	6.44
16	4.13	4.79	5.19	5.49	5.72	5.92	6.08	6.22	6.35
17	4.10	4.74	5.14	5.43	5.66	5.85	6.01	6.15	6.27
18	4.07	4.70	5.09	5.38	5.60	5.79	5.94	6.08	6.20
19	4.05	4.67	5.05	5.33	5.55	5.73	5.89	6.02	6.14
20	4.02	4.64	5.02	5.29	5.51	5.69	5.84	5.97	6.09
24	3.96	4.55	4.91	5.17	5.37	5.54	5.69	5.81	5.92
30	3.89	4.45	4.80	5.05	5.24	5.40	5.54	5.65	5.76
40	3.82	4.37	4.70	4.93	5.11	5.26	5.39	5.50	5.60
60	3.76	4.28	4.59	4.82	4.99	5.13	5.25	5.36	5.45
120	3.70	4.20	4.50	4.71	4.87	5.01	5.12	5.21	5.30
∞	3.64	4.12	4.40	4.60	4.76	4.88	4.99	5.08	5.16

■7．1．5．3　シェフィ（Scheffé）法

シェフィ法は，任意の水準の比較（対比較）あるいは合成水準平均間の比較（線型比較）を行う．

解析手順

1．利用する統計量
   比較する水準の個体数(r_a, r_b)，MS_e（MS_w），平均差 $|\bar{X}_i - \bar{X}_j|$

2．統計量の算出
   $r=r_a=r_b$の場合は(7-58)を利用すると簡便である．

   $$t_o = (\bar{X}_a - \bar{X}_b)/\sqrt{MS_e(1/r_a + 1/r_b)} \quad (7\text{-}57)$$
   $$t_o = (\bar{X}_a - \bar{X}_b)/\sqrt{2MS_e/r} \quad (7\text{-}58)$$
   $$F_o = (\bar{X}_a - \bar{X}_b)^2/\{MS_e(1/r_a + 1/r_b)\} \quad (7\text{-}59)$$

   対比較（$\bar{X}_i$，$\bar{X}_j$）の場合$\bar{X}_i$を$\bar{X}_a$に，$\bar{X}_j$を$\bar{X}_b$に，
   また，r_iをr_aに，r_bに置き換える．
   線型比較の場合，複数の群を１つの合成水準に置きかえる．
   例えば，$\bar{X}_i$を$\bar{X}_a = \bar{X}_1, \bar{X}_j$を$\bar{X}_b = (\bar{X}_2 + \bar{X}_3)/2$のように置きかえる．
   また，$r_a = r_1, r_b = r_2 + r_3$となる．

   例題では対比較（G3とG2），線型比較（G1とG3の合成水準平均GaとGb(G2)）の２つの場合について行う．なお，５つの水準間の総比較数は$_5C_2$で10通りとなる．

3．有意差を判定する
   F-分布より，F$(df_b=k\text{-}1, df_e=N\text{-}k, \alpha)$を求め，$t_o \geq \sqrt{(k-1)F(df_b, df_e, \alpha)}$のとき，あるいは$F_o \geq F'=(k\text{-}1)\times F(df_b, df_e, \alpha)$のとき有意差ありと判定する（検定法Ⅰ：第２章を参照）．

操作手順

7.1.3.1で作成した分散分析表のシートを開く．

	A	B	C	D	E	F	G
1	分散分析：一元配置						
2							
3	概要						
4	グループ	標本数	合計	平均	分散		
5	G1	3	21	7	1		
6	G2	5	20	4	2.5		
7	G3	4	32	8	2		
8							
9							
10	分散分析表						
11	変動要因	変動	自由度	分散	測された分	P-値	F 境界値
12	グループ間	38.91667	2	19.45833	9.729167	0.005625	4.256492
13	グループ内	18	9	2			
14							
15	合計	56.91667	11				
16							

G3とG2の対比較を行う．セルB17にt_oの算出式(7-59)を入力する．D7およびD6はそれぞれG3およびG2の平均値，D13はMS_e，B7およびB6はそれぞれG3およびG2の個体数に対応する．Enterキーを押すとt_o(4.21637)が算出される．

セルB18にtの算出式を入力する（関数SQRTおよびFINV(α, df_b, df_e)を利用）．C12はdf_b=k-1，C13はdf_e=N-kに対応する．Enterキーを押すとt(2.917702)が算出される．

セルB20にグループG_aの平均値の算出式を入力する．セルD5およびD7はそれぞれG1およびG3の平均値である．Enterキーを押すと7.5が算出される．

セルB21にグループG_aの個体数の算出式を入力する．セルB5およびB7はそれぞれG1およびG3の個体数である．Enterキーを押すと7が算出される．

次いで，グループG_aとG_bの線型比較を行う．セルB22にF_oの算出式(7-59)を入力する．D20はG1とG3を込みにしたグループG_aの平均値，D6はG_b(G2)の平均値，D13はMS_e，B21およびB6はそれぞれグループG_aおよびG_bの個体数に対応する．Enterキーを押すとF_o(17.86458)が算出される．

第7章 パラメトリックス検定

セルB19にF'の算出式を関数FINV(α,df$_b$,df$_e$)を利用して入力する．C12はdf$_b$=k-1，C13はdf$_e$=N-kに対応する．Enterキーを押すとF'(8.512984) が算出される．

	A	B
16		
17	t_o=	4.21637
18	t=	2.917702
19		
20	G_a=	7.5
21	n_a=	7
22	F_o=	17.86458
23	F'=	8.512984
24		

セル参照: B23 =C12*FINV(0.05,C12,C13)

結論

GaとGb間（G1とG3の合成水準GaとGb=G2）はF_o=8.855422＞F(df$_b$=2,df$_e$=9, α)=4.256492，G2とG3間はF_o=8.888889＞F(df$_b$=2,df$_e$=9, α)となる．よって，Ga-Gbの差とG2-G3の差は有意と判定する．

7.2 分散に関する検定

　分散はデータの散らばりを示す統計量である．代表値と同様に，標本データに関する重要な情報を有している．ここでは分散に関する検定として，母分散と標本分散の差，2つの標本分散の差(対応がある場合，対応がない場合)，3つ以上の標本分散の差の検定について説明する．

7.2.1 母分散と標本分散の差

　標本分散が母分散に等しいとみなせる場合，その標本は適切な抽出方法がなされていると考えられ，有効な標本データと考えられる．ここでは，母分散と標本分散の差の検定について説明する．

解析手順

1. 利用する統計量
　標本の大きさ(n)，母標準偏差(σ)，標本標準偏差(S)

2. 統計量の算出
　母平均μのかわりに標本平均$\overline{X}$，標本標準偏差Sを用いたχ_0^2はdf=n-1のχ^2分布に従うことを利用する．

$$\chi_0^2 = \sum (X - \overline{X})^2 / \sigma^2 = nS^2/\sigma^2 \qquad (7\text{-}60)$$

3. 有意差を判定する(**両側検定**，$\alpha=0.05$)
　χ^2分布から自由度df=n-1，$1-\alpha/2$，$\alpha/2$に対応するχ^2を求め，$x_0^2 \leq x_1^2(df, 1-\alpha/2)$，あるいは$x_0^2 \geq x_2^2(df, \alpha/2)$のときは有意差あり，$x_1^2(df, 1-\alpha/2) < x_0^2 < x_2^2(df, \alpha/2)$のとき有意差なしと判定する．CHIINV($1-\alpha/2$, df)により$\chi^2$($df, 1-\alpha/2$)が，CHIINV($\alpha/2$, df)により$\chi^2$($df, \alpha/2$)が求められる(第2章を参照，検定法IIは口述のPointを参照)．

例題

例題7.2.1 (小著1：例題12-1)
全国の12歳女子の胸囲の標準偏差は5.82cmである．A小学校の12歳女子30名の胸囲の標準偏差は6.50であった．A小学校の女子は全国に比べて分散が大きいといえるか．

操作手順

セルB5にχ_0^2の算出式(7-60)を入力する．A3は標本の大きさ，B3は標準偏差，C3は母標準偏差である．Enterキーを押すと統計量χ_0^2(37.41985)が算出される．

	B5		=	=A3*B3^2/C3^2	
	A	B	C	D	
1	人数	標準偏差	母標準偏差		
2	n	s	σ		
3	30	6.50	5.82		
4					
5	χ_0^2=	37.41985			

セルB6に$x_1^2(df, 1-\alpha/2) = x_1^2(29, 0.975)$の算出式を入力する(関数CHIINVを利用)．A3は標本の大きさである．Enterキーを押すと$x_1^2(16.04705)$が算出される．

	B6		=	=CHIINV(1-0.05/2,A3-1)	
	A	B	C	D	E
1	人数	標準偏差	母標準偏差		
2	n	s	σ		
3	30	6.50	5.82		
4					
5	χ_0^2=	37.41985			
6	χ_1^2=	16.04705			

セルB7に$x_2^2(df, \alpha/2) = x_2^2(29, 0.025)$の算出式を入力する(関数CHIINVを利用)．A3は標本の大きさである．Enterキーを押すと$x_2^2(45.7228)$が算出される．

	B7		=	=CHIINV(0.05/2,A3-1)	
	A	B	C	D	E
1	人数	標準偏差	母標準偏差		
2	n	s	σ		
3	30	6.50	5.82		
4					
5	χ_0^2=	37.41985			
6	χ_1^2=	16.04705			
7	χ_2^2=	45.72228			

結論

$x_1^2(16.047705) < x_0^2(37.41985) < x_2^2(45.7228)$（両側検定）である．よって$H_0$を採択し，有意差なしと判定する．つまり，A小学校の12歳女子の分散と全国の分散には差がないと推測する．

7.2.2 2つの標本分散の差

2つの標本分散の差を検定することは，単に分布が異なることを示すだけでなく，平均値の差の検定を行なう際に，いかなる式を適用するか判断するためにも重要な手続きである．ここでは，対応のない場合と対応のある場合の2つの標本分散の差の検定について説明する．

■7.2.2.1　対応のない場合

検定手順

1. 利用する統計量
   標本の大きさ(n_1,n_2)，標準偏差(S_1, S_2)，不偏分散(u_1^2, u_2^2)

2. 統計量の算出
   2組の正規母集団N_1とN_2から，大きさn_1,n_2の標本を無作為に抽出し，両者の不偏分散をu_1^2,u_2^2とすると以下の各F_0は$df_1=n_1-1$, $df_2=n_2-1$のF分布に従う．$n_1=n_2$の場合は(7-62)となる．

$$F_0 = u_1^2 / u_2^2 = S_1^2 n_1 (n_2-1) / S_2^2 n_2 (n_1-1) \quad (7\text{-}61)$$
$$F_0 = S_1^2 / S_2^2 \quad (7\text{-}62)$$

3. 有意差を判定する(**両側検定、$\alpha=0.05$**)
   $df_1=n_1-1, df_2=n_2-1$, $1-\alpha/2$に対応するF1, $\alpha/2$に対応するF2を求め，$F_0 \leq F1(df_1,df_2,1-\alpha/2)$ あるいは$F_0 \geq F2(df_1,df_2,\alpha/2)$ のとき有意差あり，$F1(df_1,df_2,1-\alpha/2) < F_0 < F2(df_1,df_2,\alpha/2)$のとき有意差なしと判定する．しかし，分散の大きい方を分子($F_0 \geq 1.0$)にしても検定が可能である(ただし，分子のdfがdf_1となる：第2章を参照)．関数FINVでは，FINV$(1-\alpha/2,df_1,df_2)$ により$F1(df_1,df_2,1-\alpha/2)$が，FINV$(\alpha/2,df_1,df_2)$ によりF2$(df_1,df_2,\alpha/2)$が求められる)(第2章を参照)．

例題

例題7.2.2.1（小著1：例題12-4）
ある中学校3年男子41名と女子61名の身長の標準偏差は，それぞれ6.23cmと5.09cmであった．男子の方が女子より分布の広がりが大きいといえるか．

操作手順

男女の人数と分散をそれぞれセルA4〜D4に入力する．
セルB6に男子の不偏分散u_1^2の算出式を入力する．A4は男子の標本の大きさ，B4は男子の標準偏差である．Enterキーを押すとu_1^2(39.78322)が算出される．

B6		=A4*B4^2/(A4-1)		
	A	B	C	D	E
1	男子		女子		
2	人数	標準偏差	人数	標準偏差	
3	n_1	S_1	n_2	S_2	
4	41	6.23	61	5.09	
5					
6	$u_1^2=$	39.78322			

同様に，セルD6に女子の不偏分散u_2^2も計算する．Enterキーを押すと図のように女子のu_2^2(26.3399)が算出される．

	A	B	C	D	E
	D6		=	=C4*D4^2/(C4-1)	
1	男子		女子		
2	人数	標準偏差	人数	標準偏差	
3	n_1	S_1	n_2	S_2	
4	41	6.23	61	5.09	
5					
6	$u_1^2=$	39.78322	$u_2^2=$	26.3399	

セルB7に男女2つの不偏分散の比，検定統計量F_oの算出式(7-61)を入力する．B6は男子，D6は女子のそれぞれ不偏分散である．Enterキーを押すとF_o(1.510379)が算出される．

	A	B	C	D	E
	B7		=	=B6/D6	
1	男子		女子		
2	人数	標準偏差	人数	標準偏差	
3	n_1	S_1	n_2	S_2	
4	41	6.23	61	5.09	
5					
6	$u_1^2=$	39.78322	$u_2^2=$	26.3399	
7	$F_o=$	1.510379			
8					

df_1は分子にした男子の標本の大きさ$n_1-1=40$，df_2は女子の標本の大きさ$n_2-1=60$となる．セルB8に関数FINVより，$F(df_1,df_2,1-\alpha/2)=F(40,60,0.975)$の算出式を入力する．A4は40，C4は60である．Enterキーを押すとF1(0.554701)が算出される．

セルD8に関数FINVより，$F(df_1,df_2,\alpha/2)=F(40,60,0.025)$の算出式を入力する．A4は40，C4は60である．Enterキーを押すとF2(1.744048)が算出される．

	A	B	C	D	E
	B8		=	=FINV(1-0.05/2,A4-1,C4-1)	
1	男子		女子		
2	人数	標準偏差	人数	標準偏差	
3	n_1	S_1	n_2	S_2	
4	41	6.23	61	5.09	
5					
6	$u_1^2=$	39.78322	$u_2^2=$	26.3399	
7	$F_o=$	1.510379			
8	F1 =	0.554701			

	A	B	C	D	E
	D8		=	=FINV(0.05/2,A4-1,C4-1)	
1	男子		女子		
2	人数	標準偏差	人数	標準偏差	
3	n_1	S_1	n_2	S_2	
4	41	6.23	61	5.09	
5					
6	$u_1^2=$	39.78322	$u_2^2=$	26.3399	
7	$F_o=$	1.510379			
8	F1 =	0.554701	F2=	1.744048	

結論

$F1(df_1,df_2,1-\alpha/2=0.975)=0.554701 < F_o=1.510379 < F2(df_1,df_2,\alpha/2=0.025)=1.744048$である．よって$H_0$を採択し，有意差なしと判定する．つまり，中学3年生の男女の身長の分散は等しいと推測する．

一般的方法：$S_1^2=6.23 \geqq S_2^2=5.09$であるため，$S_1^2$を分子とし，$F_o$を求める．$F_o=1.510379 < F(df_1,df_2,\alpha/2=0.025)=1.744048$である．よって$H_0$を採択し，有意差なしと判定する．

■7.2.2.2 対応のある場合

対応のある分散の差の検定は，2群の共分散あるいは相関係数を用いる．

解析手順

1. 利用する統計量
   標本の大きさ(n)，標準偏差(S_1, S_2)，共分散(S_{12})あるいは相関係数(r)

2. 統計量の算出
   2つの標本分散をS_1^2, S_2^2とする．共分散(S_{12})を利用する場合は(7-64)，相関係数(r)を利用する場合は(7-66)よりt_0を求める．

$$S_{12} = \sum (X_{1i} - \bar{X}_1)(X_{2i} - \bar{X}_2)/n = \sum X_{1i}X_{2i}/n - \bar{X}_1\bar{X}_2 \quad (7\text{-}63)$$

$$t_0 = (S_1^2 - S_2^2)\sqrt{n-2} / \left(2\sqrt{S_1^2 S_2^2 - S_{12}^2}\right) \quad (7\text{-}64)$$

$$r = S_{12}/S_1 S_2 \quad (7\text{-}65)$$

$$t_0 = (S_1^2 - S_2^2)\sqrt{n-2} / \left\{2\sqrt{(1-r^2)S_1^2 S_2^2}\right\} \quad (7\text{-}66)$$

3. 有意差を判定する(**両側検定**, $\alpha = 0.05$)
   t-分布から自由度df=n-2，$\alpha/2$に対応するtを求め，$|t_0| \geq t(df, \alpha/2)$のとき有意差ありと判定する(検定法Ⅰ)．関数TINVを利用する場合は，TINV(α, df)により，$t(df, \alpha/2)$が求められる(第2章を参照，検定法Ⅱは後述のPointを参照)．

例題

例題7.2.2.2 （小著1：例題12-8）
6歳の男児40名にボール投げの練習を1週間行わせた．練習前後のボール投げの標準偏差はそれぞれS1=3.91m，S2=3.10mであった．この差は有意といえるか．なお，練習前後の相関係数はr=0.62であった．

操作手順

セルA3～D3に人数，2群の標準偏差，および相関係数の各統計量を入力する．

	A	B	C	D	E	F
1	人数	標準偏差1	標準偏差2	相関係数		
2	n	S_1	S_2	r		
3	40	3.91	3.10	0.62		
4						
5						

(7-66)を分母と分子の2式にセルを分けて入力する．セルB5に(7-68)の分子に相当する式を入力する．B3は練習前のS_1, C3は練習後のS_2, A3は人数，D3はrである．Enterキーを押す．

	A	B	C	D	E
	B5		=	=(B3^2-C3^2)*SQRT(A3-2)	
1	人数	標準偏差1	標準偏差2	相関係数	
2	n	S_1	S_2	r	
3	40	3.91	3.10	0.62	
4					
5	分子=	35.00216			
6					

セルB6に分母に相当する式を入力する．D3はrであり，関数SQRTを利用する．Enterキーを押し，セルB6に分母を求める．

	A	B	C	D	E
	B6		=	=2*SQRT((1-D3^2)*B3^2*C3^2)	
1	人数	標準偏差1	標準偏差2	相関係数	
2	n	S_1	S_2	r	
3	40	3.91	3.10	0.62	
4					
5	分子=	35.00216			
6	分母=	19.02032			

セルB7に統計量t_0の算出式(7-66)を入力する．Enterキーを押すとt_0(1.840251)が算出される．

	A	B	C	D
	B7		=	=B5/B6
1	人数	標準偏差1	標準偏差2	相関係数
2	n	S_1	S_2	r
3	40	3.91	3.10	0.62
4				
5	分子=	35.00216		
6	分母=	19.02032		
7	t_0=	1.840251		
8				

セルB8に有意水準$\alpha=0.05$のtの算出式を，t分布の関数TINVを利用して入力する．0.05はα, A3は総個体数で，df=40-2=38である．Enterキーを押すと，t(2.024394)が算出される．

	A	B	C	D	E
	B8		=	=TINV(0.05,A3-2)	
1	人数	標準偏差1	標準偏差2	相関係数	
2	n	S_1	S_2	r	
3	40	3.91	3.10	0.62	
4					
5	分子=	35.00216			
6	分母=	19.02032			
7	t_0=	1.840251			
8	t=	2.024394			

結論

$|t_0|$=1.840251＜t(df=38, $\alpha/2$=0.025)=2.024394(両側検定)であるから，有意差なしと判定する．従って，6歳の男児のボール投げにおいて練習前後の個人差の程度に差はないと推測する．

Point 検定法Ⅱ：統計量t_0の確率pと比較

セルB8に関数TDISTおよびABSを利用して，確率pの算出式を入力する．B7は統計量t_0, A3は標本の大きさ，末尾の1は片側検定の指定(両側の場合は2を指定)を意味する．Enterキーを押すと，p(0.036776)が算出され，p=0.036776＞$\alpha/2$=0.025となり，前述の結果と同様，有意差なしと判定する．

	A	B	C	D	E
	B9		=	=TDIST(ABS(B7),A3-2,1)	
1	人数	標準偏差1	標準偏差2	相関係数	
2	n	S_1	S_2	r	
3	40	3.91	3.10	0.62	
4					
5	分子=	35.00216			
6	分母=	19.02032			
7	t_0=	1.840251			
8	t=	2.024394			
9	p=	0.036776			

7.2.3 3つ以上の標本分散の差

3つ以上の標本分散の差の検定において，最も利用されているバートレット法(分散の一様性の検定)を説明する．バートレット法は対応のない場合に利用する．対応がある場合は小著1を参照のこと．

解析手順

1. 利用する統計量
   標本の大きさ(n)，分散(S^2)

2. 統計量の算出
   k個の不偏分散とそれに対応する自由度について，各自由度を重みとするk個の不偏分散の平均U(分散分析の群内変動に相当)を計算する．Aは分散の偏り(対数は常用対数)，Cは総個体数に対する補正係数，$N=\Sigma n_i$

$$U = \sum (n_i - 1)u_i^2 / \sum (n_i - 1) = \sum n_i S_i^2 /(N-k) \quad (7\text{-}67)$$

$$A = 2.3026\left\{\sum (n_i - 1)\log U - \sum (n_i - 1)\log u_i^2\right\} \quad (7\text{-}68)$$

$$C = 1 + \left[\sum \{1/(n_i - 1)\} - 1/\sum (n_i - 1)\right] / \{3(k-1)\} \quad (7\text{-}69)$$

$$x_0^2 = A/C \quad (7\text{-}70)$$

標本の大きさが等しい場合は，以下の式を利用した方が便利である．

$$U = \sum u_i^2 / k = n\sum S_i^2 /(N-k) \quad (7\text{-}71)$$

$$A = 2.3026(n-1)(k\log U - \sum \log u_i^2) \quad (7\text{-}72)$$

$$C = 1 + (k+1)/\{3k(n-1)\} \quad (7\text{-}73)$$

3. 有意差を判定する($\alpha = 0.05$)
   χ^2分布から自由度df=k-1とαに対応するχ^2を求め，$\chi_0^2 \geq \chi^2$(df=k-1, α)のとき有意差あり，$\chi_0^2 < \chi^2$(df=k-1, α)のとき有意差なしと判定する．関数CHIINV(α, df)によりχ^2(df, α)が求められる(検定法Ⅰ：第2章を参照)．

例題

例題7.2.3（小著1：例題12-10）
サッカー，バレーボール，水泳を専門とする運動選手の100mの疾走タイムを測定した．3選手群の人数(n)と分散(S^2)は表7-2-3のとおりであった．3群の分散に有意差があるといえるか．

表7-2-3

種目	n	S^2
サッカー	26	1.19
バレー	28	1.37
水泳	19	1.30
合計	73	

操作手順

各競技種目のラベルとデータを入力する．セルB3〜B5に標本の大きさ：人数(n)，セルD3〜D5に分散(S^2)を入力する．

	A	B	C	D
1				
2	種目	n		S^2
3	サッカー	26		1.19
4	バレー	28		1.37
5	水泳	19		1.30
6	合計			
7				

セルC3に不偏分散を算出するための算出式n−1を入力する．B3は標本の大きさ(=人数)nである．同式をセルC5までコピーする．

C3 = =B3−1

	A	B	C	D	E
1					
2	種目	n	n−1	S^2	
3	サッカー	26	25	1.19	
4	バレー	28	27	1.37	
5	水泳	19	18	1.30	
6	合計				
7					

セルB6にnの合計を求める式を入力する（関数SUMを利用）．セルB3〜B5は，それぞれサッカー，バレー，水泳の各人数である．同式をセルC6に貼り付ける．

B6 = =SUM(B3:B5)

	A	B	C	D	E
1					
2	種目	n	n−1	S^2	
3	サッカー	26	25	1.19	
4	バレー	28	27	1.37	
5	水泳	19	18	1.30	
6	合計	73	70		
7					

セルE3に不偏分散 $u^2=nS^2/(n-1)$ の算出式を入力する．セルB3はサッカーの人数，セルD3は分散，セルC3はn-1に対応する．
同式をセルE5まで貼り付ける．

E3 = =B3*D3/C3

	A	B	C	D	E	F
1						
2	種目	n	n−1	S^2	u^2	
3	サッカー	26	25	1.19	1.2376	
4	バレー	28	27	1.37	1.420741	
5	水泳	19	18	1.30	1.372222	
6	合計	73	70			
7						

分子$(n-1)u^2$の算出式(7-67)を入力する．C3はn-1に，E3は不偏分散u^2に対応している．セルF5まで同式を貼り付ける．

F3 = =C3*E3

	A	B	C	D	E	F	G
1							
2	種目	n	n−1	S^2	u^2	$(n-1)u^2$	
3	サッカー	26	25	1.19	1.2376	30.94	
4	バレー	28	27	1.37	1.420741	38.36	
5	水泳	19	18	1.30	1.372222	24.7	
6	合計	73	70				
7							

セルF6に$(n-1)u^2$の合計を関数SUMを利用して，算出する．F3〜F5は3種目の$(n-1)u^2$である．Enterキーを押すと，$\Sigma(n-1)u^2(94)$が算出される．

	F6		=	=SUM(F3:F5)		
	A	B	C	D	E	F
1						
2	種目	n	n-1	S^2	u^2	$(n-1)u^2$
3	サッカー	26	25	1.19	1.2376	30.94
4	バレー	28	27	1.37	1.420741	38.36
5	水泳	19	18	1.30	1.372222	24.7
6	合計	73	70			94
7						

セルG3に$\log u^2$の算出式(7-68)を入力する(関数LOGを利用)
E3はサッカーの不偏分散(1.2376)である．同式をセルG5まで貼り付ける．

	G3		=	=LOG(E3)			
	A	B	C	D	E	F	G
1							
2	種目	n	n-1	S^2	u^2	$(n-1)u^2$	$\log u^2$
3	サッカー	26	25	1.19	1.2376	30.94	0.09258
4	バレー	28	27	1.37	1.420741	38.36	0.152515
5	水泳	19	18	1.30	1.372222	24.7	0.137424
6	合計	73	70			94	
7							

セルH3に$(n-1)\log u^2$の算出式(7-68)を入力する．C3はn-1，G3は$\log u^2$である．同式をセルH5まで貼り付ける．

	H3		=	=C3*G3				
	A	B	C	D	E	F	G	H
1								
2	種目	n	n-1	S^2	u^2	$(n-1)u^2$	$\log u^2$	$(n-1)\log u^2$
3	サッカー	26	25	1.19	1.2376	30.94	0.09258	2.314508
4	バレー	28	27	1.37	1.420741	38.36	0.152515	4.117901
5	水泳	19	18	1.30	1.372222	24.7	0.137424	2.47364
6	合計	73	70			94		
7								

セルH6に$(n-1)\log u^2$の合計の算出式を入力する(関数SUMを利用)．H3〜H5は3種目の$(n-1)\log u^2$である．Enterキーを押すと，$\Sigma(n-1)\log u^2(8.906048)$が算出される．

	H6		=	=SUM(H3:H5)				
	A	B	C	D	E	F	G	H
1								
2	種目	n	n-1	S^2	u^2	$(n-1)u^2$	$\log u^2$	$(n-1)\log u^2$
3	サッカー	26	25	1.19	1.2376	30.94	0.09258	2.314508
4	バレー	28	27	1.37	1.420741	38.36	0.152515	4.117901
5	水泳	19	18	1.30	1.372222	24.7	0.137424	2.47364
6	合計	73	70			94		8.906048
7								

セルB8に不偏分散の平均U(7-67)を入力する．B3〜B5は人数，D3〜D5は分散，C6はN-kである．Enterキーを押すとU(1.342857)が算出される．

B8		=	=(B3*D3+B4*D4+B5*D5)/C6				
	A	B	C	D	E	F	G	H
1								
2	種目	n	n-1	S^2	u^2	$(n-1)u^2$	log u^2	$(n-1)$log u2
3	サッカー	26	25	1.19	1.2376	30.94	0.09258	2.314508
4	バレー	28	27	1.37	1.420741	38.36	0.152515	4.117901
5	水泳	19	18	1.30	1.372222	24.7	0.137424	2.47364
6	合計	73	70			94		8.906048
7								
8	U=	1.342857						
9								

セルB9に分散の偏りA(7-68)を入力する(関数LOGを利用)．B8はU，H6は不偏分散の対数である．Enterキーを押すと，A(0.129035)が算出される．

B9		=	=2.3026*(C6*LOG(B8)-H6)				
	A	B	C	D	E	F	G	H
1								
2	種目	n	n-1	S^2	u^2	$(n-1)u^2$	log u^2	$(n-1)$log u2
3	サッカー	26	25	1.19	1.2376	30.94	0.09258	2.314508
4	バレー	28	27	1.37	1.420741	38.36	0.152515	4.117901
5	水泳	19	18	1.30	1.372222	24.7	0.137424	2.47364
6	合計	73	70			94		8.906048
7								
8	U=	1.342857						
9	A=	0.129035						
10								
11								

セルB10にCの計算式(7-69)を入力する．C列(C3〜C5)は各標本のn-1である．Enterキーを押すとC(1.019718)が算出される．

B10		=	=1+(1/C3+1/C4+1/C5-1/C6)/(3*(3-1))					
	A	B	C	D	E	F	G	H	I
1									
2	種目	n	n-1	S^2	u^2	$(n-1)u^2$	logu^2	$(n-1)$logu^2	
3	サッカー	26	25	1.19	1.2376	30.94	0.09258	2.314508	
4	バレー	28	27	1.37	1.420741	38.36	0.152515	4.117901	
5	水泳	19	18	1.30	1.372222	24.7	0.137424	2.47364	
6	合計	73	70			94		8.906048	
7									
8	U=	1.342857							
9	A=	0.129035							
10	C=	1.019718							
11									

セルB11に統計量χ_0^2，AとCの比の式(7-70)を入力する．
Enterキーを押すとχ_0^2(0.12654)が得られる．

	A	B	C	D	E	F
1						
2	種目	n	n-1	S^2	u^2	$(n-1)u^2$
3	サッカー	26	25	1.19	1.2376	30.94
4	バレー	28	27	1.37	1.420741	38.36
5	水泳	19	18	1.30	1.372222	24.7
6	合計	73	70			94
7						
8	U=	1.342857				
9	A=	0.129035				
10	C=	1.019718				
11	χ_0^2=	0.12654				
12						

B11 =B9/B10

セルB12にχ^2の算出式を入力する(χ^2分布の関数CHIINV(α, df)を利用).
α=0.05, df=3-1=2である．Enterキーを押すと，χ^2(5.991476)が算出される．

B12 =CHIINV(0.05,3-1)

	A	B	C	D	E	F
1						
2	種目	n	n-1	S^2	u^2	$(n-1)u^2$
3	サッカー	26	25	1.19	1.2376	30.94
4	バレー	28	27	1.37	1.420741	38.36
5	水泳	19	18	1.30	1.372222	24.7
6	合計	73	70			94
7						
8	U=	1.342857				
9	A=	0.129035				
10	C=	1.019718				
11	χ_0^2=	0.12654				
12	χ=	5.991476				

結論

χ_0^2=0.12654＜χ^2(df=2, α=0.05)=5.991476であるから，有意差なしと判定する．従って，帰無仮説を採択し，サッカー，バレーボール，水泳の3選手群の100mの疾走タイムの分散に差はないと推測する．

7.3 相関に関する検定

　代表値や散布度は，特に1変数の特徴を把握するために有効であったが，相関は2変数以上の変数間の関係を把握するために有効である．

　相関係数の算出は，分析ツールによって簡単にできるため，ここでは分析ツールによって算出された相関係数をもとに，その有意性を検定する．

7.3.1 ピアソンの相関係数と有意性の検定

解析手順

1. 利用する統計量
   標本の大きさ(n)，相関係数(r)

2. 統計量の算出
   母相関係数 ρ を0と仮定するとき，標本相関係数 r の標本分布の標準誤差 σ_r により標準化した t_0 は df=n-2 の t 分布に従う．

$$\sigma_r = \sqrt{1-r^2/(n-2)} \quad (7\text{-}74)$$

$$t_0 = r/\sigma_r = r\sqrt{n-2}/\sqrt{1-r^2} \quad (7\text{-}75)$$

3. 有意性を判定する(α=0.05)
   t-分布から自由度df=n-2, α/2=0.025に対応するtを求め，$|t_0| \geqq t(df, \alpha/2)$のとき有意性ありと判定する．
   関数TINVを利用する場合は，TINV(α,df)により，t(df, α/2)が求められる(第2章を参照)．

例題

例題7.3.1(小著1：例題16-1)
表7-3-1は身長と体重の測定値である．身長と体重の相関係数を求めよ．

表7-3-1

n	1	2	3	4	5	6	7	8	9	10
身長 Y	164	173	170	167	172	178	160	181	166	169
体重 X	64	71	63	58	70	69	55	72	68	60

操作手順

前表の身長と体重のローデータを図のように入力する．

	A	B	C
1		身長	体重
2		Y	X
3	1	164	64
4	2	173	71
5	3	170	63
6	4	167	58
7	5	172	70
8	6	178	69
9	7	160	55
10	8	181	72
11	9	166	68
12	10	169	60

タスクバーから「ツール（T）」「分析ツール(D)」をクリックする．

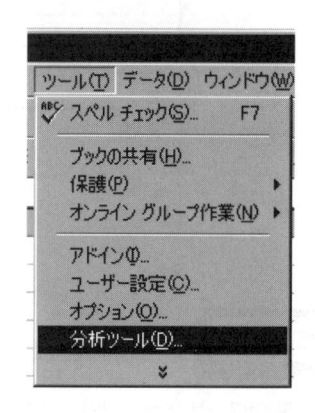

データ分析ウィンドウから「相関」を選択し，「OK」をクリックする．

ローデータの入力範囲(B2〜C12)を指定し「OK」をクリックする．この場合Y(身長)とX(体重)のラベルが含まれているので，「先頭行をラベルとして使用」にチェックを入れ，「OK」をクリックする．

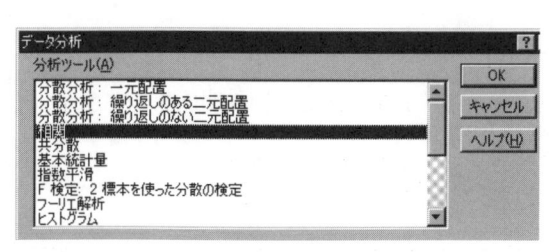

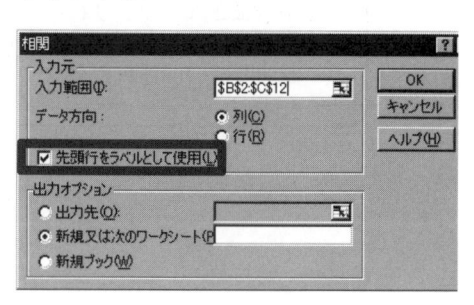

新たなシートに相関係数(行列)がセルB3に算出される．

	A	B	C
1		Y	X
2	Y	1	
3	X	0.764394	1

セルB5に統計量t_0の算出式(7-75)を入力する．B3は相関係数，10-2はn-2である．Enterキーを押すと統計量t_0(3.353287)が算出される．

B5 = =B3*SQRT(10-2)/SQRT(1-B3^2)

	A	B	C	D	E	F
1		Y	X			
2	Y	1				
3	X	0.764394	1			
4						
5	$t_0=$	3.353287				

セルB6にdf, $\alpha/2=0.025$に対応するtの算出式を入力する（t分布の関数TINVを利用）. 0.05はα, 10は標本の大きさn, df=10-2=8である.
Enterキーを押すと, t(2.306006)が算出される.

	B6		=	=TINV(0.05,10-2)	
	A	B	C	D	E
1		Y	X		
2	Y	1			
3	X	0.764394	1		
4					
5	$t_0=$	3.353287			
6	t=	2.306006			

結論

$t_0=3.353287 > t(df=8, \alpha/2)=2.306006$であるから, 有意性が認められる. つまり, 身長と体重の相関係数r(0.764394)は有意な相関係数と推測する.

Point

相関係数は, 変数間の関連の程度を知る統計量であるが, 相関係数の有意性が保証されていなければ, その程度(相関係数の大きさ)について検討することは意味がない. 従って, 相関係数の大きさを吟味するときは, まず, ここで説明した相関係数の有意性を検定する必要がある.

7.3.2 回帰式と回帰係数に関する検定

2つの変数間の関係を表す統計量である相関係数については前述した通りであるが，その際直線関係が仮定されると，Y=aX+bという関係式で表現される．これを直線回帰という．エクセルでの回帰式の算出方法は既に6.3で述べたが，回帰係数の有意性は算出されない．ここでは，回帰係数の有意性について検定を行う．

解析手順

1. 利用する統計量
   標本の大きさ (n)，標本平均 ($\bar{X}_1$, $\bar{X}_2$)，標準偏差 (S_1, S_2)，相関係数(r)

2. 統計量の算出
   1) 回帰係数の検定
   (7-76)のt_aは自由度df=n-2のt分布に従う．

$$t_a = r\sqrt{n-2}/\sqrt{1-r^2} \quad (7\text{-}76)$$

   2) 切片の検定
   切片bをu_bで標準化した(7-79)のt_bは自由度df=n-2のt分布に従う．(7-79)のβ_0は比較したい値であり，一般に$\beta_0=0$とする．

$$u_{yx}^2 = n(1-r^2)S_y^2/(n-2) \quad (7\text{-}77)$$
$$u_b^2 = u_{yx}^2(S_x^2 + \bar{X}^2)/(nS_x^2) \quad (7\text{-}78)$$
$$t_b = (b - \beta_0)/u_b \quad (7\text{-}79)$$

3. 有意性を判定する(両側検定, $\alpha=0.05$)
   t-分布から自由度df=n-2, $\alpha/2=0.025$に対応するtを求め，$|t_a|\geq t\,(df, \alpha/2)$, $|t_b|\geq t\,(df, \alpha/2)$のとき有意と判定する（検定法Ⅰ）．関数TINVを利用する場合は，TINV(α, df)により，t(df, $\alpha/2$)が求められる(第2章を参照)．

例題

例題7.3.2(小著1：例題20-3)
例題7.3.1において得られる体重から身長を推定する回帰式を求めた結果 (Y=0.818X+116.83) となった．この回帰係数(a)と切片(b)の有意性を検定せよ．a=0.818, b=116.83

表7-3-2

被験者		1	2	3	4	5	6	7	8	9	10
身長	Y	164	173	170	167	172	178	160	181	166	169
体重	X	64	71	63	58	70	69	55	72	68	60

操作手順

例題7.3.1のシートを利用する．10名の身長と体重のローデータからセルB14に相関係数を求める式を入力する（関数CORRELを利用）．セルB3〜B12は身長，セルC3〜C12は体重である．Enterキーを押すとr(0.764394)が算出される．

	B14	▼	=	=CORREL(B3:B12,C3:C12)
	A	B	C	D	E
1	被験者	身長	体重		
2		Y	X		
3	1	164	64		
4	2	173	71		
5	3	170	63		
6	4	167	58		
7	5	172	70		
8	6	178	69		
9	7	160	55		
10	8	181	72		
11	9	166	68		
12	10	169	60		
13					
14	r=	0.764394			
15					

セルB15に統計量t_aの算出式(7-76)を入力する．B14はr，A12はnである．Enterキーを押すとt_a(3.35328737)が算出される．

	B15	▼	=	=B14*SQRT(A12-2)/SQRT(1-B14^2)
	A	B	C	D	E	F	G	H
12	10	169	60					
13								
14	r=	0.764393612						
15	t_a=	3.35328737						
16								

セルB16にdf, $\alpha/2=0.025$に対応するtの算出式を入力する（t分布の関数TINVを利用）．0.05はα，df=n-2=10-2=8である．Enterキーを押すと，t(2.306005626)が算出される．

	B16	▼	=	=TINV(0.05,A12-2)
	A	B	C	D	E
12	10	169	60		
13					
14	r=	0.764393612			
15	t_a=	3.35328737			
16	t=	2.306005626			
17					

セルB18に変数YおよびXの平均（$\overline{X}_1$および$\overline{X}_2$）の算出式を入力する（関数AVERAGEを利用し，ローデータの範囲であるセルB3〜B12を指定する）．Enterキーを押すとX_1(170)が算出される．同式をセルC18に貼り付けるとセルC3〜C12の平均X_2(65)が算出される．

	B18	▼	=	=AVERAGE(B3:B12)
	A	B	C	D	E
15	t_a=	3.35328737			
16	t=	2.306005626			
17					
18	$\overline{X}$=	170	65		
19					

セルB19に変数YおよびXの標準偏差(S_1およびS_2)の算出式を入力する(関数STDEVPを利用し,ローデータの範囲セルB3〜B12を指定する).Enterキーを押すとS_1(6)が算出される.同式をセルC19に貼り付けるとセルC3〜C12の標準偏差S_2(5.60357)が算出される.

	B19	=	=STDEVP(B3:B12)	
	A	B	C	D	E
15	t_a=	3.35328737		
16	t=	2.306005626		
17				
18	$\overline{X}$=	170	65	
19	S=	6	5.60357	

セルB20に誤差の母分散の不偏推定値$u_{y.x}^2$の算出式(7-77)を入力する.A12は標本の大きさ,B14は相関係数,B19はYの標準偏差である.
Enterキーを押すと,u_{yx}^2(18.70660828)が算出される.

	B20	=	=A12*(1-B14^2)*B19^2/(A12-2)
	A	B	C	D	E	F	G
17				
18	$\overline{X}$=	170	65	
19	S=	6	5.60357	
20	$u_{y.x}^2$=	18.70660828		
21				

セルB21に切片bの不偏推定値u_b^2の算出式(7-78)を入力する.B20はu_{yx}^2,C19はXの標準偏差,C18はXの平均である.Enterキーを押すとu_b^2(253.57582)が算出される.

	B21	=	=B20*(C19^2+C18^2)/(A12*C19^2)
	A	B	C	D	E	F	G	H
17				
18	$\overline{X}$=	170	65	
19	S=	6	5.60357	
20	$u_{y.x}^2$=	18.70660828		
21	u_b^2=	253.57582		

セルB22に統計量t_bの算出式(7-79)を入力する.セルB21のu_b^2の平方根をSQRT関数で求める.116.83は切片bである.Enterキーを押すとt_b(7.336694871)が算出される.

	B22	=	=116.83/SQRT(B21)
	A	B	C	D	E
17				
18	$\overline{X}$=	170	65	
19	S=	6	5.60357	
20	$u_{y.x}^2$=	18.70660828		
21	u_b^2=	253.57582		
22	t_b=	7.336694871		

結論

t_a=3.353287>t(df=8,α/2)=2.306005626であるから,回帰係数aは有意と推測する.また,t_b=7.336694871>t(df=8,α/2)=2.306005626(両側検定)であり,切片bも有意と推測する.

7.3.3 偏相関係数および重相関係数に関する検定

■7.3.3.1 偏相関係数の検定

2つの変数間の関係には，両者と密接な関係にある第3の変数が影響し，見せかけの相関係数を示す場合がある．第3の変数の影響を取り除いた，2つの変数間の相関を偏相関という．

解析手順

1. 利用する統計量
   標本の大きさ(n)，相関係数(r)

2. 統計量の算出
   $r_{12.3}$ は3つの変数を X_1, X_2, X_3 とするときの X_3 の影響を取り除いた偏相関係数である．
   母偏相関係数 ρ が0と仮定されるとき，次の t_0 が df=n-3 のt分布に従うことを利用し $r_{12.3}$ の有意性を検定する．

$$r_{12.3} = (r_{12} - r_{13}r_{23}) / \sqrt{(1-r_{13}^2)(1-r_{23}^2)} \quad (7\text{-}80)$$

$$t_0 = r_{12.3}\sqrt{n-3} / \sqrt{1-r_{12.3}^2} \quad (7\text{-}81)$$

3. 有意性を判定する
   t-分布から自由度df=n-3，$\alpha/2$=0.025(両側検定)に対応するtを求め，$|t_0| \geq t(df, \alpha/2)$ のとき有意な偏相関係数と判定する．関数TINVを利用する場合は，TINV(α, df) により，$t(df, \alpha/2)$ が求められる(第2章を参照).

例題

例題7.3.3.1(小著1：例題16-22)
小学校6年生男子52名の反復横跳び(X_1)，ステッピング(X_2)，垂直跳び(X_3)を測定した．変数間の相関係数は r_{12}=0.52，r_{13}=0.48，r_{23}=0.34．垂直跳びの影響を取り除いた反復横跳びとステッピングの偏相関係数($r_{12.3}$)を求め，その有意性を検定せよ．

操作手順

図のように標本の大きさ(人数)をセルA2に，変数間の相関係数をセルB2〜D2に入力する．セルB3に相関係数から偏相関係数の算出式(7-80)を入力する．この際，影響を取り除く変数は垂直跳び(X_3)である．

	B3	▼	=	=(B2-C2*D2)/SQRT((1-C2^2)*(1-D2^2))	
	A	B	C	D	E	F
1	n	r_{12}	r_{13}	r_{23}		
2	52	0.52	0.48	0.34		
3	$r_{12.3}$=	0.432482				
4						

セルB4に統計量t_oの算出式(7-81)を入力する．A2は標本の大きさ，B3は反復横跳びとステッピングとの偏相関係数($r_{12.3}$)である．
Enterキーを押すと統計量t_o(3.35762)が算出される．

	B4		=	=B3*SQRT(A2-3)/SQRT(1-B3^2)	
	A	B	C	D	E	F
1	n	r_{12}	r_{13}	r_{23}		
2	52	0.52	0.48	0.34		
3	$r_{12.3}=$	0.432482				
4	$t_o=$	3.35762				
5						

セルB5にdf，$\alpha/2=0.025$に対応するtの算出式を入力する (t分布の関数TINVを利用)．0.05はα，A2-3はdf=n-k=52-3=49に対応する．
Enterキーを押すとt(2.009574)が算出される．

	B5		=	=TINV(0.05,A2-3)	
	A	B	C	D	E	F
1	n	r_{12}	r_{13}	r_{23}		
2	52	0.52	0.48	0.34		
3	$r_{12.3}=$	0.432482				
4	$t_o=$	3.35762				
5	t=	2.009574				
6						

結論

$t_o=3.35762>t(df=49,\alpha/2)=2.009574$(両側検定)であるから，有意と判定する．つまり，反復横跳びとステッピングの偏相関係数0.432482は有意と判定する．

■7.3.3.2 重相関係数の検定

ある1つの変数と残りのk個の変数との相関を重相関という．エクセルの分析ツールを利用すると容易に重相関係数が算出される（5.3参照）．ここでは単相関係数（r）から得られた重相関係数（$R_{1.23}$）の検定を行う．

解析手順

1. 利用する統計量
   標本の大きさ(n)，相関係数(r)

2. 統計量の算出
   母重相関係数$R_{1.23}$が0と仮定されるとき，次のF_0がdf_1=k-1, df_2=n-kのF分布に従うことを利用し，$R_{1.23}$の有意性を検定する．

$$R_{1.23}^{2} = (r_{12}^{2} + r_{13}^{2} - 2r_{12}r_{13}r_{23})/(1-r_{23}^{2}) \quad (7\text{-}82)$$

$$F_0 = R_{1.23}^{2}(N-k)/\left\{(1-R_{1.23}^{2})(k-1)\right\} \quad (7\text{-}83)$$

3. 有意性を判定する
   F-分布からdf_1=k-1, df_2=n-k, αに対応する$F(df_1, df_2, \alpha)$を求め，$F_0 \geq F(df_1, df_2, \alpha)$のとき有意な重相関係数（$R_{1.23}$）と判定する．関数FINVを利用する場合は，FINV(α, df_1, df_2)により$F(df_1, df_2, \alpha)$が求められる（第2章を参照）．

例題

例題7.3.3.2(小著1：例題16-23)
サッカーのドリブル技能テストを作成した．このテストと調整力との関係を検討するために，大学サッカー選手73名を対象にドリブル技能テスト(X_1)と，スカットスラスト(X_2)とジグザグドリブル(X_3)の測定を行った．各変数間の相関係数は r_{12}=0.425, r_{13}=0.550, r_{23}=0.473であった．ドリブル技能テストと他の2テストとの重相関係数$R_{1.23}$の有意性を検定せよ．

操作手順

図のように標本の大きさ（人数）をセルA2に，変数間の相関係数をセルB2～D2に入力する．セルB4に相関係数からRの算出式(7-82)を入力する．B2, C2, D2はそれぞれ各変数間の相関係数である．
Enterキーを押すと，重相関係数の2乗$R_{1.23}^{2}$(0.337508)が算出される．

	B4		=	=(B2^2+C2^2-2*(B2*C2*D2))/(1-D2^2)	
	A	B	C	D	E	F
1	n	r_{12}	r_{13}	r_{23}		
2	73	0.425	0.550	0.473		
3						
4	$R_{1.23}^{2}$=	0.337508				
5						

セルB5に統計量F_oの式(7-83)を入力する．A2は標本の大きさ(人数)，B4は重相関係数の2乗，3は変量の数kである．
Enterキーを押すと統計量F_o(17.83081)が算出される．

	A	B	C	D	E
		B5	▼	=	=B4*(A2-3)/((1-B4)*(3-1))
1	n	r_{12}	r_{13}	r_{23}	
2	73	0.425	0.550	0.473	
3					
4	$R_{1.23}^2=$	0.337508			
5	$F_o=$	17.83081			
6					

セルB6にdf_1, df_2, $\alpha/2=0.025$に対応するFの算出式を入力する(F分布の関数FINV(α, df_1, df_2)を利用)．0.05はα, 3-1はdf_1=k-1, A2-3はdf_2=n-kである．
Enterキーを押すと，F(3.12768123)が算出される．

	A	B	C	D	E
		B6	▼	=	=FINV(0.05,3-1,A2-3)
1	n	r_{12}	r_{13}	r_{23}	
2	73	0.425	0.550	0.473	
3					
4	$R_{1.23}^2=$	0.337507778			
5	$F_o=$	17.83081			
6	F=	3.12768123			
7					

セルB7にRの算出式を入力する(関数SQRTを利用)．セルB4は重相関係数の2乗である．Enterキーを押すとR(0.580954196)が算出される．

	A	B	C	D
		B7	▼	=	=SQRT(B4)
1	n	r_{12}	r_{13}	r_{23}
2	73	0.425	0.550	0.473
3				
4	$R_{1.23}^2=$	0.337507778		
5	$F_o=$	17.83081		
6	F=	3.12768123		
7	$R_{1.23}=$	0.580954196		
8				

結論

F_o=17.83081＞F(α, df_1, df_2)=3.12768123であるから，有意と判定する．つまり，重相関係数$R_{1.23}$=0.580954196は有意と判定する．

Memo

ノンパラメトリック検定

8.1 順序尺度に関する検定
8.2 度数に関する検定
8.3 比率に関する検定

　ノンパラメトリック検定とは，母集団の分布型に関して特別の仮定をおかない検定である．分布の型に無関係な検定あるいは分布の型に依存しない検定といわれる．
　ここでは順序尺度や名義尺度で得られた資料の検定について説明する．間隔尺度で測定された資料でもパラメトリック検定の前提条件を満たさない場合，順序尺度や名義尺度に変換し，ノンパラメトリック検定を行うことができる．

第 8 章

8.1 順序尺度に関する検定

代表値には平均値の他に中央値や最頻値がある．資料が順序尺度の場合，中央値が適切な代表値として利用される．

中央値・順位に関する代表値間の差の検定は定量尺度と同様，「対応がない場合」と「対応がある場合」に分けられ，さらに「2つの代表値間の差」と「3つ以上の代表値間の差」に分けられる．ここではこれら4つの検定法の代表的な内容について説明する．

8.1.1 対応のない場合

■8.1.1.1 2つの代表値の差：マンホイットニー(Mann-Whitney)のUテスト

解析手順

1. 利用する統計量
   標本の大きさ(n_1,n_2)，順位の合計(R_1,R_2)，統計量(U_0)，同順位の大きさ(t_i)

2. 統計量の算出
   2群の標本の全資料を込みにして，小さいものから順位づけを行う．各標本の順位の合計R_1，R_2と順位の平均を求める．統計量U_1とU_2は小さい方をU_0として利用する．U_0は近似的に正規分布に従うので，U_0を標準化する．同順位がある場合，(8-6)よりTを求める．例えば，大きさ2の同順位が3つ，大きさ3の同順位が1つの場合，$T=3(2^3-2)+(3^3-3)=42$となる．同順位がなければ(8-4)のkは1とする．(8-5)，(8-6)は利用しない．$N=n_1+n_2$
   $n_1 \leq 20$かつ$n_2 \leq 20$の場合は直接法を利用する．Mann-Whitney検定表からU_0の有意性を示し確率pを求める(後述のPoint参照)．

$$U_1 = n_1 n_2 + n_1(n_1+1)/2 - R_1 \quad (8\text{-}1)$$
$$U_2 = n_1 n_2 + n_2(n_2+1)/2 - R_2 \quad (8\text{-}2)$$
$$\mu_U = n_1 n_2 / 2 \quad (8\text{-}3)$$
$$\sigma_U = \sqrt{n_1 n_2 (N+1) k / 12} \quad (8\text{-}4)$$
$$k = 1 - T/(N^3 - N) \quad (8\text{-}5)$$
$$T = \sum (t_i^3 - t_i) \quad (8\text{-}6)$$
$$z_0 = (U_0 - \mu_U)/\sigma_U \quad (8\text{-}7)$$

3. 有意差を判定する($\alpha=0.05$)
   標準正規分布から$\alpha/2=0.025$に対応するzを求め，$|z_0| \geq z(\alpha/2)$のとき有意差ありと判定する．NORMSINV($1-\alpha/2$)により，$z(\alpha/2)$が求められる．

例題

例題8.1.1.1(小著1:例題13-3)
心筋梗塞発症後1年間,リハビリをかねて運動を継続した患者(A群:n_1=21)と継続しなかった患者(B群:n_2=20)を対象に,有酸素性作業閾値の推定を行い,以下の結果を得た.両群の差を検定せよ.なお,運動前の両群の作業閾値に有意差はなかった.

A群: 30 37 14 38 19 26 40 17 32 33 12 28 35 44 22 34 29 23 49 39 47
B群: 11 2 7 16 15 24 18 10 31 21 5 8 20 9 25 27 36 43 13 45

操作手順

前述のローデータを下図のように入力する.

	A	B	C
1	A群	B群	
2	30	11	
3	37	2	
4	14	7	
5	38	16	
6	19	15	
7	26	24	
8	40	18	
9	17	10	
10	32	31	
11	33	21	
12	12	5	
13	28	8	
14	35	20	
15	44	9	
16	22	25	
17	34	27	
18	29	36	
19	23	43	
20	49	13	
21	39	45	
22	47		

ローデータから順位値へ変換する式を入力する(関数RANKを利用).引数最初のA2は順位を算出するローデータ,**$A$2:$B$22**はデータ範囲で(絶対参照),1は昇順(0は降順)を意味する.Enterキーを押すと,A群の値30は全体で26番目に大きい値であることがわかる.

C2			=	=RANK(A2,$A$2:$B$22,1)	
	A	B	C	D	E
1	A群	B群	A群順位	B群順位	
2	30	11	26		
3	37	2			
4	14	7			

セルC2の式をセルD2にコピーし,Enterキーを押すと,B群の値11は全体で7番目に位置することがわかる.

D2			=	=RANK(B2,$A$2:$B$22,1)	
	A	B	C	D	E
1	A群	B群	A群順位	B群順位	
2	30	11	26	7	
3	37	2			
4	14	7			

セルC2およびD2を22行目までコピーする.全てのデータの順位が算出される.ここでセルD22は該当するデータがないので削除する.

C2			=	=RANK(A2,$A$2:$B$22,1)	
	A	B	C	D	E
1	A群	B群	A群順位	B群順位	
2	30	11	26	7	
3	37	2	33	1	
4	14	7	10	3	
5	38	16	34	12	
6	19	15	15	11	
7	26	24	22	20	
8	40	18	36	14	
9	17	10	13	6	
10	32	31	29	27	
11	33	21	29	17	
12	12	5	8	2	
13	28	8	24	4	
14	35	20	31	16	
15	44	9	38	5	
16	22	25	18	21	
17	34	27	30	23	
18	29	36	25	32	
19	23	43	19	37	
20	49	13	41	9	
21	39	45	35	39	
22	47		40	#N/A	

セルC23とD23にA群B群それぞれの合計(R_1, R_2)の算出式を入力する(SUM関数を利用).Enterキーを押すと順位の合計R_1(555),R_2(306)が算出される.

D23		=	=SUM(D2:D21)	
	A	B	C	D
20	49	13	41	9
21	39	45	35	39
22	47		40	
23		Σ =	555	306
24				
25				

セルC24に$U_1=n_1 n_2+n_1(n_1+1)/2-R_1$の算出式(8-1)を入力する.21は$n_1$, 20は$n_2$, セルC23は$R_1$である.Enterキーを押すと$U_1$(96)が算出される.

C24		=	=20*21+21*(21+1)/2-C23	
	A	B	C	D
20	49	13	41	9
21	39	45	35	39
22	47		40	
23		Σ =	555	306
24		U=	96	

セルD24にU₂の算出式(8-2)を(8-1)と同様に入力し，EnterキーをおすとU₂(324)が算出される．

	A	B	C	D	E
20	49	13	41	9	
21	39	45	35	39	
22	47		40		
23		Σ=	555	306	
24		U=	96	324	
25					

D24 = =21*20+20*(20+1)/2-D23

セルC25に μ_U の算出式(8-3)を入力し，Enterキーを押すと μ_U (210)が算出される

	A	B	C	D
20	49	13	41	9
21	39	45	35	39
22	47		40	
23		Σ=	555	306
24		U=	96	324
25		μ_U=	210	
26				

C25 = =21*20/2

セルC26に σ_U の算出式(8-4)を入力する．データに同順位がないのでk=1とする．Enterキーを押すと σ_U (38.34058)が算出される．

	A	B	C	D	E
20	49	13	41	9	
21	39	45	35	39	
22	47		40		
23		Σ=	555	306	
24		U=	96	324	
25		μ_U=	210		
26		σ_U=	38.34058		
27					

C26 = =SQRT(21*20*(41+1)/12)

セルC27に統計量 z_0 を求める式(8-7)を入力する．セルC24は U_1，C25は μ_U，C26は σ_U である．Enterキーを押すと z_0 (-2.97335)が算出される．

	A	B	C	D	E
20	49	13	41	9	
21	39	45	35	39	
22	47		40		
23		Σ=	555	306	
24		U=	96	324	
25		μ_U=	210		
26		σ_U=	38.34058		
27		z_0=	-2.97335		

C27 = =(C24-C25)/C26

セルC28に標準正規分布の関数NORMSINV(1-0.05/2)を入力し，$z(\alpha/2=0.025)$ (両側検定)を求める．0.975(=1-0.05/2)を入力してもよい．Enterキーを押すと，z(1.959961)が算出される．

	A	B	C	D	E
20	49	13	41	9	
21	39	45	35	39	
22	47		40		
23		Σ=	555	306	
24		U=	96	324	
25		μ_U=	210		
26		σ_U=	38.340579		
27		z_0=	-2.973351		
28		z=	1.959961		

C28 = =NORMSINV(1-0.05/2)

結論

$|z_0|$=2.973351＞$z(\alpha/2)$=1.959961(両側検定)であるから，有意差ありと判定する．つまり，運動を継続した患者の有酸素性作業域値と運動を継続しなかった患者の有酸素性作業閾値は差があると推測する．

Point

標本が小さい($n_1 \leq 20$ かつ $n_2 \leq 20$)場合，直接法を利用する．U_1(セルC24)とU_2(セルD24)の小さい方をU_0とし，Mann-Whitney検定表(小著1もしくは小著2を参照)から確率pを求め，検定を行う．

■8.1.1.2　3つ以上の代表値の差：クラスカルウォリス(Kruskal-Wallis)のHテスト

ここでは3つ以上の代表値の差の検定を行う方法としてKruskal-WallisのHテストについて説明する．

解析手順

1. 利用する統計量
   群の大きさ(資料の数)(N)，群の数(k)，順位の総和(R)，群の順位の総和(R_i)

2. 統計量の算出
   k群の全資料を込みにし，小さいものから順位づけする．各群の順位の合計R_1, R_2, …R_kと順位の平均を求める．同順位がある場合は平均順位を求める．同順位がない場合は(8-9)を利用する．順位の分散V_Hを求め，(8-10)より統計量Hを求める．Hは近似的にdf=k-1のχ^2分布に従う．

$$V_H = (\sum\sum R_{ij}^2 - N\bar{R}^2)/(N-1) = (N^3 - N - T)/\{12(N-1)\} \quad (8\text{-}8)$$

$$V_H = N(N+1)/12 \quad (8\text{-}9)$$

$$H = \sum n_i(\bar{R}_i - \bar{R})^2 / V_H \quad (8\text{-}10)$$

3. 有意差を判定する(α=0.05)
   χ^2分布から自由度df=k-1，αに対応する$\chi^2(df,\alpha)$を求め，H≧$\chi^2(df,\alpha)$のとき有意と判定する．
   関数CHIINVを利用する場合は，CHIINV(α,df)により$\chi^2(df,\alpha)$が求められる(検定法Ⅰ：第2章を参照)．

4. 多重比較検定
   帰無仮説が棄却され，差があると判定された場合，平均順位を小さい順に並び替え，下式により多重比較検定を行う．
   χ_o^2≧χ^2(df=k-1,α)のとき，有意差ありと判定する．

$$\chi_o^2 = (\bar{R}_i - \bar{R}_j)^2 / \{V_H(1/n_i + 1/n_j)\} \quad (8\text{-}11)$$

例題

例題8.1.1.2(小著1：例題13-13)
高校男子陸上部員24名を3群(G1～G3)に分け，各群で異なったウェイトトレーニングを3ヶ月間行った．トレーニング開始前後の筋力値の増加率(%)を算出したところ，表8-1-1-2のとおりであった．なお，トレーニングを完全に遂行できたのは24名のうち17名であった．3群間の筋力値の増加率に差は認められるか．

表8-1-1-2

G1	G2	G3
5	18	10
10	15	25
9	24	7
10	13	9
	30	12
	33	
	22	
	13	

操作手順

3つの群のデータをセルD2～D18に貼り付け，1つに統合する．

	A	B	C	D
1	G1	G2	G3	統合
2	5	18	10	5
3	10	15	25	10
4	9	24	7	9
5	10	13	9	10
6		30	12	18
7		33		15
8		22		24
9		13		13
10				30
11				33
12				22
13				13
14				10
15				25
16				7
17				9
18				12

セルE2にローデータから順位値へ変換する式を入力する（関数RANKを利用）．引数最初のD2は順位を算出するローデータ，$D$2:$D$18はセル位置固定のデータ範囲，1は昇順．E18まで同式を貼り付けると，全資料の順位が算出される．

E2 = =RANK(D2,$D$2:$D$18,1)

	B	C	D	E	F
1	G2	G3	統合	順位値	
2	18	10	5	1	
3	15	25	10	5	
4	24	7	9	3	
5	13	9	10	5	
6	30	12	18	12	
7	33		15	11	
8	22		24	14	
9	13		13	9	
10			30	16	
11			33	17	
12			22	13	
13			13	9	
14			10	5	
15			25	15	
16			7	2	
17			9	3	
18			12	8	

セルF2に同順位の数を求める式を入力する（関数COUNTIFを利用）．$E$2:$E$18はセル位置固定のデータ範囲，E2は同順位の数を算出するローデータ．F18まで貼り付けると，同順位の数が算出される．

F2 = =COUNTIF($E$2:$E$18,E2)

	D	E	F	G	H
1	統合	順位値	同順位の数		
2	5	1	1		
3	10	5	3		
4	9	3	2		
5	10	5	3		
6	18	12	1		
7	15	11	1		
8	24	14	1		
9	13	9	2		
10	30	16	1		
11	33	17	1		
12	22	13	1		
13	13	9	2		
14	10	5	3		
15	25	15	1		
16	7	2	1		
17	9	3	2		
18	12	8	1		

同順位があったら，同順位値を同順位の数で平均する式を入力する．同順位の数が1だったらそのまま，それ以外だったら該当する順位値の平均を求める式を入力する（条件毎の処理を求める関数IFを利用）．セルG2の式をセルB18まで貼り付けると同順位が平均順位に変換された値が算出される．

G2 = =IF(F2=1,E2,(2*E2+F2-1)/2)

	D	E	F	G	H
1	統合	順位値	同順位の数	平均順位	
2	5	1	1	1	
3	10	5	3	6	
4	9	3	2	3.5	
5	10	5	3	6	
6	18	12	1	12	
7	15	11	1	11	
8	24	14	1	14	
9	13	9	2	9.5	
10	30	16	1	16	
11	33	17	1	17	
12	22	13	1	13	
13	13	9	2	9.5	
14	10	5	3	6	
15	25	15	1	15	
16	7	2	1	2	
17	9	3	2	3.5	
18	12	8	1	8	

セルB20に全体の平均を求める式を入力する（関数AVERAGEを利用し，データ範囲セルG2～G18を指定）．Enterキーを押すとR(9)が算出される．

B20 = =AVERAGE(G2:G18)

	A	B	C
19			
20	R=	9	
21			

セルB21に群G1の順位の平均の算出式を入力する（関数AVERAGEを利用）．セルG2～G5はG1のデータの範囲である．Enterキーを押すとR_1（4.125）が算出される．

B21 = =AVERAGE(G2:G5)

	A	B	C	D
19				
20	R=	9		
21	R_1=	4.125		

セルB22とB23にもG2(データ範囲:セルG6～G13)とG3(データ範囲:セルG14～G18)の順位の平均を算出する式を入力する．$R_2(12.75)$, $R_3(6.9)$が算出される．

	A	B
19		
20	R=	9
21	R_1=	4.125
22	R_2=	12.75
23	R_3=	6.9

B23 = =AVERAGE(G14:G18)

セルH2に平均順位の2乗を求める式を入力する．同式をH3～H18まで貼り付けるとR_{ij}^2が算出される．

H2 = =G2^2

	F	G	H
1	同順位の数	平均順位	R_{ij}^2
2	1	1	1
3	3	6	36
4	2	3.5	12.25
5	3	6	36
6	1	12	144
7	1	11	121
8	1	14	196
9	2	9.5	90.25
10	1	16	256
11	1	17	289
12	1	13	169
13	2	9.5	90.25
14	3	6	36
15	1	15	225
16	1	2	4
17	2	3.5	12.25
18	1	8	64

R_{ij}^2の総和を求める式をセルB24に入力する(SUM関数を利用し，データ範囲セルH2～H18を指定する)．Enterキーを押すと，R_{ij}^2の総和(1782)が算出される．

B24 = =SUM(H2:H18)

	A	B
19		
20	R=	9
21	R_1=	4.125
22	R_2=	12.75
23	R_3=	6.9
24	$\Sigma\Sigma R_{ij}^2$=	1782
25		

セルB25に順位の分散V_Hを求める式(8-8)を入力する．B24はR_{ij}^2の総和，B20は順位の全体の平均，17はN(全資料の数)である．Enterキーを押すと$V_H(25.3125)$が算出される．

B25 = =(B24-17*B20^2)/(17-1)

	A	B
19		
20	R=	9
21	R_1=	4.125
22	R_2=	12.75
23	R_3=	6.9
24	$\Sigma\Sigma R_{ij}^2$=	1782
25	V_H=	25.3125
26		

全体の平均順位から個々の順位値の差を分散で除した統計量Hを求める式(8-10)をセルB26に入力する．セルB21〜B23は各群の順位の平均，B20は順位全体の平均，B25はV_H，分子は$\Sigma n_i(\overline{R_i}-\overline{R})^2$である．
Enterキーを押すとH(9.071111)が算出される．

	B26		=	=(4*(B21-B20)^2+8*(B22-B20)^2+5*(B23-B20)^2)/B25		
	A	B	C	D	E	F	G
19						
20	R=	9				
21	R_1=	4.125				
22	R_2=	12.75				
23	R_3=	6.9				
24	$\Sigma\Sigma R_{ij}^2$=	1782				
25	V_H=	25.3125				
26	H=	9.071111				
27						

セルB27に関数CHIINVを入力し，$\chi^2(df,\alpha)$を求める．df=k-1=3-1=2，α=0.05.Enterキーを押すとχ^2(5.991476)が算出される．セルB26のHの方が大きいので3群の測定値に差があると推測する．

	B27		=	=CHIINV(0.05,2)
	A	B	C	D
19				
20	R=	9		
21	R_1=	4.125		
22	R_2=	12.75		
23	R_3=	6.9		
24	$\Sigma\Sigma R_{ij}^2$=	1782		
25	V_H=	25.3125		
26	H=	9.071111		
27	χ^2=	5.991476		

多重比較検定を行う．まずセルF21にG1とG2の比較のためχ_{12}^2を求める式(8-11)を入力する．B21とB22は比較する群の平均($\overline{R_1}$, $\overline{R_2}$)，B25は順位の分散(V_H)，n_1=4,n_2=8に対応する．Enterキーを押すとχ_{12}^2(7.83703704)が算出される．

	F21		=	=(B21-B22)^2/(B25*(1/4+1/8))		
	A	B	C	D	E	F	G
19						
20	R=	9				
21	R_1=	4.125		G1とG2	χ_{12}^2=	7.83703704
22	R_2=	12.75				
23	R_3=	6.9				
24	$\Sigma\Sigma R_{ij}^2$=	1782				
25	V_H=	25.3125				
26	H=	9.071111				
27	χ^2=	5.991476				

G1とG3の差を検定する．セルF22にχ_{13}^2の算出式を入力する．B21およびB23は比較する群の平均($\bar{R}_1$, $\bar{R}_3$)，B25は順位の分散(V_H)，$n_1=8, n_3=5$に対応する．Enterキーを押すと$\chi_{13}^2(0.67604938)$が算出される．

	A	B	C	D	E	F
19						
20	R=	9				
21	R_1=	4.125		G1とG2	χ_{12}^2=	7.83703704
22	R_2=	12.75		G1とG3	χ_{13}^2=	0.67604938
23	R_3=	6.9				
24	$\Sigma\Sigma R_{ij}^2$=	1782				
25	V_H=	25.3125				
26	H=	9.071111				
27	χ^2=	5.991476				

F22 = (B21-B23)^2/(B25*(1/4+1/5))

G2とG3の差を検定する．セルF23にχ_{23}^2の算出式を入力する．セルB22およびB23は比較する群の平均($\bar{R}_2$, $\bar{R}_3$)，B25は順位の分散(V_H)，$n_2=5, n_3=8$に対応する．Enterキーを押すと$\chi_{23}^2(4.16)$が算出される．

	A	B	C	D	E	F
19						
20	R=	9				
21	R_1=	4.125		G1とG2	χ_{12}^2=	7.83703704
22	R_2=	12.75		G1とG3	χ_{13}^2=	0.67604938
23	R_3=	6.9		G2とG3	χ_{23}^2=	4.16
24	$\Sigma\Sigma R_{ij}^2$=	1782				
25	V_H=	25.3125				
26	H=	9.071111				
27	χ^2=	5.991476				

F23 = (B22-B23)^2/(B25*(1/5+1/8))

結論

H=9.071111＞χ^2(df=2, α=0.05)=5.991476である．従って，3つの群の測定値には差がある．G1とG2間はχ_{12}^2=7.83703704＞χ^2(df=2, α=0.05)=5.991476，G1とG3間はχ_{13}^2=0.67604938＜χ^2(df=2, α=0.05)=5.991476，G2とG3間はχ_{23}^2=4.16＜χ^2(df=2, α=0.05)=5.991476である．多重比較検定の結果，G1とG2群の間に3ヶ月間のウエイトトレーニングによる筋力値の増加に有意差があると判定する．

■8.1.1.3　3つ以上の代表値の差：中央値テスト

ここでは3つ以上の代表値の差の検定を行う方法として中央値テストについて説明する．

解析手順

1. 利用する統計量
   標本の大きさ(n_j)，観察度数(F_{ij})，中央値（Me）
   k群の標本の大きさをn_1，n_2，…，n_kとすると，全資料を込みにし，小さいものから順位をつけ，中央値Meを算出する．各標本(群)について，Meより大きい資料の数F_{1j}(観察度数)，その合計F_1とMe以下の資料の数F_{2j}，その合計F_2を求める．

2. 統計量の算出
   次式により，統計量χ_0^2を算出する．なお，$F_1=F_2$の場合は(8-14)を利用する．

$$N = \sum n_i = F_1 + F_2 \tag{8-12}$$

$$\chi_0^2 = \{N^2/(F_1 F_2)\} \sum (F_{1j}^2/n_j) - F_1 N/F_2 \tag{8-13}$$

$$\chi_0^2 = 4(\sum F_{1j}^2/n_j) - N \tag{8-14}$$

3. 有意差を判定する（$\alpha=0.05$）
   χ^2分布から自由度df=k-1，αに対応する$\chi^2(df,\alpha)$を求め，H≧$\chi^2(df,\alpha)$のとき有意差ありと判定する．
   関数CHIINVを利用する場合は，CHIINV(α,df)により$\chi^2(df,\alpha)$が求められる．

例題

例題8.1.1.3（小著1：例題13-18）
機能的職業適性検査（100点満点）を，60代，70代，80代の高齢者に対し実施した結果，表8-1-1-3に示した結果が得られた．年代間に差は認められるか．

表8-1-1-3

	1	2	3	4	5	6	7	8	9	10	11	12	13	14	15	16	17	18	19	20
60代	58	59	60	62	58	66	71	74	78	80	82	85	87	89	90	90	95	98	98	98
70代	48	50	51	52	54	61	53	55	62	66	66	67	69	70	72	72				
80代	35	37	39	40	42	45	47	50	55	56	57	62	57	59	60	64				

操作手順

セルG3に全資料を込みにしたMe(中央値)の算出式を入力する(MEDIAN関数を利用). 引数のデータ入力範囲は, セルB2〜D21である.

Enterキーを押すとMe(61.5)が算出される.

図のように年代別およびMe別の表を準備する. セルG5〜I5に3つの年代, セルF6, F7に中央値の上下を入力する.

Me(61.5)より上の数および下の数を各年代ごとに算出する. セルG6にMe(61.5)より大きい値の数の算出式を入力する(関数COUNTIFを利用). Enterキーを押すと16と算出される. 同式をセルI6まで貼り付ける.

同様にセルG7にMe(61.5)以下の値の数の算出式を入力する(関数COUNTIFを利用). Enterキーを押すと4と算出される. 同式をセルI7まで貼り付ける.

セルG8に60歳代における資料の数の総和の算出式を入力する(関数SUMを利用). 同式をセルI8まで貼り付ける.

	G8		= =SUM(G6:G7)			
	E	F	G	H	I	J	K
1						
2						
3		Me=	61.5			
4						
5			60代	70代	80代	
6		Meより上	16	8	2		(F1)
7		Me以下	4	8	14		(F2)
8			20	16	16	
9						

セルJ6にMeより上の値の数の和を入力する(関数SUMを利用). 同式をセルJ8まで貼り付ける. 中央値を境に資料の数が半分に分かれる(資料の数が同一).

	J6		= =SUM(G6:I6)			
	E	F	G	H	I	J	K
1						
2						
3		Me=	61.5			
4						
5			60代	70代	80代	
6		Meより上	16	8	2	26	(F1)
7		Me以下	4	8	14	26	(F2)
8			20	16	16	52

F1とF2が等しい($F_1=F_2=26$)ので, 統計量χ_0^2の算出式(8-14)をセルG10に入力する. G6～I6はMeより上の資料の数, G8～I8は各年代の資料の数, それぞれ60歳代はG8, 70歳代はH8, 80歳代はI8, 総資料数はJ8に対応する.

	G10		= =4*(G6^2/G8+H6^2/H8+I6^2/I8)-J8			
	E	F	G	H	I	J	K
1						
2						
3		Me=	61.5			
4						
5			60代	70代	80代	
6		Meより上	16	8	2	26	(F1)
7		Me以下	4	8	14	26	(F2)
8			20	16	16	52
9						
10		$\chi_0^2=$	16.2			

セルG11にχ^2(df=k-1=3-1=2, $\alpha=0.05$)の算出式を入力する(関数CHIINV(α,df)を利用). Enterキーを押すとχ^2(5.991476)が算出される.

	G11		= =CHIINV(0.05,3-1)			
	E	F	G	H	I	J	K
1						
2						
3		Me=	61.5			
4						
5			60代	70代	80代	
6		Meより上	16	8	2	26	(F1)
7		Me以下	4	8	14	26	(F2)
8			20	16	16	52
9						
10		$\chi_0^2=$	16.2			
11		$\chi^2=$	5.991476			

結論

$\chi_0^2=16.2 > \chi^2$(df=2, $\alpha=0.05$)=5.991476で有意差ありと判定する. すなわち, 職業適性検査は, 60代, 70代および80代の各年代間に差があると推測する.

8.1.2 対応のある場合

■8.1.2.1 2つの代表値の差：ウィルコクソン（Wilcoxon）のTテスト

ウィルコクソンのTテストは対応のある2つの代表値間の差の検定で**符号順位テスト**ともいわれている．このテストは標本の大きさによって2つの手順が考えられる．標本の大きさは25を基準に手順を選択する．

解析手順

1. 利用する統計量
   正の差に基づく順位の総和(T_+)，負の差に基づく順位の総和(T_-)，対の数(N)

2. 統計量の算出
   正の差に基づく順位の総和(T_+)，負の差に基づく順位の総和(T_-)において小さい方をT_oとする．ただし，差が0のものは計算から除外し，同順位がある場合は平均順位をつける．Nは対の数．

3. 有意差を判定する(両側検定，$\alpha=0.05$)
   T_oは近似的に正規分布に従うので，T_oを標準化する．

   $$\mu_T = N(N+1)/4 \qquad (8\text{-}15)$$
   $$\sigma_T = \sqrt{N(N+1)(2N+1)/24} \qquad (8\text{-}16)$$
   $$z_o = (T_o - \mu_T)/\sigma_T \qquad (8\text{-}17)$$

   標準正規分布(片側確率)から$\alpha/2$に対応するzを求め，$|z_o| \geq z(\alpha/2)$のとき有意差ありと判定する．
   関数NORMSINVを利用する場合は，NORMSINV($1-\alpha/2$)により，$z(\alpha/2)$が求められる．
   $N \leq 25$の場合はWilcoxon検定表（小著1もしくは小著2を参照）からαに対応する下限有意点Tを求め，$T_o \leq T$のとき有意差ありと判定する（直接法）．

例題

例題8.1.2.1（小著1：例題13-22）
ある学校の体育授業において，22名の学生を対象にバスケットボールのフリースローを50回行い，何本成功するかテストした．学期末の授業終了後に再びフリースローのテストを実施した．結果は表8-2に示すとおりである．テスト1回目と2回目の間には差があるか．N=22であるが近似法を用いて検定せよ．

表8-1-2-1

	1	2	3	4	5	6	7	8	9	10	11	12	13	14	15	16	17	18	19	20	21	22
テスト1	21	14	35	22	13	7	18	28	41	36	28	39	14	10	31	22	19	5	17	27	13	16
テスト2	25	12	36	27	30	22	15	23	34	22	31	25	27	6	26	30	32	12	23	21	15	10

操作手順

セルD2にテスト1とテスト2の差を求める式を入力する．セルB2は番号1のテスト1の値，セルC2は同じくテスト2の値に対応する．その後セルD23まで同式を貼り付け，全ての差を求める．

2群の対応する差の絶対値を求める式をセルE2に入力する．セルD2と同じ要領で，絶対値の関数ABSを利用する．同式をセルE23まで貼り付ける．全ての差の符号がなくなって算出される．

セルF2にローデータから順位値への変換を行う式を入力する（関数RANKを利用）．引数の最初のセルE2は順位を算出するローデータ，$E$2:$E$23はセル位置固定のデータ範囲．末尾の1は昇順を意味する．セルF3〜F23まで同式を貼り付けると，全資料の順位が算出される．

セルG2に同順位の数を求める式を入力する（関数COUNTIFを利用）．順位値の範囲F2〜F23を指定し，セルF2は順位を算出するローデータ．セルG3〜G23まで貼り付けると，同順位の数が算出される．

セルH2に同順位があった場合そのデータを同順位の数で平均する式，すなわちセルG2が1だったらF2を算出，1以外だったら「(F2×2+同順位の数-1)/2」を求める式を入力する (IF関数を利用).
セルH2の式をセルH23まで貼り付けると同順位が平均順位に変換された値が算出される.

	E	F	G	H
1	差の絶対値	順位	同順位の数	平均順位
2	4	6	2	6.5
3	2	2	2	2.5
4	1	1	1	1
5	5	8	3	9
6	17	22	1	22
7	15	21	1	21
8	3	4	2	4.5
9	5	8	3	9
10	7	14	2	14.5
11	14	19	2	19.5
12	3	4	2	4.5
13	14	19	2	19.5
14	13	17	2	17.5
15	4	6	2	6.5
16	5	8	3	9
17	8	16	1	16
18	13	17	2	17.5
19	7	14	2	14.5
20	6	11	3	12
21	6	11	3	12
22	2	2	2	2.5
23	6	11	3	12

セルH2の式： =IF(G2=1,F2,(2*F2+G2-1)/2)

統計量Tを求めやすくするために，差のプラスとマイナスをまとめ，並び替える．セルA1～H23を選択する．タスクバーの「データ(D)」をクリックし，「並び替え(S)」を選択する．

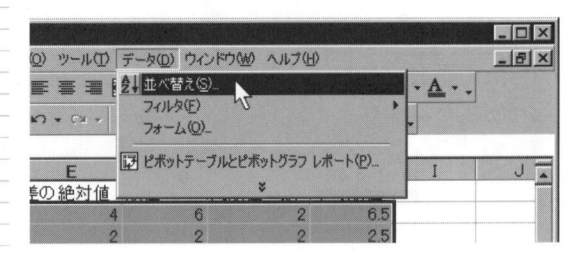

最優先されるキーを「差」と選択し，「降順(D)」，「タイトル行(R)」をチェックし，「OK」をクリックする．

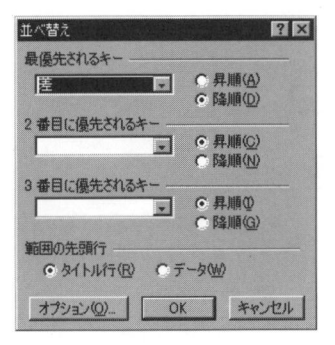

列Dの「差」を見ると，差のプラスの資料が上，マイナスの資料が下にまとめられる．

	A	B	C	D	E	F	G	H
1		テスト1	テスト2	差	差の絶対値	順位	同順位の数	平均順位
2	12	39	25	14	14	19	2	19.5
3	10	36	22	14	14	19	2	19.5
4	9	41	34	7	7	14	2	14.5
5	22	16	10	6	6	11	3	12
6	20	27	21	6	6	11	3	12
7	15	31	26	5	5	8	3	9
8	8	28	23	5	5	8	3	9
9	14	10	6	4	4	6	2	6.5
10	7	18	15	3	3	4	2	4.5
11	2	14	12	2	2	2	2	2.5
12	3	35	36	-1	1	1	1	1
13	21	13	15	-2	2	2	2	2.5
14	11	28	31	-3	3	4	2	4.5
15	1	21	25	-4	4	6	2	6.5
16	4	22	27	-5	5	8	3	9
17	19	17	23	-6	6	11	3	12
18	18	5	12	-7	7	14	2	14.5
19	16	22	30	-8	8	16	1	16
20	17	19	32	-13	13	17	2	17.5
21	13	14	27	-13	13	17	2	17.5
22	6	7	22	-15	15	21	1	21
23	5	13	30	-17	17	22	1	22

セルB25に差がプラスの資料(平均順位)の総和の算出式を入力する(関数SUMを利用). H2〜H11はプラスの資料の順位の範囲である. Enterキーを押すとT_+(109)と算出される.

	B25		=	=SUM(H2:H11)	
	A	B	C	D	E
24					
25	$T_+=$	109			
26					

同様に,T_-をセルB26に入力する.関数SUMを利用し,マイナスの資料の範囲であるH12〜H23を指定する. Enterキーを押すとT_-(144)が算出される.

	B26		=	=SUM(H12:H23)	
	A	B	C	D	E
24					
25	$T_+=$	109			
26	$T_-=$	144			
27					

セルB27に平均μ_Tの算出式(8-15)を入力する. 22は全資料の数(N), 4は定数である. Enterキーを押すとμ_T(126.5)が算出される.

	B27		=	=22*(22+1)/4	
	A	B	C	D	E
24					
25	$T_+=$	109			
26	$T_-=$	144			
27	$\mu_T=$	126.5			
28					

セルB28に標準偏差σ_Tの算出式(8-16)を入力する. 22は全資料の数(N), 24は定数である. Enterキーを押すとσ_T(30.802)が算出される.

	B28		=	=SQRT(22*(22+1)*(2*22+1)/24)		
	A	B	C	D	E	F
24						
25	$T_+=$	109				
26	$T_-=$	144				
27	$\mu_T=$	126.5				
28	$\sigma_T=$	30.802				
29						

セルB29に統計量z_0の算出式(8-17)を入力する. 統計量T_0は,小さい方の値T_+(109)を選択するのでセルB25を指定する. B27はμ_T, B28はσ_Tに対応している. Enterキーを押すと,z_0(-0.568)が算出される.

	B29		=	=(B25-B27)/B28	
	A	B	C	D	E
25	$T_+=$	109			
26	$T_-=$	144			
27	$\mu_T=$	126.5			
28	$\sigma_T=$	30.802			
29	$z_0=$	-0.568			
30					

セルB30にzを求める式を入力する(標準正規分布の関数NORMSINVを利用). 関数は片側確率を返すので,両側検定の場合は,$\alpha/2$とする. Enterキーを押すと,z(1.96)が算出される.

	B30		=	=NORMSINV(1-0.05/2)	
	A	B	C	D	E
25	$T_+=$	109			
26	$T_-=$	144			
27	$\mu_T=$	126.5			
28	$\sigma_T=$	30.802			
29	$z_0=$	-0.568			
30	z=	1.96			
31					

Point
列Aに入力した各統計量のラベルは,必ずしも入力する必要はない.場合によっては理解しやすい名前に変更して利用する.

結論

$|z_0|=0.568 < z(\alpha/2=0.025)=1.96$であるから,有意差なしと判定する. すなわち,バスケットボールフリースローの1回目と2回目のテストの得点には差がないと推測する.

■8.1.2.2 2つの代表値の差：符号(サイン)テスト

符号テストは対応のある2つの代表値間の差の検定である．

解析手順

1. 利用する統計量
   対の数 ($N=r+r'$)(差が0の対を除く)，符号の少ない方の数 (r)，符号の多い方の数(r')
   差が0の場合は解析から除く．

2. 統計量の算出
   (8-18)のz_0は近似的に正規分布に従う．$25<N<40$の場合は(8-19)を利用する．

   $$z_0 = (r-\mu_r)/\sigma_r = (r-N/2)/(\sqrt{N}/2) \quad (8\text{-}18)$$
   $$z_0 = (|2r-N|-1)/\sqrt{N} = (|r-r'|-1)/\sqrt{N} \quad (8\text{-}19)$$

   $N \leq 25$の場合は符号の少ない方の数以下が出現する確率を累積2項確率表(小著1もしくは小著2を参照)から求める(直接法)．

3. 有意差を判定する(近似法，両側検定，$\alpha=0.05$)
   標準正規分布から$\alpha/2$に対応するzを求め，$|z_0| \geq z(\alpha/2)$のとき有意差ありと判定する．NORMSINV(1-$\alpha/2$)により，$z(\alpha/2)$が求められる．

例題

例題8.1.2.2（小著1：例題13-25）
ある小学校の6年生50名を対象に，昨年と今年の夏休みのラジオ体操参加回数を調査した結果，13名は参加回数が増加し，35名は減少し，2名は昨年と同じであった．児童のラジオ体操参加数が変化したといえるか．なお，昨年と今年のラジオ体操実施日数は同じであった．

操作手順

増加した人数 (r) と減少した人数 (r') をそれぞれセルA3，B3に入力し，C3に対の数N(差が0の場合を除いた対) を入力する(関数SUMを利用)．

	A	B	C	D
	C3		=	=SUM(A3:B3)
1	増加人数	減少人数	N	
2	r	r'	r+r'	
3	13	35	48	
4				

N>40であるので(8-18)を利用する．セルB5に統計量z_0の算出式を入力する．A3は増加人数(r)，B3は減少人数(r')，C3は(差が0の対を除いた)対の数(N)である．Enterキーを押すと，z_0(-1.299038)が算出される．

	B5	▼	=	=(A3-B3/2)/(SQRT(C3)/2)	
	A	B	C	D	E
1	増加人数	減少人数	N		
2	r	r'	r+r'		
3	13	35	48		
4					
5	z_0=	-1.299038			
6					

セルB6にα/2=0.025に対応するzを求める式を入力する(標準正規分布の関数NORMSINVを利用)．0.05はα，Enterキーを押すと，z(1.9599611)が算出される．

	B6	▼	=	=NORMSINV(1-0.05/2)	
	A	B	C	D	E
1	増加人数	減少人数	N		
2	r	r'	r+r'		
3	13	35	48		
4					
5	z_0=	-1.299038			
6	z=	1.9599611			
7					

結論

$|z_0|$=1.299038＜z(α/2=0.025)=1.9599611(両側検定)である．従って，有意差なしと判定する．すなわち，昨年と今年のラジオ体操参加回数に差はないと推測する．

■8.1.2.3　3つ以上の代表値の差：フリードマン(Friedman)の検定

順序尺度の2要因分散分析と位置づけられる検定法である．対応のある3つ以上の代表値間の差を検定する場合，一般的にここで説明するフリードマンの検定を利用する．

解析手順

1. 利用する統計量(要因Bの検定の場合)
   要因Aの水準数(l)，要因Bの水準数(k)，要因Bの各水準ごとの順位の合計(R_j)

2. 統計量の算出(要因Bの検定の場合)
   χ_r^2を算出し，近似的にdf=k-1のχ^2分布に従うことを利用する．同順位がある場合は(8-21)を利用する．

$$\chi_r^2 = \left[12/\{lk(k+1)\}\right]\sum R_j^2 - 3l(k+1) \tag{8-20}$$

$$\chi_r^2 = \left\{l^2(k-1)\sum(\bar{R}_j - \bar{R}')^2\right\}/V \tag{8-21}$$

$$V = \sum\sum(R_{ij} - \bar{R}')^2 = (k-1)\{lk(k+1) - T/(k-1)\}/12 \tag{8-22}$$

$$\bar{R}_j = R_j/l, \quad \bar{R}' = (k+1)/2 \tag{8-23}$$

ただし，行の水準lがあまり大きくないとき，(8-24)による近似法を利用する．W_kは一致係数．

$$W_k = (R_j - \bar{R})^2 / \{l^2(k^3-k)/12\} \tag{8-24}$$

$$\chi_r^2 = l(k-1)W_k \tag{8-25}$$

多重比較は(8-26)を利用する．

$$\chi_0^2 = l^2(k-1)(\bar{R}_i - \bar{R}_j)^2 / 2V \tag{8-26}$$

k=3かつ$l\leq 15$の場合，k=4かつ$l\leq 8$の場合，フリードマンの検定表(小著1もしくは小著2を参照)からpを求め，χ_r^2の有意性を検定する(直接法)．同順位があるときは(8-21)による．ただし，Tは(8-6)より求める．

3. 有意差を判定する(近似法，$\alpha=0.05$)
   $\chi_r^2 \geq \chi^2(df=k-1, \alpha)$のとき有意差ありと判定する．多重比較の場合，$\chi_0^2 \geq \chi^2(df=k-1, \alpha)$のとき，2群間に有意差ありと判定する．詳細は小著2参照．

例題

例題8.1.2.3(小著1：例題13-27)
5名の学生の皮脂厚(上腕背部＋肩甲骨下部)を，同一検者が5回測定したところ，表8-1-2-3のような結果となった．この測定間に差があるかを検定せよ．

表8-1-2-3

		測定回数			
		I	II	III	IV	V
学生	1	31	35	32	30	34
	2	43	44	42	41	45
	3	52	55	50	51	53
	4	43	40	41	39	42
	5	33	28	32	30	31

操作手順

要因Aを回数(列)，要因Bを学生(行)とし，セルB2〜F6にデータを下図のように入力する．

	A	B	C	D	E	F
1		I	II	III	IV	V
2	1	31	35	32	30	34
3	2	43	44	42	41	45
4	3	52	55	50	51	53
5	4	43	40	41	39	42
6	5	33	28	32	30	31

順位毎にデータを並び替えるための表を新たに作成する．セルB9〜F13に並び替えたデータを入力するよう，各要因のラベルを入力する．

	A	B	C	D	E	F
1		I	II	III	IV	V
2	1	31	35	32	30	34
3	2	43	44	42	41	45
4	3	52	55	50	51	53
5	4	43	40	41	39	42
6	5	33	28	32	30	31
7						
8	学生	I	II	III	IV	V
9	1					
10	2					
11	3					
12	4					
13	5					

セルB9に順位を並び替える関数RANKを利用し，このセルの本来の場所(B2)と行のデータ範囲(B2〜F2)を引数として入力する．末尾の1は昇順を意味する(降順の場合は0)．セルB9〜F9に同式を貼り付ける．学生1の5試行中の順位が算出される．

B9 = =RANK(B2,$B2:$F2,1)

	A	B	C	D	E	F
1		I	II	III	IV	V
2	1	31	35	32	30	34
3	2	43	44	42	41	45
4	3	52	55	50	51	53
5	4	43	40	41	39	42
6	5	33	28	32	30	31
7						
8	学生	I	II	III	IV	V
9	1	2	5	3	1	4
10	2					
11	3					
12	4					
13	5					

セルB9～F9の順位を求める式をセルB10～F13まで貼り付ける．B9～F13にそれぞれの測定回数における学生の順位が算出される．

	B9	▼		=	=RANK(B2,$B2:$F2,1)	
	A	B	C	D	E	F	G
1		I	II	III	IV	V	
2	1	31	35	32	30	34	
3	2	43	44	42	41	45	
4	3	52	55	50	51	53	
5	4	43	40	41	39	42	
6	5	33	28	32	30	31	
7							
8	学生	I	II	III	IV	V	
9	1	2	5	3	1	4	
10	2	3	4	2	1	5	
11	3	3	5	1	2	4	
12	4	5	2	3	1	4	
13	5	5	1	4	2	3	

セルG9～G13に，要因Aの総和の算出式を入力する(関数SUMを利用)．セルG9に入力した式をセルB13まで貼り付ける．各学生の順位の総和がそれぞれ15と算出される．

	G9	▼		=	=SUM(B9:F9)	
	A	B	C	D	E	F	G
7							
8	学生	I	II	III	IV	V	
9	1	2	5	3	1	4	15
10	2	3	4	2	1	5	15
11	3	3	5	1	2	4	15
12	4	5	2	3	1	4	15
13	5	5	1	4	2	3	15

セルB14～G14に要因Bの順位の総和の算出式を入力する(関数SUMを利用)．セルB14はB9～B13までの1回目の測定における順位の総和を示している．

	B14	▼		=	=SUM(B9:B13)	
	A	B	C	D	E	F	G
7							
8	学生	I	II	III	IV	V	
9	1	2	5	3	1	4	15
10	2	3	4	2	1	5	15
11	3	3	5	1	2	4	15
12	4	5	2	3	1	4	15
13	5	5	1	4	2	3	15
14	R_j	18	17	13	7	20	75

セルB15に繰り返しにおける順位の総和の平均$\overline{R_j}$の算出式を入力する．G14はR_j，5は水準数を意味する．Enterキーを押すと$\overline{R_j}$(3.6)が算出される．同式をセルF15まで貼り付ける．

	B15	▼		=	=B14/5	
	A	B	C	D	E	F	G
7							
8	学生	I	II	III	IV	V	
9	1	2	5	3	1	4	
10	2	3	4	2	1	5	
11	3	3	5	1	2	4	
12	4	5	2	3	1	4	
13	5	5	1	4	2	3	
14	R_j	18	17	13	7	20	
15	$\overline{R_j}$	3.6	3.4	2.6	1.4	4	

セルB16に$\bar{R}'$の算出式(8-23)を入力する．5は要因Bの水準数である．
Enterキーを押すと$\bar{R}'(3)$が算出される．

	B16	▼	=	=(5+1)/2	
	A	B	C	D	E	F
7						
8	学生	I	II	III	IV	V
9	1	2	5	3	1	4
10	2	3	4	2	1	5
11	3	3	5	1	2	4
12	4	5	2	3	1	4
13	5	5	1	4	2	3
14	R_i	18	17	13	7	20
15	$\bar{R}_j$	3.6	3.4	2.6	1.4	4
16	$\bar{R}'=$	3				

セルB17に$(\bar{R}j-\bar{R}')^2$の算出式を入力する．セルB15は$\bar{R}_j$，セルB16は$\bar{R}'$である．同式をセルF17まで貼り付ける．

	B17	▼	=	=(B15-$B$16)^2	
	A	B	C	D	E	F
14	R_i	18	17	13	7	20
15	$\bar{R}_j$	3.6	3.4	2.6	1.4	4
16	$\bar{R}'=$	3				
17	$(\bar{R}_j-\bar{R}')^2$	0.36	0.16	0.16	2.56	1

セルG17に$\{l^2(k-1)(\bar{R}j-\bar{R}')^2\}$の(8-21)の分子の算出式を入力する．2つの5はそれぞれ要因Aおよび要因Bの水準数である．関数SUMを利用し，セルB23〜F23は$(\bar{R}j-\bar{R}')^2$を示している．Enterキーを押すと424が算出される．

	G17	▼	=	=5^2*(5-1)*SUM(B17:F17)		
	A	B	C	D	E	F	G
14	R_i	18	17	13	7	20	
15	$\bar{R}_j$	3.6	3.4	2.6	1.4	4	
16	$\bar{R}'=$	3					
17	$(\bar{R}_i-\bar{R}')^2$	0.36	0.16	0.16	2.56	1	424

セルB18に$(Rij-\bar{R}')^2$の算出式(8-21)を入力する．セルB9は要因AのI，要因Bの学生1における順位，セルB16は$\bar{R}'$を示している．同式をセルF22まで貼り付ける．

	B18	▼	=	=(B9-$B$16)^2		
	A	B	C	D	E	F	G
16	$R'=$	3					
17	$(\bar{R}_i-\bar{R}')^2$	0.36	0.16	0.16	2.56	1	424
18	$(R_{ij}-\bar{R}')^2$	1	4	0	4	1	
19		0	1	1	4	4	
20		0	4	4	1	1	
21		4	1	0	4	1	
22		4	4	1	1	0	

セルB23にVの算出式(8-22)を入力する．関数SUMを利用する．セルB18～セルF22は $(R_{ij}-\bar{R})^2$ の範囲を示している．
Enterキーを押すとV(50)が算出される．

	B23		=	=SUM(B18:F22)		
	A	B	C	D	E	F
18	$(R_{ij}-\bar{R'})^2$	1	4	0	4	1
19		0	1	1	4	4
20		0	4	4	1	1
21		4	1	0	4	1
22		4	4	1	1	0
23	V=	50				

セルB24に，χ_r^2の算出式を入力する．セルG23は(8-21)の分子，セルB22はVを示している．Enterキーを押すと，χ_r^2(8.48)が算出される．

	B24		=	=G17/B23		
	A	B	C	D	E	F
18	$(R_{ij}-\bar{R'})^2$	1	4	0	4	1
19		0	1	1	4	4
20		0	4	4	1	1
21		4	1	0	4	1
22		4	4	1	1	0
23	V=	50				
24	$\chi_r^2=$	8.48				

セルB25にχ^2の算出式を入力する(関数CHIINVを利用)．Enterキーを押すとχ^2(9.487728)が算出される．

	B25	=	=CHIINV(0.05,5-1)		
	A	B	C	D	E
23	V=	50			
24	$\chi_r^2=$	8.48			
25	$\chi^2=$	9.487728			

結論

$\chi_r^2=8.48 < \chi^2(df=4, \alpha=0.05)=9.487728$で，有意差なしと判定する．すなわち，5回の試行間に差はないと推測される．

8.2 度数に関する検定

度数に関する検定は,「適合度の検定」と「独立性の検定」に大別される.
前者は1変数についての単純集計表における度数分布が,ある理論分布に従っているか否かの検定である.後者は2変数についてクロス集計表を作成し,2変数間に関連がある(独立である)か否かの検定である.両者の基本的な検定方法は同じで,各カテゴリーやセルの期待度数と観察度数との隔たりを「(観測度数－期待度数)²/期待度数」と定義し,検定を行う.

8.2.1 適合度の検定

適合度の検定は,観察度数の期待度数に対する適合度を表す測度であり,抽出するごとにかわる確率変数をもとにしている.各カテゴリーの比率は理論的に決定する場合と経験的に決定する場合がある.ここでは理論的に各カテゴリの大きさは等しい(一様性)との仮説のもとに検定(一様性の検定:小著1参照)を行う.

解析手順

1. 利用する統計量(一様性の検定:Fe=N/k)
   標本の大きさ:総度数(N),期待度数(F_e),観察度数(F_i),カテゴリー数(k)

2. 統計量の算出
   分類された各セルに対する期待度数F_eと観察度数F_iとのずれの程度は,$(F_i-F_e)^2/F_e$ の形で定量化できる.これに基づき,次式より統計量χ_0^2を求める.

   $$x_0^2 = \sum \left\{ (F_i - F_e)^2 / F_e \right\} \quad (8\text{-}27)$$

3. 有意差を判定する(有意水準$\alpha=0.05$)
   χ^2分布から自由度df=k-1,αに対応するχ^2を求め,$\chi_0^2 \geq \chi^2(df=k-1,\alpha)$のとき有意差ありと判定する.
   関数CHIINVを利用する場合は,CHIINV(α, df)により$\chi^2(df,\alpha)$が求められる(第2章を参照).

例題

例題8.2.1(小著1:例題14-4)
200名の学生を対象に,障害高齢者のゲートボール実施について「強く賛成」から「強く反対」の5段階で質問したところ,「強く賛成」30名,「賛成」50名,「どちらでもない」60名,「反対」40名,「強く反対」20名という回答を得た.これらの回答に差がみられるか.

操作手順

セルB2〜F2に観測度数F_iを入力する。セルB3〜F3に期待度数F_eを入力する。この場合、一様性が期待されるので期待度数は総度数200/5=40となり、各セルに40を入力する。セルB4にF_iとF_eの偏差の2乗の計算式を入力する。B2は観測度数、B3は期待度数である。B4に入力した数式をC4〜F4まで貼り付ける。

B4		=	=(B2-B3)^2			
	A	B	C	D	E	F
1		強く賛成	賛成	どちらでもない	反対	強く反対
2	F_i	30	50	60	40	20
3	F_e	40	40	40	40	40
4	$(F_i-F_e)^2=$	100	100	400	0	400
5						

セルB5に統計量χ_o^2の計算式 (8-27) を入力する。関数SUMを利用し、偏差の2乗の総和 (Σ B4〜F4) を求め、期待度数で除す。
Enterキーを押すとセルB5にχ_o^2(25)が算出される。

B5		=	=SUM(B4:F4)/40			
	A	B	C	D	E	F
1		強く賛成	賛成	どちらでもない	反対	強く反対
2	F_i	30	50	60	40	20
3	F_e	40	40	40	40	40
4	$(F_i-F_e)^2=$	100	100	400	0	400
5	$\chi_o^2=$	25				

セルB6にα=0.05のχ^2を求める式を入力する (χ^2分布の関数CHIINVを利用)。0.05はα、df=k-1=5-1である。Enterキーを押すと、χ^2(9.48773)が算出される。

B6		=	=CHIINV(0.05,5-1)			
	A	B	C	D	E	F
1		強く賛成	賛成	どちらでもない	反対	強く反対
2	F_i	30	50	60	40	20
3	F_e	40	40	40	40	40
4	$(F_i-F_e)^2=$	100	100	400	0	400
5	$\chi_o^2=$	25				
6	$\chi^2=$	9.48773				

結論

χ_o^2=25 > χ^2 (df=4, α=0.05)=9.48773で有意差ありと判定する。従って、「強く賛成」から「強く反対」の度数は一様ではない、つまり異なると推測する。

8.2.2 独立性に関する検定

2重クロス表を作成したとき，2つの変数間の独立(関連)の有無もしくはカテゴリ間の差が検討される．独立性の検定には一般にχ^2検定を利用する(度数が小さい場合，Fisherの直接確率計算法を利用する：小著1を参照)．

独立性の検定は，2×2分割表の場合と分割数がそれより多い場合(k×l)の場合に分けられる．また，このようなクロス表で分割される場合，2つの変数間の関係は連関係数で表され，関連の程度を推定することができる．

■8.2.2.1 2×2分割表

解析手順

1. 利用する統計量
   総度数(N)，観察度数(a,b,c,d)

2. 統計量の算出
   2つの変量間の関連は(8-29)のϕ係数より検討する．a,b,c,dは，例題の表8-5を参照．

   $$\chi_0^2 = \frac{N(ad-bc)^2}{(a+b)(c+d)(a+c)(b+d)} \quad (8\text{-}28)$$

   $$\phi = \sqrt{\chi_0^2 / N} \quad (8\text{-}29)$$

3. 有意差を判定する（$\alpha=0.05$）
   χ^2分布から自由度df=1，αに対応するχ^2を求め，$\chi_0^2 \geq \chi^2(df,\alpha)$のとき有意と判定する．関数CHIINVを利用する場合は，CHIINV(α, df)により$\chi^2(df,\alpha)$が求められる(第2章を参照)．

例題

例題8.2.2.1(小著1：例題14-21)
ハーフマラソンと5kmマラソン参加者各50名に，参加動機として健康維持・増進，あるいは他の人との交流のどちらを優先しているか尋ねたところ，右表のような結果を得た．マラソンの走行距離と参加動機に関連があるか，あるとすればどの程度か．

表8-2-2-1

	健康	交流	計
ハーフ	38(a)	12(b)	50
5km	10(c)	40(d)	50
計	48	52	100

Point

例題は集計された値が提示されている．ローデータから表のような分割(クロス)表を作成する場合は，第6章(6.4)を参照して作成のこと．

操作手順

「健康と交流」「ハーフと5km」の2×2データを図のように入力する．総度数を得るために，50+50=100をセルD4に入力する．

	A	B	C	D	E
1		健康	交流	計	
2	ハーフ	38	12	50	
3	5km	10	40	50	
4	計	48	52	100	

セルB6に統計量χ_0^2の数式(8-28)を入力する．各セルに記したアルファベットに対応するセルの場所を図のように入力する．総度数の100はセルD4を指定しても同じ．Enterキーを押すとχ_0^2(31.4102564)が算出される．

	B6		=	=(100*(B2*C3-C2*B3)^2)/((B2+C2)*(B3+C3)*(B2+B3)*(C2+C3))			
	A	B	C	D	E	F	G	H
1		健康	交流	計				
2	ハーフ	a 38	b 12	50				
3	5km	c 10	d 40	50				
4	計	48	52	100				
5								
6	$\chi_0^2=$	31.4102564						

セルB7に$\alpha=0.05$に対応するχ^2の算出式を入力する（χ^2分布の関数CHIINVを利用）．0.05はα，df=1である．Enterキーを押すと，χ^2(3.84145534)が算出される．

	B7		=	=CHIINV(0.05,1)
	A	B	C	D
1		健康	交流	計
2	ハーフ	38	12	50
3	5km	10	40	50
4	計	48	52	100
5				
6	$\chi_0^2=$	31.4102564		
7	$\chi^2=$	3.84145534		

両者の関連を見るため，ϕ係数をχ_0^2を利用して算出する．セルB8にχ_0^2(セルB6)を総度数100(セルD4)で除した計算式(8-29)を入力する（関数SQRTを利用）．ϕ(0.56044854)が算出される．

	B8		=	=SQRT(B6/D4)	
	A	B	C	D	
1		健康	交流	計	
2	ハーフ	38	12	50	
3	5km	10	40	50	
4	計	48	52	100	
5					
6	$\chi_0^2=$	31.4102564			
7	$\chi^2=$	3.84145534			
8	$\phi=$	0.56044854			

結論

$\chi_0^2=31.41026 > \chi^2(df=1, \alpha=0.05)=3.84145534$で有意と判定する．また，関連の程度は$\phi=0.560$程度である（相関係数の値の解釈については，小著1参照）．

Point 関連の程度を示す係数は，ϕ係数(8-29)以外にも各種ある．
詳細は小著1の18章および19章を参照．

■8.2.2.2　K×L分割表

検定手順

1. 利用する統計量
   総度数(N), 観察度数(n_{ij}),

2. 統計量の算出
   n_{ij}は各セルの度数であり，i=列，j=行を意味する．すなわち，n_{ij}は行と列の全てのセルを意味し，$n_{i.}$と$n_{.j}$はそれぞれ列と行のnの合計を意味する．(8-31)はピアソンの連関係数Cを求める式である(小著1を参照).

$$x_0^2 = N\left\{\sum\sum(n_{ij}^2 / n_{i.} n_{.j}) - 1\right\} \quad (8\text{-}30)$$
$$c = \sqrt{x_0^2 / (x_0^2 + N)} \quad (8\text{-}31)$$

3. 有意差を判定する(α=0.05)
   χ^2分布から自由度df=(k-1)(l-1)，αに対応するχ^2を求め，$\chi_0^2 \geq \chi^2(df,\alpha)$のとき有意と判定する．関数CHIINVを利用する場合は，CHIINV(α, df)により$\chi^2(df,\alpha)$が求められる(第2章を参照).

例題

例題8.2.2.2(小著1：例題14-16)
無作為に過密地域，市街地域，農村地域を対象とした調査において，運動の実施状況をまとめると表8-2-2-2の通りとなった．運動実施状況に地域差があるといえるか．

表8-2-2-2

	毎日	時々	ときたま	しない	計
過密	39	44	88	61	232
市街	51	72	38	17	178
農村	48	32	64	28	172
計	138	148	190	106	582

Point
例題は集計された値が提示されている．ローデータから表のような分割(クロス)表を作成する場合は，第6章(6.4)を参照して作成のこと．

操作手順

セルが3×4に分割されるデータを図のように入力する．列Aおよび行1は，各セルのラベルであり，度数はセルB2～F5に入力する．

F5	= =SUM(B5:E5)				
	A	B	C	D	E	F
1		毎日	時々	ときたま	しない	計
2	過密	39	44	88	61	232
3	市街	51	72	38	17	178
4	農村	48	32	64	28	172
5	計	138	148	190	106	582
6						

統計量χ_0^2の算出式を入力するが(8-30)は長いので，3つに分割して入力する．ここでは，同式をX_1'，X_2'，X_3'の3つに分割する．セルB7に式X_1'として，$\Sigma n_{1j}^2/(n_1.n_{.j})$を入力する．B2～E2は過密における4つのセルの度数，F2×B5は，行および列の合計の積に対応する．
Enterキーを押すと0.43088が算出される．

	B7		=	=B2^2/(F2*B5)+C2^2/(F2*C5)+D2^2/(F2*D5)+E2^2/(F2*E5)			
	A	B	C	D	E	F	G	H
1		毎日	時々	ときたま	しない	計		
2	過密	39	44	88	61	232		
3	市街	51	72	38	17	178		
4	農村	48	32	64	28	172		
5	計	138	148	190	106	582		
6								
7	$X_1'=$	0.43088						

同様にセルB8に$X_2'(\Sigma n_{2j}^2/(n_2.n_{.j}))$を入力する．B3～E3は市街における4つのセルの度数，F3×B5は，行および列の合計の積である．Enterキーを押すと0.36068が算出される．

	B8		=	=B3^2/(F3*B5)+C3^2/(F3*C5)+D3^2/(F3*D5)+E3^2/(F3*E5)			
	A	B	C	D	E	F	G	H
1		毎日	時々	ときたま	しない	計		
2	過密	39	44	88	61	232		
3	市街	51	72	38	17	178		
4	農村	48	32	64	28	172		
5	計	138	148	190	106	582		
6								
7	$X_1'=$	0.43088						
8	$X_2'=$	0.36068						

セルB9に$X_3'(\Sigma n_{3j}^2/(n_3.n_{.j}))$を入力する．B4～E4は農村における4つのセルの度数，F4×C5は，行および列の合計の積である．Enterキーを押すと0.30563が算出される．

	B9		=	=B4^2/(F4*B5)+C4^2/(F4*C5)+D4^2/(F4*D5)+E4^2/(F4*E5)			
	A	B	C	D	E	F	G	H
1		毎日	時々	ときたま	しない	計		
2	過密	39	44	88	61	232		
3	市街	51	72	38	17	178		
4	農村	48	32	64	28	172		
5	計	138	148	190	106	582		
6								
7	$X_1'=$	0.43088						
8	$X_2'=$	0.36068						
9	$X_3'=$	0.30563						

統計量χ_o^2の算出式(8-30)を，セルB7〜B9を統合して入力する．F5はNである．
Enterキーを押すとχ_o^2(56.56727)が算出される．

	B10		=	=F5*((B7+B8+B9)-1)	
	A	B	C	D	
6					
7	$X_1'=$	0.43088			
8	$X_2'=$	0.36068			
9	$X_3'=$	0.30563			
10	$\chi_o^2=$	56.56727			
11					

セルB11に$\chi^2(df,\alpha)$の算出式を入力する(χ^2分布の関数CHIINVを利用)．df=(k-1)(l-1)=(3-1)(4-1)=6, α=0.05．
Enterキーを押すと，χ^2(12.59158)が算出される．

	B11		=	=CHIINV(0.05,(3-1)*(4-1))	
	A	B	C	D	E
6					
7	$X_1'=$	0.43088			
8	$X_2'=$	0.36068			
9	$X_3'=$	0.30563			
10	$\chi_o^2=$	56.56727			
11	$\chi^2=$	12.59158			

両者の関連の程度をC係数によって検討する．セルB13にχ_o^2(セルB10)および総度数(セルF5)の算出式(8-31)を入力する(関数SQRTを利用)．
Enterキーを押すとC係数(0.297632)が算出される．

	B13		=	=SQRT(B10/(B10+F5))	
	A	B	C	D	E
6					
7	$X_1'=$	0.43088			
8	$X_2'=$	0.36068			
9	$X_3'=$	0.30563			
10	$\chi_o^2=$	56.56727			
11	$\chi^2=$	12.59158			
12					
13	C=	0.297632			

結論

χ_o^2=56.56727＞χ^2(df=6, α=0.05)=12.59158で有意と判定する．従って，運動実施状況は地域差が認められると推測する．関連の程度はC=0.297632．

8.3 比率に関する検定

8.3.1 母比率と標本比率の差

ここでは，母比率pと標本比率Pが等しいとみなして良いか否かの検定を行う．

解析手順

1. 利用する統計量
   母比率p，総度数n，観察度数rあるいは$r_1, r_2 (r_2 = r - r_1)$

2. 統計量の算出
   z_oは正規分布，χ_o^2は近似的にdf=1のχ^2分布に従うことを利用する．

   $$z_o = (r - np)/\sqrt{np(1-p)} \quad (8\text{-}32)$$

   $$\chi_0^2 = (r_1 - np)^2/np + (r_2 - nq)^2/nq \quad (8\text{-}33)$$

   $n \leq 25$の場合は直接法を利用する（小著1もしくは小著2を参照）．

3. 有意差を判定する（$\alpha = 0.05$）
   標準正規分布から$\alpha/2$に対応するzを求め，$|z_o| \geq z(\alpha/2)$のとき有意差ありと判定する．関数NORMSINVを利用する場合は，NORMSINV($1-\alpha/2$)により，$z(\alpha/2)$が求められる．
   またはχ^2分布から自由度df=1, αに対応するχ^2を求め，$\chi_0^2 \geq \chi^2(df=1, \alpha)$のとき有意差ありと判定する．関数CHIINVを利用する場合は，CHIINV(α, df)により$\chi^2(df, \alpha)$が求められる．

例題

例題8.3.1（小著1：例題15-6）
成人男性の喫煙率は74%と報告されている．ある地域の成人男性150名について調査したところ，喫煙者は120名であった．この地域における成人男性の喫煙者数は，一般的な割合に比べて多いといえるか．

表8-3-1

喫煙率p	喫煙者	成人男性
0.74	120	150

操作手順

セルA2に母比率の推定値pを入力する．セルB2に標本度数n (150)，セルC2に出現度数r(120)を入力する．

	A	B	C
1	母比率p	標本度数n	出現度数r
2	0.74	150	120
3			

セルB4に統計量z_0の算出式(8-32)を入力する(関数SQRTを利用)．C2はr，B2はnである．Enterキーを押すとz_0(1.675307)が算出される．

セルB5にα/2に対応するzの算出式を入力する（標準正規分布の関数NORMSINVを利用）．Enterキーを押すと，z(1.959961)が算出される．

	B4	▼	=	=(C2-B2*A2)/SQRT(B2*A2*(1-A2))	
	A	B	C	D	E	F
1	母比率p	標本度数n	出現度数r			
2	0.74	150	120			
3						
4	z_0=	1.675307				
5						

	B5	▼	=	=NORMSINV(1-0.05/2)
	A	B	C	
1	母比率p	標本度数n	出現度数r	
2	0.74	150	120	
3				
4	z_0=	1.675307		
5	z=	1.959961		
6				

セルC8に出現度数r_2の算出式を入力する．B2はn，C2はr_1である．Enterキーを押すと，r_2(30)が算出される．

セルD8に標本比率Pの算出式を入力する．A2はpである．Enterキーを押すと，q(0.26)が算出される．

	C8	▼	=	=B2-C2
	A	B	C	D
1	母比率p	標本度数n	出現度数r	
2	0.74	150	120	
3				
4	z_0=	1.675307		
5	z=	1.959961		
6				
7			出現度数r_2	
8			30	

	D8	▼	=	=1-A2	
	A	B	C	D	E
1	母比率p	標本度数n	出現度数r		
2	0.74	150	120		
3					
4	z_0=	1.675307			
5	z=	1.959961			
6					
7			出現度数r_2	標本比率P	
8			30	0.26	
9					

セルB9に統計量χ_0^2の算出式(8-33)を入力する．C2はr(r_1)，B2はn，A2はp，C8はr_2，D8はqである．Enterキーを押すとχ_0^2(2.806653)が算出される．

	B9	▼	=	=(C2-B2*A2)^2/(B2*A2)+(C8-B2*D8)^2/(B2*D8)		
	A	B	C	D	E	F	G
8			30	0.26			
9	χ_0^2=	2.806653					

セルB10にχ^2分布の関数CHIINVを入力する．0.05はα，df=1である．Enterキーを押すと，χ^2(3.841455)が算出される．

	B10	▼	=	=CHIINV(0.05,1)	
	A	B	C	D
9	χ_0^2=	2.806653		
10	χ^2=	3.841455		
11				

結論

|z_0|=1.675307＞z(α/2=0.025)=1.959961(両側検定)，χ_0^2=2.806653＞χ^2(df=1, α=0.05)=3.841455で両者とも有意差なしと判定する．従って，喫煙率に差はないと推測する．

Point

ちなみにz_0^2=χ_0^2であり，両者はほぼ一致することがわかる．
→ z_0^2=(1.675307)²=2.806653=χ_0^2

8.3.2 対応のない場合

■8.3.2.1 2つの比率の差（同じ母集団，異なる特性）

ここでは，母集団が同じ場合の異なる特性に関する比率の差の検定について説明する．

解析手順

同じ母集団において，ある特性を有する比率pと有しない比率qの有意差検定では次のように帰無仮説を設定する．
$$H_0 : p=q(=1-p)=1/2$$

1. 利用する統計量
   総度数(n)，観察度数$r(r_1, r_2=r-r_1)$

2. 統計量の算出
   z_oは正規分布，χ_o^2はdf=1のχ^2分布にそれぞれ近似的に従うことを利用する．

   $$z_o = (2r-n)/\sqrt{n} \qquad (8\text{-}34)$$
   $$\chi_o^2 = 2\{(r_1-n/2)^2 + (r_2-n/2)^2\}/n \qquad (8\text{-}35)$$

   $n \leqq 25$の場合は直接法を利用する（小著1もしくは小著2を参照）．

3. 有意差を判定する（$\alpha=0.05$）
   標準正規分布から$\alpha/2(0.05/2=0.025)$に対応するzを求め，$|z_o| \geqq z(\alpha/2)$のとき有意差ありと判定する．関数NORMSINVを利用する場合は，NORMSINV($1-\alpha/2$)により，$z(\alpha/2)$が求められる．
   またはχ^2分布から自由度df=1，αに対応するχ^2を求め，$\chi_o^2 \geqq \chi^2(df=1, \alpha)$のとき有意差ありと判定する．関数CHIINVを利用する場合は，CHIINV(α, df)により$\chi^2(df, \alpha)$が求められる（第2章を参照）．

Point
総度数や周辺度数，期待度数の条件によっては，直接法やYatesの連続性の補正式を利用しなくてはならない．小著1を参照．

例題

例題8.3.2.1（小著1：例題15-12）
ある大学で150名の学生を無作為に抽出し，学生大会実施の賛否を質問したところ，90名が賛成と答えた．学生が学生大会の実施に賛成であると判断してよいか．

表8-3-2-1

賛成	反対	計
$r(r_1)$	(r_2)	
90	60	150

操作手順

セルA2に標本度数n(150)，セルB22に出現度数r(90)を入力する．

	A	B
1	標本度数n	出現度数r
2	150	90

セルB4に統計量z_oの算出式(8-34)を入力する(関数ABSおよびSQRTを利用). A2はn, B2はr_1を示している. Enterキーを押すとz_o(2.44949)が算出される.

セルB5に, $\alpha/2$に対応するzを求めるための算出式を入力する(標準正規分布の関数NORMSINVを利用). Enterキーを押すと, z(1.959961)が算出される.

	B4	=	=(2*B2-A2)/SQRT(A2)	
	A	B	C	D
1	標本度数n	出現度数r		
2	150	90		
3				
4	z_o=	2.44949		

	B5	=	=NORMSINV(1−0.05/2)		
	A	B	C	D	E
1	標本度数n	出現度数r			
2	150	90			
3					
4	z_o=	2.44949			
5	z=	1.959961			

セルC8に出現度数r_2の算出式を入力する. A2はn, B2はr_1である. Enterキーを押すと, r_2(60)が算出される.

セルB9に統計量χ_o^2の算出式(8-35)を入力する. A2はn, B2はr_1, C8はr_2である. Enterキーを押すとχ_o^2(6.0)が算出される.

	C8	=	=A2−B2	
	A	B	C	D
1	標本度数n	出現度数r		
2	150	90		
3				
4	z_o=	2.44949		
5	z=	1.959961		
6				
7			出現度数r_2	
8			60	
9				

	B9	=	=2*((B2−A2/2)^2+(C8−A2/2)^2)/A2		
	A	B	C	D	E
7			出現度数r_2		
8			60		
9	χ_o^2=	6.0			

セルB10にχ^2分布の関数CHIINVを入力する. 0.05はα, df=1である. Enterキーを押すと, χ^2(3.841455)が算出される.

	B10	=	=CHIINV(0.05,1)	
	A	B	C	D
9	χ_o^2=	6.0		
10	χ^2=	3.841455		

結論

$|z_o|$=2.44949＞z($\alpha/2$=0.025)=1.959961(両側検定), χ_o^2=6.0＞χ^2(df=1, α=0.05)=3.841455で有意差ありと判定する. 従って, 賛成の学生が多いと推測する.

Point

ちなみに$z_o^2=\chi_o^2$であり, 両者はほぼ一致することがわかる.
→ z_o^2=(2.44949)^2=6.0=χ_o^2

■8.3.2.2 3つ以上の比率の差（同じ母集団，異なる特性）

ここでは，母集団が同じ，特性が異なる場合の対応のない3つ以上の比率の差の検定について説明する．

解析手順

1. 利用する統計量
   観察度数(F_i)，期待度数(F_e)

2. 統計量の算出
   標本が大きく，期待度数に5以下のものがない場合，以下の(8-36)から得られるχ_o^2は近似的にdf=k-1のχ^2分布に従うことを利用する．

$$\chi_o^2 = \sum \left\{ (F_i - F_e)^2 / F_e \right\} \quad (8\text{-}36)$$

直接法は小著1もしくは小著2を参照．

3. 有意差を判定する（近似法，$\alpha=0.05$）
   χ^2分布から自由度df=k-1，αに対応するχ^2を求め，$\chi_o^2 \geqq \chi^2(df=k-1, \alpha)$のとき有意差ありと判定する．関数CHIINVを利用する場合は，CHIINV(α, df)により$\chi^2(df, \alpha)$が求められる．

Point
総度数や周辺度数，期待度数の条件によっては，直接法やYatesの連続性の補正式を利用しなくてはならない．小著1を参照のこと．

例題

例題8.3.2.2（小著1：例題15-15）
600名の学生に対し，日本でのオリンピック開催の是非について意見を聞いたところ賛成250名，無関心220名，反対130名であった．学生の意見に差があるか．

表8-3-2-2

賛成	無関心	反対	計
250	220	130	600

Point
例題は集計された値が提示されている．ローデータから表のような分割（クロス）表を作成する場合は，第6章(6.4)を参照して作成のこと．

操作手順

セルB2～D2まで，F_i(F_1=250, F_2=220, F_3=130)を入力する．セルE2に総度数nの算出式を入力する（関数SUMを利用）．B2:D2はF_iのセル範囲を示している．Enterキーを押すと，n(600)が算出される．

	A	B	C	D	E
		賛成	無関心	反対	計
1					
2		250	220	130	600

E2 = =SUM(B2:D2)

セルA2に期待度数F_eの算出式を入力する．E2はn，3は特性の数である．Enterキーを押すとF_e(200)が算出される．

	A	B	C	D	E
A2		=	=E2/3		
1	期待度数F_e	賛成	無関心	反対	計
2	200	250	220	130	600

セルB3に$(F_1-F_e)^2/F_e$の算出式(8-36)を入力する．B2はF_1，A2($A$2は絶対参照)はF_eである．Enterキーを押し，セルD3まで同式をコピーすると$(F_i-F_e)^2/F_e$が算出される．

	A	B	C	D	E
B3		=	=(B2-$A$2)^2/$A$2		
1	期待度数F_e	賛成	無関心	反対	計
2	200	250	220	130	600
3	$(F_i-F_e)^2/F_e=$	12.5	2	24.5	

セルB5に統計量χ_o^2の算出式(8-36)を入力する．B3,C3,D3はそれぞれF_1,F_2,F_3である．Enterキーを押すとχ_o^2(39.0)が算出される．

	A	B	C	D	E
B5		=	=SUM(B3,C3,D3)		
1	期待度数F_e	賛成	無関心	反対	計
2	200	250	220	130	600
3	$(F_i-F_e)^2/F_e=$	12.5	2	24.5	
4					
5	$\chi_o^2=$	39.0			

セルB6に$\chi^2(df,\alpha)$の算出式を入力する(χ^2分布の関数CHIINVを利用)．$\alpha=0.05$，df=3-1=2である．Enterキーを押すと，χ^2(5.991476)が算出される．

	A	B	C	D	E
B6		=	=CHIINV(0.05,3-1)		
1	期待度数F_e	賛成	無関心	反対	計
2	200	250	220	130	600
3	$(F_i-F_e)^2/F_e=$	12.5	2	24.5	
4					
5	$\chi_o^2=$	39.0			
6	$\chi^2=$	5.991476			

結論

$\chi_o^2=39.0 > \chi^2(df=2, \alpha=0.05)=5.991476$で有意差ありと判定する．従って，オリンピック開催の是非における学生の意見には差があると推測される．

■8.3.2.3　2つの比率の差（異なる母集団，同じ特性）

ここでは，母集団が異なる場合の同じ特性に関する比率の差の検定について説明する．

解析手順

1. 利用する統計量
   総度数（N），比較する群の標本の大きさ（n_1, n_2），比較する群の標本比率（P_1, P_2）観察度数（a,b,c,d）：例題の表8-3-2-3を参照．

2. 統計量の算出
   比較する群の標本比率をP_1，P_2とし，下式の標本比率p_oが母比率pの推定値と仮定する．

   $$p_o = (n_1 P_1 + n_2 P_2)/(n_1 + n_2) = (a+c)/N \qquad (8\text{-}37)$$

   （$P_1 - P_2$）は正規分布（平均=0，分散$\sigma_{P_1-P_2}$）に従う．また，χ_o^2が近似的にdf=1のχ^2分布に従うことを利用する．

   $$z_o = \frac{P_1 - P_2}{\sqrt{p_o(1-p_o)(1/n_1 + 1/n_2)}} \qquad (8\text{-}38)$$

   $$\chi_o^2 = \frac{N(ad-bc)^2}{(a+b)(a+c)(c+d)(b+d)} \qquad (8\text{-}39)$$

   $N \leq 10$，周辺度数に10以下がある場合，セルの度数に0に近いものがある場合は直接法を利用する（小著1もしくは小著2を参照）．

   Point
   総度数や周辺度数，期待度数の条件によっては，直接法やYatesの連続性の補正式を利用しなくてはならない．小著1を参照．

3. 有意差を判定する（$\alpha = 0.05$）
   標準正規分布から$\alpha/2$に対応するzを求め，$|z_o| \geq z(\alpha/2)$のとき有意と判定する．関数NORMSINVを利用する場合は，NORMSINV($1-\alpha/2$)により，$z(\alpha/2)$が求められる．
   またはχ^2分布からdf=1，αに対応するχ^2を求め，$\chi_o^2 \geq \chi^2(df, \alpha)$のとき有意と判定する．関数CHIINVを利用する場合は，CHIINV(α, df)により$\chi^2(df, \alpha)$が求められる（第2章を参照）．

例題

例題8.3.2.3（小著1：例題15-17）
ある大学で自炊している学生を対象に，規則正しく朝食をとっているかどうか調査したところ，男子は150名中61名（40.7%），女子は150名中91名（60.7%）が規則正しい食事をしていると回答した．女子の方が規則正しく朝食をとっているといえるか．

表8-3-2-3

	正しい	正しくない	計
男子	61(a)	89(b)	150
女子	91(c)	59(d)	150
計	152	148	300

Point
例題は集計された値が提示されている．ローデータから表のような分割（クロス）表を作成する場合は，第6章（6.4）を参照して作成のこと．

操作手順

セルB6に母比率の推定値p_0の算出式(8-37)を入力する．B2およびB3は規則正しく食事をとっている者の男女の度数，D4は総度数である．Enterキーを押すとp_0(0.506667)が算出される．

	A	B	C	D
		正しい	正しくない	計
1				
2	男子	61	89	150
3	女子	91	59	150
4	計	152	148	300
5				
6	p_0=	0.506667		

B6　=(B2+B3)/D4

セルB7に男子の標本比率P_1の算出式を入力する．標本比率P_1は男子の規則正しいとする度数(セルB2)男子の総人数(セルD2)で除算して得られる．Enterキーを押すとP_1(0.406667)が算出される．

	A	B	C	D
1		正しい	正しくない	計
2	男子	61	89	150
3	女子	91	59	150
4	計	152	148	300
5				
6	p_0=	0.506667		
7	P_1=	0.406667		

B7　=B2/D2

男子と同様，セルB8に女子の標本比率P_2を入力する．標本比率P_2は女子の規則正しいとする度数(セルB3)，女子の総人数(D3)で除算して得られる．Enterキーを押すとP_2(0.606667)が算出される．

	A	B	C	D
1		正しい	正しくない	計
2	男子	61	89	150
3	女子	91	59	150
4	計	152	148	300
5				
6	p_0=	0.506667		
7	P_1=	0.406667		
8	P_2=	0.606667		

B8　=B3/D3

セルB9に統計量z_0の算出式(8-38)を入力する(関数SQRTを利用)．B7およびB8は男女の標本比率，D2およびD3は男女の総度数である．Enterキーを押すとz_0(-3.46441)が算出される．

	A	B	C	D	E	F
1		正しい	正しくない	計		
2	男子	61	89	150		
3	女子	91	59	150		
4	計	152	148	300		
5						
6	p_0=	0.506667				
7	P_1=	0.406667				
8	P_2=	0.606667				
9	z_0=	-3.46441				

B9　=(B7-B8)/SQRT(B6*(1-B6)*(1/D2+1/D3))

セルB10に標準正規分布の$\alpha/2$に対応するzの算出式を入力する(標準正規分布の関数NORMSINVを利用)．Enterキーを押すと，z(1.959961)が算出される．

	A	B	C	D
1		正しい	正しくない	計
2	男子	61	89	150
3	女子	91	59	150
4	計	152	148	300
5				
6	p_0=	0.506667		
7	P_1=	0.406667		
8	P_2=	0.606667		
9	z_0=	-3.46441		
10	z=	1.959961		

B10　=NORMSINV(1-0.05/2)

セルB12に統計量χ_0^2の算出式(8-39)を入力する．B2,B3,C2,C3はそれぞれ，a,b,c,dに対応する．Enterキーを押すとχ_0^2(12.00213)が算出される．

	A	B
11		
12	χ_0^2=	12.00213

B12　=D4*(B2*C3-C2*B3)^2/((B2+C2)*(B2+B3)*(B3+C3)*(C2+C3))

セルB13にχ^2分布の関数CHIINVを入力する．0.05はα，df=1である．Enterキーを押すと，χ^2(3.841455)が算出される．

	A	B	C	D
11				
12	χ_0^2=	12.00213		
13	χ^2=	3.841455		

B13　=CHIINV(0.05,1)

結論

$|z_0|=3.46441>z(\alpha/2=0.025)=1.959961$(両側検定),あるいは$\chi_0^2=12.00213>\chi^2(df=1,\alpha=0.05)=3.841455$(片側検定)で有意差ありと判定する.従って,女子は男子よりも規則正しい朝食をとっていると推測する.

Point

ちなみに$z_0^2=\chi_0^2$であり,両者はほぼ一致することがわかる.
→ $z_0^2=(3.46441)^2=12.00213=\chi_0^2$

■8.3.2.4 3つ以上の比率の差(異なる母集団, 同じ特性)

ここでは,母集団が異なり,特性が同じ場合の対応のない3つ以上の比率の差の検定について説明する.

解析手順

1. 利用する統計量
   度数(F_{1k}), 度数の数(N)=$\sum n_j = F_1. + F_2.$, 標本比率(P_j), F_{ij}の期待度数(F_{ij}')

2. 統計量の算出
   比較する標本の比率をP_1, P_2, …P_k(kは群の数)とする. 標本が大きく,期待度数に5以下のものがない場合,以下の(8-40)〜(8-42)から得られるχ_0^2は近似的に$df=k-1$のχ^2分布に従う(いずれの式も利用可能であるが本書では期待度数F_{ij}'を求めなくてもよい(8-41)で説明している).

$$\chi_0^2 = \sum\sum\left\{(F_{ij}-F_{ij}')^2/F_{ij}'\right\} \quad (8\text{-}40)$$

$$\chi_0^2 = \frac{N^2}{F_1 F_2}\left\{\sum\left(\frac{F_{1j}^2}{n_j}\right)-\frac{F_1^2}{N}\right\} \quad (8\text{-}41)$$

$$\chi_0^2 = \sum n_j(P_j-p_o)^2/\{p_o(1-p_o)\} \quad (8\text{-}42)$$

ただし, $p_o = \sum F_j/\sum n_j = F_1/N$

直接法は小著1もしくは小著2を参照.

3. 有意差を判定する($\alpha=0.05$)
   χ^2分布から自由度$df=k-1$, αに対応する$\chi^2(df=k-1, \alpha)$を求め, $\chi_0^2 \geq \chi^2(df, \alpha)$のとき有意差ありと判定する. 関数CHIINVを利用する場合は,CHIINV(α, df)により$\chi^2(df, \alpha)$が求められる(第2章を参照).

Point
総度数や周辺度数,期待度数の条件によっては,直接法やYatesの連続性の補正式を利用しなくてはならない. 小著1を参照.

例題

例題8.3.2.4(小著1:例題15-22)
40〜70代における各年代毎の死因を調査したところ,がんの割合は,40代23.3%,50代27.8%,60代34.8%,70代41.2%であった. 死因におけるがんの割合は,年代によって異なるか. なお,各年代の調査人数はそれぞれ120名,90名,115名,85名であった.

表8-3-2-4

	40代	50代	60代	70代
P	23.3	27.8	34.8	41.2
n	120	90	115	85

Point
例題は集計された値が提示されている. ローデータから表のような分割(クロス)表を作成する場合は,第6章(6.4)を参照.

操作手順

セルA1～E4までにP_{1k}およびn_jのローデータを年代および変数のラベルとともに表に従い入力する．セルB4の観察度数F_{11}は40代の人数（セルB3）とがんの割合（セルB2/100）の積で求められる．Enterキーを押し，同式をE4まで貼り付けるとF_{1k}が算出される．

	A	B	C	D	E
1		40代	50代	60代	70代
2	P_{1k}	23.3	27.8	34.8	41.2
3	$n_j(=n_k)$	120	90	115	85
4	F_{1k}	28	25	40	35
5					

（B4 = =B3*(B2/100)）

セルB5の観察度数F_{21}は40代の総度数（セルB3）から，がんの観察度数F_{11}（セルB4）を引いて求められる．同式をセルE4まで貼り付けるとF_{2k}が算出される．

	A	B	C	D	E
1		40代	50代	60代	70代
2	P_{1k}	23.3	27.8	34.8	41.2
3	$n_j(=n_k)$	120	90	115	85
4	F_{1k}	28	25	40	35
5	F_{2k}	92	65	75	50
6					

（B5 = =B3-B4）

セルF3に，n_jの合計の算出式を入力する（関数SUMを利用）．Enterキーを押すとN（410）が算出される．同式をセルF4とF5に貼り付ける．F_{1k}の合計F_1(128)，とF_{2k}の合計F_2(282)がそれぞれ算出される．

	A	B	C	D	E	F
1		40代	50代	60代	70代	
2	P_{1k}	23.3	27.8	34.8	41.2	
3	$n_j(=n_k)$	120	90	115	85	410
4	F_{1k}	28	25	40	35	128
5	F_{2k}	92	65	75	50	282
6						

（F3 = =SUM(B3:E3)）

セルB8に(8-41)のN^2/F_1F_2の部分を入力する．F3はN，セルF4とF5はそれぞれF_1とF_2に対応する．Enterキーを押すと4.656628と算出される．

	A	B	C	D	E	F
1		40代	50代	60代	70代	
2	P_{1k}	23.3	27.8	34.8	41.2	
3	$n_j(=n_k)$	120	90	115	85	410
4	F_{1k}	28	25	40	35	128
5	F_{2k}	92	65	75	50	282
6						
7	$N^2/F_1F_2=$	4.656628				
8						

（B7 = =F3^2/(F4*F5)）

セルB8に(8-41) $\Sigma(F_{1j}^2/n_j)-F_1^2/N$ の部分を入力する(関数SUMを利用). B4～E4はF_{1k}に, セルB3～E3はn_jに, F3はNにそれぞれ対応する. Enterキーを押すと1.851976と算出される.

	B8	▼	=	=SUM(B4^2/B3,C4^2/C3,D4^2/D3,E4^2/E3)-F4^2/F3		
	A	B	C	D	E	F	G
1		40代	50代	60代	70代		
2	P_{1k}	23.3	27.8	34.8	41.2		
3	$n_j(=n_k)$	120	90	115	85	410	
4	F_{1k}	28	25	40	35	128	
5	F_{2k}	92	65	75	50	282	
6							
7	$N^2/F_1F_2=$	4.656628					
8	$\Sigma(F_{1j}^2/n_j)-F_1^2/N=$	1.851976					

セルB9に統計量χ_o^2の算出式(8-41)を入力する. 2分割したB7とB8を積算し, Enterキーを押すと$\chi_o^2(8.623962)$が算出される.

	B9	▼	=	=B7*B8
	A	B	C	
6				
7	$N^2/F_1F_2=$	4.656628		
8	$\Sigma(F_{1j}^2/n_j)-F_1^2/N=$	1.851976		
9	$\chi_o^2=$	8.623962		

セルB10に$\chi^2(df,\alpha)$の算出式を入力する(χ^2分布の関数CHIINVを利用). $\alpha=0.05$, df=k-1=4-1=3である. Enterキーを押すと, $\chi^2(7.814725)$が算出される.

	B10	▼	=	=CHIINV(0.05,4-1)
	A	B	C	D
6				
7	$N^2/F_1F_2=$	4.656628		
8	$\Sigma(F_{1j}^2/n_j)-F_1^2/N=$	1.851976		
9	$\chi_o^2=$	8.623962		
10	$\chi^2=$	7.814725		

結論

$\chi_o^2=8.623962 > \chi^2(df=3, \alpha=0.05)=7.814725$で有意差ありと判定する. 従って, 死因におけるがんの割合は年代によって異なると推測する.

8.3.3 対応のある場合

■8.3.3.1 2つの比率の差:マクネマー(McNemar)の検定

同じ対象が2回以上測定される場合，対応があるという．ここでは対応がある場合の比率の差の検定について説明する．これはマクネマーの検定といわれる．なお，標本が小さい場合($b+c \leq 25$，bとcは後述参照)については小著1を参照．

解析手順

1. 利用する統計量
   観察度数(a,b,c,d)：例題の表8-3-3-1を参照．

2. 統計量の算出
   (P_1-P_2)は正規分布(平均=0，分散 $\sigma_{P_1-P_2}$)に従う．
   また，χ_o^2 が近似的にdf=1の χ^2 分布に従うことを利用する．

$$z_o = (b-c)/\sqrt{b+c} \quad (8\text{-}43)$$

$$\chi_o^2 = (F_1-F_e)^2/F_e + (F_2-F_e)^2/F_e = (b-c)^2/(b+c) \quad (8\text{-}44)$$

   $b+c \leq 25$ の場合は直接法を利用する(小著1)．

3. 有意差を判定する($\alpha=0.05$)
   標準正規分布から $\alpha/2$ に対応するzを求め，$|z_o| \geq z(\alpha/2)$ のとき有意と判定する．関数NORMSINVを利用する場合は，NORMSINV(1-$\alpha/2$)により，$z(\alpha/2)$を求める．
   または χ^2 分布から自由度df=1，α に対応する χ^2 を求め，$\chi_o^2 \geq \chi^2(df, \alpha)$ のとき有意と判定する．関数CHIINVを利用する場合は，CHIINV(α, df)により $\chi^2(df, \alpha)$ が求められる(第2章を参照)．

Point
総度数や周辺度数，期待度数の条件によっては，直接法やYatesの連続性の補正式を利用しなくてはならない．小著1を参照．

例題

例題8.3.3.1 (小著1：例題15-26)
ある小学校の5年生300名を対象として，近視と虫歯の有無を調べたところ，表のとおりであった．近視の者と虫歯の者の割合に差があるといえるか．

表8-3-3-1

		虫歯 あり	虫歯 なし	
近視	あり	130(a)	25(b)	155
	なし	55(c)	90(d)	145
		185	105	300

Point
例題は集計された値が提示されている．ローデータから表のような分割(クロス)表を作成する場合は，第6章(6.4)を参照して作成のこと．

図のように，近視と虫歯の有無のクロス表を作成する．度数のデータはセルC3〜E5に入力する．

	A	B	C	D	E
1				虫歯	
2			あり	なし	
3	近視	あり	130	25	155
4		なし	55	90	145
5			185	115	300
6					

セルB7に統計量z_0の算出式(8-43)を入力する(関数SQRTを利用)．D3はb，C4はcに対応する．Enterキーを押すとz_0(-3.35410)が算出される．

B7 = =(D3-C4)/SQRT(D3+C4)

	A	B	C	D	E
1				虫歯	
2			あり	なし	
3	近視	あり	130	25	155
4		なし	55	90	145
5			185	115	300
6					
7	z_0=	-3.35410			

セルB8に$z(\alpha/2)$を求める式を入力する(標準正規分布の関数NORMSINVを利用)．α=0.05である．Enterキーを押すと，z(1.95996)が算出される．

B8 = =NORMSINV(1-0.05/2)

	A	B	C	D	E
1				虫歯	
2			あり	なし	
3	近視	あり	130	25	155
4		なし	55	90	145
5			185	115	300
6					
7	z_0=	-3.35410			
8	z=	1.95996			

セルB10に統計量χ_0^2の算出式(8-44)を入力する．D3はb，C4はcに対応する．Enterキーを押すとχ_0^2(11.25)が算出される．

B10 = =(D3-C4)^2/(D3+C4)

	A	B	C	D	E
1				虫歯	
2			あり	なし	
3	近視	あり	130	25	155
4		なし	55	90	145
5			185	115	300
6					
7	z_0=	-3.35410			
8	z=	1.95996			
9					
10	χ_0^2=	11.25			
11					

セルB11に$\chi^2(df,\alpha)$の算出式を入力する(χ^2分布の関数CHIINVを利用)．df=1，α=0.05である．Enterキーを押すと，χ^2(3.84146)が算出される．

B11 = =CHIINV(0.05,1)

	A	B	C	D	E
7	z_0=	-3.35410			
8	z=	1.95996			
9					
10	χ_0^2=	11.25			
11	χ^2=	3.84146			

結論

$|z_0|$=3.35410 > $z(\alpha/2=0.025)$=1.95996(両側検定)，あるいはχ_0^2=11.25 > χ^2(df=1, α=0.05)=3.84146で有意と判定する．従って，小学校5年生の近視と虫歯の比率に差があると推測する．

Point

ちなみに$z_0^2 = \chi_0^2$であり，両者はほぼ一致することがわかる．
→ z_0^2=(3.35410)^2=11.2499=χ_0^2

■8.3.3.2 3つ以上の比率の差：コクラン（Cochran）のQ-テスト

ここでは，母集団が同じ，特性が同じ場合の対応のない3つ以上の比率の差の検定について説明する．

解析手順

1. 利用する統計量
   各条件における特性を有する数(T_i)，各被験者における特性を有する数(t_i)

2. 統計量の算出
   nが10以上の場合，(8-45)から得られるχ_0^2は近似的にdf=k-1のχ^2分布に従う．T_iとt_iの違いは小著2参照．

$$\chi_0^2 = \left[(k-1)\left\{k\sum T_i^2 - (\sum T_i)^2\right\}\right] / (k\sum T_i - \sum t_i^2) \quad (8\text{-}45)$$

3. 有意差を判定する($\alpha=0.05$)
   χ^2分布から自由度df=k-1，αに対応するχ^2を求め，$\chi_0^2 \geq \chi^2(df,\alpha)$のとき有意と判定する．関数CHIINVを利用する場合は，CHIINV(α, df)により$\chi^2(df,\alpha)$が求められる（第2章を参照）．

例題

例題8.3.3.2(小著1：例題15-29)
バレーボールの授業でオーバーハンドパスの技能テストを学期の最初，中間，最後の3回実施したところ，20名の受講者のうち，合格者は学期の最初が3名，中間が10名，最後が14名であった．各テスト間で合格者の人数に差があるといえるか．

表8-3-3-2

学生	1	2	3	4	5	6	7	8	9	10	11	12	13	14	15	16	17	18	19	20
最初	1	0	0	0	0	0	0	0	0	1	1	0	0	0	0	0	0	0	0	0
中間	1	1	1	0	0	1	1	1	0	1	1	1	0	0	1	0	0	0	0	0
最後	1	1	1	0	0	1	1	1	1	1	1	1	1	0	1	1	1	1	0	0	0

操作手順

セルB2～U4まで，表8-13よりローデータを入力する．

	A	B	C	D	E	F	G	H	I	J	K	L	M	N	O	P	Q	R	S	T	U
1	学生	1	2	3	4	5	6	7	8	9	10	11	12	13	14	15	16	17	18	19	20
2	最初	1	0	0	0	0	0	0	0	0	1	1	0	0	0	0	0	0	0	0	0
3	中間	1	1	1	0	0	1	1	1	0	1	1	1	0	0	1	0	0	0	0	0
4	最後	1	1	1	0	0	1	1	1	1	1	1	1	0	1	1	1	1	0	0	0
5																						

セルB5にt_iの算出式を入力する(関数SUMを利用).同式をセルU5まで貼り付ける.

	B5			=	=SUM(B2:B4)																
	A	B	C	D	E	F	G	H	I	J	K	L	M	N	O	P	Q	R	S	T	U
1	学生	1	2	3	4	5	6	7	8	9	10	11	12	13	14	15	16	17	18	19	20
2	最初	1	0	0	0	0	0	0	0	1	1	0	0	0	0	0	0	0	0	0	0
3	中間	1	1	1	0	0	1	1	1	0	1	1	1	0	0	1	0	0	0	0	0
4	最後	1	1	1	0	0	1	1	1	1	1	1	1	0	1	1	1	1	0	0	0
5	t_i	3	2	2	0	0	2	2	2	1	3	3	2	0	1	2	1	1	0	0	0
6																						

セルB6にt_i^2の算出式を入力する.B5はt_iを示している.同式をセルU6まで貼り付ける.

	B6			=	=B5^2																
	A	B	C	D	E	F	G	H	I	J	K	L	M	N	O	P	Q	R	S	T	U
1	学生	1	2	3	4	5	6	7	8	9	10	11	12	13	14	15	16	17	18	19	20
2	最初	1	0	0	0	0	0	0	0	1	1	0	0	0	0	0	0	0	0	0	0
3	中間	1	1	1	0	0	1	1	1	0	1	1	1	0	0	1	0	0	0	0	0
4	最後	1	1	1	0	0	1	1	1	1	1	1	1	0	1	1	1	1	0	0	0
5	t_i	3	2	2	0	0	2	2	2	1	3	3	2	0	1	2	1	1	0	0	0
6	t_i^2	9	4	4	0	0	4	4	4	1	9	9	4	0	1	4	1	1	0	0	0

セルV2にT_iの算出式を入力する(関数SUMを利用).同式をセルV6まで貼り付け,Σt_iおよびΣt_i^2も算出する.

	V2			=	=SUM(B2:U2)																	
	A	B	C	D	E	F	G	H	I	J	K	L	M	N	O	P	Q	R	S	T	U	V
1	学生	1	2	3	4	5	6	7	8	9	10	11	12	13	14	15	16	17	18	19	20	T_i
2	最初	1	0	0	0	0	0	0	0	1	1	0	0	0	0	0	0	0	0	0	0	3
3	中間	1	1	1	0	0	1	1	1	0	1	1	1	0	0	1	0	0	0	0	0	10
4	最後	1	1	1	0	0	1	1	1	1	1	1	1	0	1	1	1	1	0	0	0	14
5	t_i	3	2	2	0	0	2	2	2	1	3	3	2	0	1	2	1	1	0	0	0	27
6	t_i^2	9	4	4	0	0	4	4	4	1	9	9	4	0	1	4	1	1	0	0	0	59

セルW2にT_i^2の算出式を入力する.同式をセルW4まで貼り付ける.

	W2			=	=V2^2																		
	A	B	C	D	E	F	G	H	I	J	K	L	M	N	O	P	Q	R	S	T	U	V	W
1	学生	1	2	3	4	5	6	7	8	9	10	11	12	13	14	15	16	17	18	19	20	T_i	T_i^2
2	最初	1	0	0	0	0	0	0	0	1	1	0	0	0	0	0	0	0	0	0	0	3	9
3	中間	1	1	1	0	0	1	1	1	0	1	1	1	0	0	1	0	0	0	0	0	10	100
4	最後	1	1	1	0	0	1	1	1	1	1	1	1	0	1	1	1	1	0	0	0	14	196
5	t_i	3	2	2	0	0	2	2	2	1	3	3	2	0	1	2	1	1	0	0	0	27	
6	t_i^2	9	4	4	0	0	4	4	4	1	9	9	4	0	1	4	1	1	0	0	0	59	

セルW5にΣT_i^2の算出式を入力する(関数SUMを利用).W2はT_1,W4はT_3である.Enterキーを押すとΣT_i^2(305)が算出される.

	W5			=	=SUM(W2:W4)																		
	A	B	C	D	E	F	G	H	I	J	K	L	M	N	O	P	Q	R	S	T	U	V	W
1	学生	1	2	3	4	5	6	7	8	9	10	11	12	13	14	15	16	17	18	19	20	T_i	T_i^2
2	最初	1	0	0	0	0	0	0	0	1	1	0	0	0	0	0	0	0	0	0	0	3	9
3	中間	1	1	1	0	0	1	1	1	0	1	1	1	0	0	1	0	0	0	0	0	10	100
4	最後	1	1	1	0	0	1	1	1	1	1	1	1	0	1	1	1	1	0	0	0	14	196
5	t_i	3	2	2	0	0	2	2	2	1	3	3	2	0	1	2	1	1	0	0	0	27	305
6	t_i^2	9	4	4	0	0	4	4	4	1	9	9	4	0	1	4	1	1	0	0	0	59	

セルB8に統計量 χ_0^2 の算出式 (8-45) を入力する．3はk，セルW5は ΣT_i^2，セルV5は Σt_i，セルV6は Σt_i^2 に対応する．Enterキーを押すと χ_0^2(16.909)が算出される．

	B8			=	=(3-1)*(3*W5-V5^2)/(3*V5-V6)																		
	A	B	C	D	E	F	G	H	I	J	K	L	M	N	O	P	Q	R	S	T	U	V	W
1	学生	1	2	3	4	5	6	7	8	9	10	11	12	13	14	15	16	17	18	19	20	T_i	T_i^2
2	最初	1	0	0	0	0	0	0	0	1	1	0	0	0	0	0	0	0	0	0	0	3	9
3	中間	1	1	1	0	0	1	1	1	0	1	1	1	0	0	1	0	0	0	0	0	10	100
4	最後	1	1	1	0	0	1	1	1	1	1	1	1	0	1	1	1	1	0	0	0	14	196
5	t_i	3	2	2	0	0	2	2	2	1	3	3	2	0	1	2	1	1	0	0	0	27	305
6	t_i^2	9	4	4	0	0	4	4	4	1	9	9	4	0	1	4	1	1	0	0	0	59	
7																								
8	χ_0^2=	16.909																						

セルB9に $\chi^2(df, \alpha)$ の算出式を入力する（χ^2分布の関数CHIINVを利用する）．α=0.05，df=k-1=3-1=2である．Enterキーを押すと，χ^2(5.9915)が算出される．

	B9		=	=CHIINV(0.05,3-1)							
	A	B	C	D	E	F	G	H	I	J	K
7											
8	χ_0^2=	16.909									
9	χ^2=	5.9915									
10											

結論

　χ_0^2=16.909＞χ^2(df=2, α=0.05)=5.9915で有意差ありと判定する．従って，3つのテスト間の合格者の比率は異なると推測する．

8.3.4 比率の傾向検定

傾向検定とは2変数をX, Yとする, Xの量的変化に伴いYが一定の変化傾向を示すか否かの検定である. この場合, 変数Xの量的変化が前提であり, 間隔尺度や順序尺度である必要がある. ここでは比率の直線回帰の検定について説明する.

解析手順

1. 利用する統計量(2×kクロス表)
   観察度数$n_j(F_{1j}, F_{2j})$, 総度数(N), 比率(P_j)

2. 統計量の算出
   k個の群あるいはカテゴリーに属する度数のうち, ある特性を有する度数をF_{1j} ($F_{2j}=n_j-F_{1j}$), その比率をP_jとすると, 全体のχ_0^2は(8-47)より求められる. P_jと共変量X_jとの直線回帰の検定は(8-49), (8-50)より求められる. 線型モデルの適合と傾きの検定は(8-52), (8-53)を利用する.

$$p_o = F_1 / N \tag{8-46}$$

$$\chi_0^2 = \sum n_j (P_j - p_o)^2 / \{p_o(1-p_o)\} \tag{8-47}$$

$$\bar{X} = \sum n_j X_j / N \tag{8-48}$$

$$a = \sum n_j (X_j - \bar{X})(P_j - p_o) / \sum n_j (X_j - \bar{X})^2 \tag{8-49}$$

$$b = p_o - a\bar{X} \tag{8-50}$$

$$\hat{P} = aX_j + b \tag{8-51}$$

$$\chi_1^2 = \sum n_j (P_j - \hat{P}_j)^2 / \{p_o(1-p_o)\} \tag{8-52}$$

$$\chi_s^2 = a^2 \sum n_j (X_j - \bar{X})^2 / \{p_o(1-p_o)\} \tag{8-53}$$

3. 有意差(有意性)を判定する($\alpha=0.05$)
   比率間の検定ではχ^2分布から自由度df=k-1, αに対応するχ^2を求め, $\chi_0^2 \geq \chi^2(df, \alpha)$のとき有意差ありと判定する. 直線からのずれは$\chi_1^2 \geq \chi^2(df=k-2, \alpha)$のとき$H_o$を棄却し, $\chi_1^2 < \chi^2(df=k-2, \alpha)$のときモデルに適合していると判断する. 傾きは$\chi_s^2 \geq \chi^2(df=1, \alpha)$のとき有意と判定する. 関数CHIINVを利用する場合は, CHIINV(α, df)により$\chi^2(df, \alpha)$が求められる(第2章を参照).

例題

例題8.3.4(小著1:例題15-33)
ある地域において60歳代, 70歳代, 80歳代のがんによる死亡者数を調査した結果, 表8-14のような結果を得た. 加齢とともにがんによる死亡率は高くなる傾向があるか検定せよ.

表8-3-4

	60歳代	70歳代	80歳代	計
がん	22	36	54	112
その他	73	54	46	173

Point
例題は集計された値が提示されている. ローデータから表のような分割(クロス)表を作成する場合は, 第6章(6.4)を参照.

セルB4にn_1の算出式を入力する(関数SUMを利用). セルB2はF_{11}, セルB3はF_{21}に対応する. 同式をセルE4まで貼り付けると, n_jおよびNが算出される.

	B4		=	=SUM(B2:B3)		
	A	B	C	D	E	F
1		60	70	80	計	
2	がん	22	36	54	112	
3	その他	73	54	46	173	
4	n_j	95	90	100	285	

セルB5にP_1の算出式を入力する. セルB2はF_{1j}, セルB4はn_1である. 同式をセルD5まで貼り付けるとP_jが算出される.

	B5		=	=B2/B4		
	A	B	C	D	E	F
1		60	70	80	計	
2	がん	22	36	54	112	
3	その他	73	54	46	173	
4	n_j	95	90	100	285	
5	P_j	0.231579	0.4	0.54		

セルB9にp_oの算出式(8-46)を入力する. セルE2はF_1, E4はNである. Enterキーを押すとp_o(0.392982)が算出される.

	B9		=	=E2/E4		
	A	B	C	D	E	F
1		60	70	80	計	
2	がん	22	36	54	112	
3	その他	73	54	46	173	
4	n_j	95	90	100	285	
5	P_j	0.231579	0.4	0.54		
6						
7						
8						
9	p_o=	0.392982				

(8-47)の分母$p_o(1-p_o)$の算出式をセルB10に入力する. セルB9はp_oである. Enterキーを押すと$p_o(1-p_o)$(0.238547)が算出される.

	B10		=	=B9*(1-B9)
	A		B	C
8				
9	p_o=		0.392982	
10	$p_o(1-p_o)$=		0.238547	

セルB11に統計量χ_o^2の算出式(8-47)を入力する. セルB4〜D4はn_j, セルB5〜D5はP_j, セルB9はp_o, セルB10は$p_o(1-p_o)$である.
Enterキーを押すとχ_o^2(19.45402)が算出される.

	B11		=	=SUM(B4*(B5-B9)^2,C4*(C5-B9)^2,D4*(D5-B9)^2)/B10		
	A	B	C	D	E	F	G
8							
9	p_o=	0.392982					
10	$p_o(1-p_o)$=	0.238547					
11	χ_o^2=	19.45402					

セルB12に $\chi^2(df, \alpha)$ の算出式を入力する（ χ^2 分布の関数CHIINVを利用）． $\alpha=0.05$, df=k-1=2である．Enterキーを押すと， $\chi^2(5.991476)$ が算出される．

	B12		=	=CHIINV(0.05,3-1)	
	A		B	C	D
8					
9	$p_o=$		0.392982		
10	$p_o(1-p_o)=$		0.238547		
11	$\chi_o^2=$		19.45402		
12	$\chi^2=$		5.991476		

セルB14に $\overline{X}$ の算出式 (8-48) を入力する．セルB4～D4は n_j, セルB1～D1は年代，セルE4はNである．Enterキーを押すと $\overline{X}(70.17544)$ が算出される．

	B14		=	=SUM(B4*B1,C4*C1,D4*D1)/E4	
	A		B	C	D	E
13						
14	$\overline{X}=$		70.17544			
15						

セルB15に分子の $\Sigma n_j(X_j-\overline{X})(P_j-p_o)$ の算出式 (8-49) を入力する．セルB4～D4は n_j, セルB1～D1は年代 (X_j), セルB14は $\overline{X}$, セルB9は p_o に対応する．Enterキーを押すと $\Sigma n_j(X_j-\overline{X})(P_j-p_o)$ (300.3509) が算出される．

	B15		=	=SUM(B4*(B1-B14)*(B5-B9),C4*(C1-B14)*(C5-B9),D4*(D1-B14)*(D5-B9))					
	A		B	C	D	E	F	G	H	I
13										
14	$\overline{X}=$		70.17544							
15	$\Sigma n_j(X_j-\overline{X})(P_j-p_o)=$		300.3509							

セルB16に分母の $\Sigma n_j(X_j-\overline{X})^2$ の算出式 (8-49) を入力する．セルB4～D4は n_j, セルB1～D1は年代 (X_j), セルB14は $\overline{X}$ に対応する．Enterキーを押すと $\Sigma n_j(X_j-\overline{X})^2$ (19491.23) が算出される．

	B16		=	=SUM(B4*(B1-B14)^2,C4*(C1-B14)^2,D4*(D1-B14)^2)			
	A		B	C	D	E	F	G
13								
14	$\overline{X}=$		70.17544					
15	$\Sigma n_j(X_j-\overline{X})(P_j-p_o)=$		300.3509					
16	$\Sigma n_j(X_j-\overline{X})^2=$		19491.23					

セルB17にaの算出式 (8-49) を入力する．セルB15は $\Sigma n_j(X_j-\overline{X})(P_j-p_o)$, セルB16は $\Sigma n_j(X_j-\overline{X})^2$ に対応する．Enterキーを押すとa(0.01541) が算出される．

	B17		=	=B15/B16
	A		B	C
13				
14	$\overline{X}=$		70.17544	
15	$\Sigma n_j(X_j-\overline{X})(P_j-p_o)=$		300.3509	
16	$\Sigma n_j(X_j-\overline{X})^2=$		19491.23	
17	a=		0.01541	

セルB18にbの算出式(8-50)を入力する．セルB9はp_0，セルB17はa，セルB14は$\overline{X}$に対応する．Enterキーを押すとb(-0.68839)が算出される．

	A	B
13		
14	$\overline{X}=$	70.17544
15	$\Sigma n_i(X_i-\overline{X})(P_i-p_0)=$	300.3509
16	$\Sigma n_i(X_i-\overline{X})^2=$	19491.23
17	a=	0.01541
18	b=	-0.68839
19		

B18 = =B9-B17*B14

セルB6に$\hat{P}_1$の算出式(8-51)を入力する．セルB17はa，セルB1は年代(60歳代)，セルB18はbである．Enterキーを押し，同式をセルD6まで貼り付けるとP_jが算出される．

	A	B	C	D	E
1		60	70	80	計
2	がん	22	36	54	112
3	その他	73	54	46	173
4	n_j	95	90	100	285
5	P_j	0.231579	0.4	0.54	
6	$\hat{P}_j$	0.236184	0.390279	0.544374	
7					

B6 = =$B$17*B1+$B$18

セルB7に$(P_1-\hat{P}_1)^2$の算出式を入力する．B5はP_1，B6は$\hat{P}_1$である．Enterキーを押し，同式をセルD7まで貼り付けると$(P_j-\hat{P}_j)^2$が算出される．

	A	B	C	D	E
1		60	70	80	計
2	がん	22	36	54	112
3	その他	73	54	46	173
4	n_j	95	90	100	285
5	P_j	0.231579	0.4	0.54	
6	$\hat{P}_j$	0.236184	0.390279	0.544374	
7	$(P_j-\hat{P}_j)^2=$	0.000021	0.000094	0.000019	

B7 = =(B5-B6)^2

セルB20に$\Sigma n_j(P_j-\hat{P}_j)^2$の算出式(8-52)を入力する．セルB4～D4は$n_j$，セルB7～D7は$(P_j-\hat{P}_j)^2$に対応する．Enterキーを押すと$\Sigma n_j(P_j-\hat{P}_j)^2$(0.012433)が算出される．

	A	B
19		
20	$\Sigma n_j(P_j-\hat{P}_j)^2=$	0.012433
21		

B20 = =SUM(B4*B7,C4*C7,D4*D7)

第8章 ノンパラメトリック検定

セルB21に統計量χ_l^2の算出式 (8-52) を入力する．セルB20は$\Sigma n_j(P_j-\hat{P}_j)^2$，セルB10は$p_o(1-\hat{p}_o)$に対応する．Enterキーを押すと$\chi_l^2(0.052118)$が算出される．

B21		=	=B20/B10
	A	B	C
19			
20	$\Sigma n_j(P_j-\hat{P}_j)^2=$	0.012433	
21	$\chi_l^2=$	0.052118	
22			

セルB22に統計量χ_s^2の算出式 (8-53) を入力する．セルB17はa，セルB16は$\Sigma n_j(X_j-\bar{X})^2$，セルB10は$p_o(1-p_o)$に対応する．Enterキーを押すと$\chi_s^2(19.4019)$が算出される．

B22		=	=B17^2*B16/B10	
	A	B	C	D
19				
20	$\Sigma n_j(P_j-\hat{P}_j)^2=$	0.012433		
21	$\chi_l^2=$	0.052118		
22	$\chi_s^2=$	19.4019		

セルB23に$\chi^2(df,\alpha)$の算出式を入力する（χ^2分布の関数CHIINVを利用）．$\alpha=0.05$，df=1である．Enterキーを押すと，$\chi^2(3.841455)$が算出される．

B23		=	=CHIINV(0.05,1)
	A	B	C
19			
20	$\Sigma n_j(P_j-\hat{P}_j)^2=$	0.012433	
21	$\chi_l^2=$	0.052118	
22	$\chi_s^2=$	19.4019	
23	$\chi^2=$	3.841455	

結論

$\chi_o^2=19.45402>\chi^2(df=k-1=2,\alpha=0.05)=5.991476$で比率間に有意差ありと判定する．$\chi_l^2=0.052118<\chi^2(df=k-2=1,\alpha=0.05)=3.841455$で線型モデルに適合していると判断し，$\chi_s^2=19.4019>\chi^2(df=1,\alpha=0.05)=3.841455$で傾きは有意と判定する．つまり，加齢とがんの死亡率とは有意な直線関係があると推測する．

Point

$\chi_o^2, \chi_l^2, \chi_s^2$のそれぞれにおけるdfは，k=5の場合，
 χ_o^2 : df=k-1=4
 χ_l^2 : df=k-2=3
 χ_s^2 : df=1   となる．

付章　付録

1 エクセルの画面
2 ファイルの操作について
3 オートフィル機能
4 データの移動とコピー
5 数式の入力とセル参照
6 セルの書式
7 罫線の引き方
8 行・列の編集

1. エクセルの画面

◆ワークシートとセル

　エクセルの画面は「ワークシート」から構成される．これは集計用紙のようなもので，縦横に並んだマス目からできている．このマス目を「セル」といる．セルの縦の並びを「列」，横の並びを「行」という．「行」や「列」は，挿入，削除，高さや幅の変更などができる．画面へのデータ入力は，すべてそれぞれのセルに対して行う（太い線で囲まれたマス目が入力の作業対象となっているセルで，これを「アクティブセル」という）．

◆ワークシートとブック

　エクセルではファイルを「ブック」と呼び，ブックには複数のワークシートをまとめておくことができる．エクセルを起動した初期画面では3枚のワークシートからなるブックが開く．ワークシートの数は必要に応じて増やしたり，減らしたりできる．

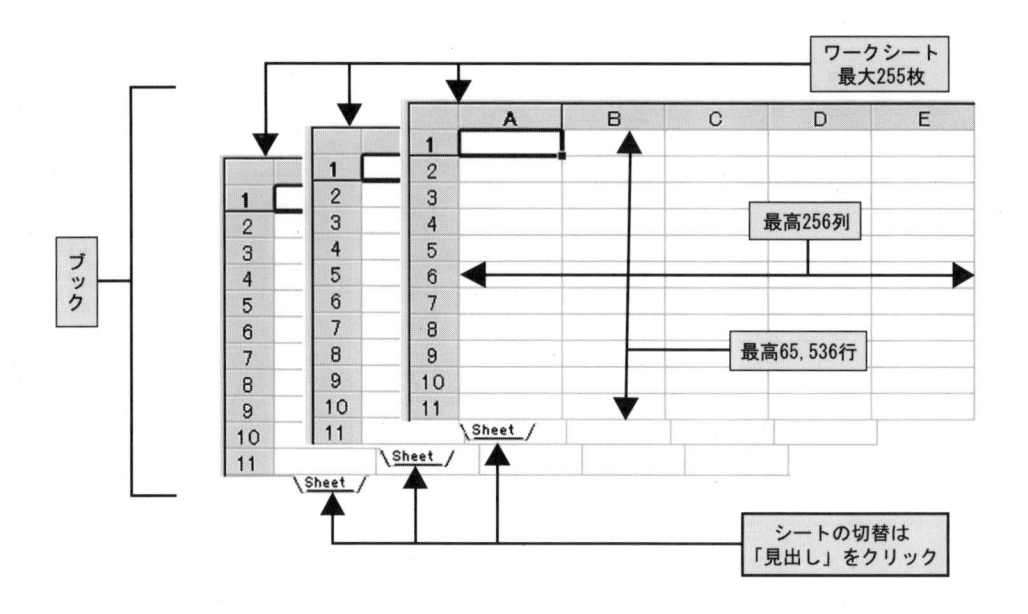

◆各部の名称

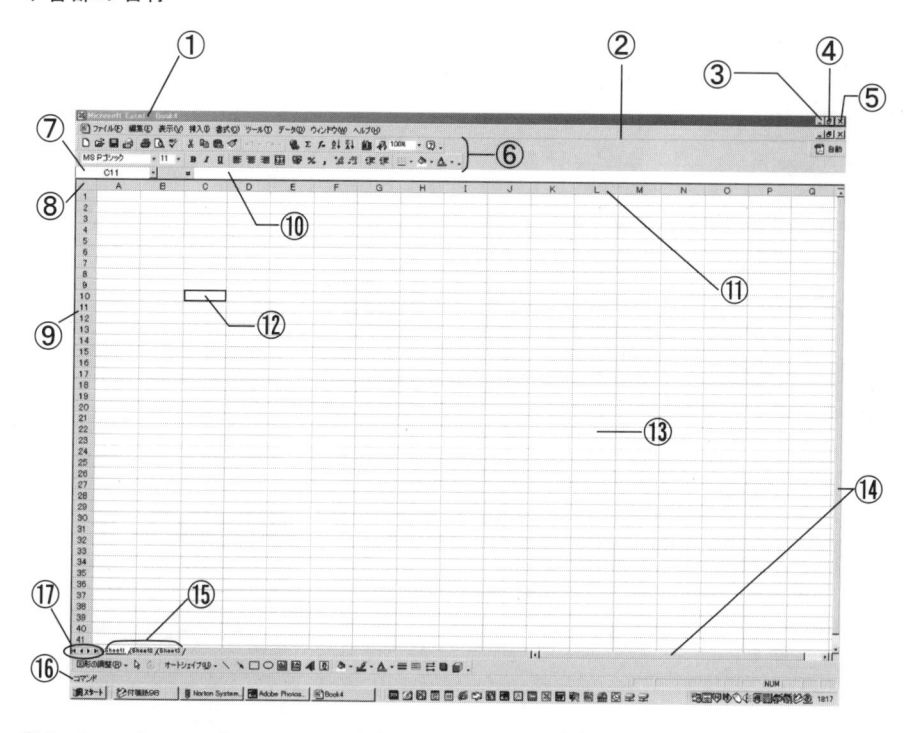

①タイトルバー：アプリケーション名とファイル名などが表示される．
②メニューバー：エクセルの操作で使用するメニュー名が表示される．
③最小化ボタン：ウィンドウを一時的に非表示にし，タスクバー上に配置する．
④元のサイズに戻すボタン：ウィンドウを元のサイズに戻す．
⑤閉じるボタン：ウィンドウを閉じる．
⑥ツールバー：よく使用するコマンドを割り当てたボタン．シングルクリックで操作を実行する．
⑦名前ボックス：アクティブセルの位置を示す．
⑧全セル選択ボタン：アクティブシートの全セルを選択範囲にする．
⑨行番号：ワークシートの各行の番号を表示する．
⑩数式バー：アクティブセルに入力されているデータを表示する．
⑪列番号：ワークシートの各列の番号を表示する．
⑫アクティブセル：操作の対象となっているセル．周りより太い線で囲まれている．
⑬セル：ワークシートの基本単位で，この中にデータを入力する．
⑭スクロールバー：表示されているシートの現在見えない部分が表示される．
⑮シート見出し：ワークシート名を表示．クリックするとそのシートがアクティブになる．
⑯ステータスバー：選択されたコマンドや実行中の操作に関する説明等が表示される．
⑰見出しスクロールボタン：シート見出しをスクロールさせることができる．

2. ファイルの操作

◆ファイルを開く

メニューバーのファイルから開く

画面一番上のタイトルバーのすぐ下にある「メニューバー」の「ファイル」メニューをクリックするとさらにメニューが出てくる．その中の「開く(O)..」をクリックするとファイルを開く画面になる．

ツールバーの開くボタンから開く

「ツールバー」の左側にある「開く」ボタンをクリックすると，ファイルを開く画面になる．

ファイルを開くダイアログボックス

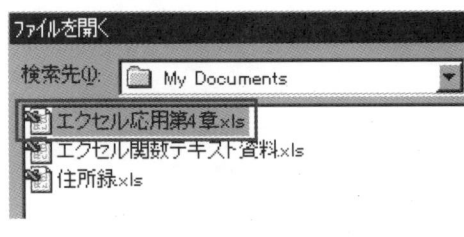

メニューバーとツールバーのいずれにおいても，開く作業において「ファイルを開くダイアログボックス」が表示される．

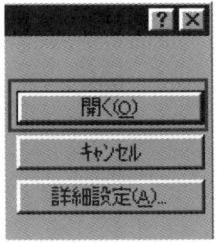

ここから開きたいファイル名をダブルクリックするか，「開く(O)」をクリックする．

◆ファイルを閉じる

メニューバーのファイルから閉じる

メニューバーの「ファイル(F)」をクリックし，「閉じる(C)..」をクリックするとファイルを閉じる事ができる．

閉じるボタンから閉じる

画面右上のボタン（図枠内）をクリックするとファイルを閉じる事ができる．上段のボタンが「エクセル」のウィンドウを操作（最小化，最大化，閉じる）するためのボタンであり，下段のボタンが「ブック」を操作するためのボタンである．上の×ボタンを押せば「エクセル」自体が終了し，下の×ボタンを押すと現在開いているブックが閉じられる．

保存の確認

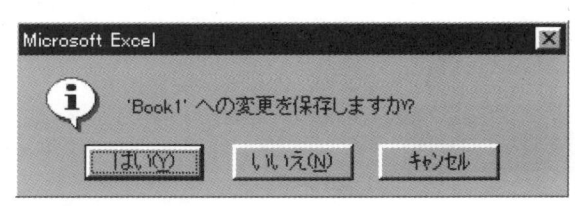

ブックを作成したり，変更を加えたりした後，保存をしないで閉じようとすると，図のような確認メッセージが出る．
それぞれ以下に示す内容から適切なボタンをクリックする．

「はい(Y)」 新しく名前をつけて保存する，もしくは現在つけられている名前で保存し，ブックを閉じる．

「いいえ(N)」 変更を保存しないで，そのままブックを閉じる．

「キャンセル」 閉じる操作そのものをキャンセルする．

3. オートフィル機能

　エクセルにはデータ入力の手間を軽減するためにセルのデータに応じて連続データの入力やコピーが出来る「オートフィル機能」が備わっている．日付や時刻，日，週，月，干支，曜日，数字を含む文字列などのある一定の規則性を持つ連続データであれば，入力されたデータを基に自動的に継続する連続データを作成できる非常に便利な機能である．しかも，入力データの半角全角を問わずに連続データを入力できる．

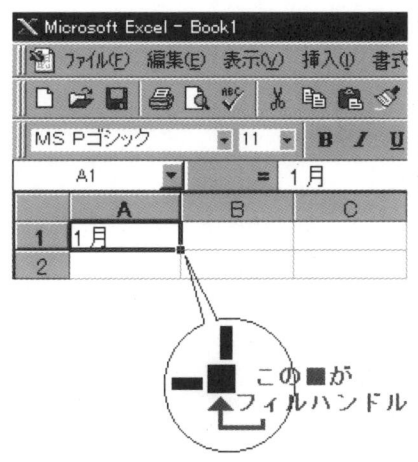

規則性のある連続した番号を入力する．図にはセルA1に"1月"とデータが入力されている．アクティブセル枠の右下を拡大した図の黒い■を「フィルハンドル」と呼ぶ．この「フィルハンドル」上にポインタを合わせるとマウスポインタの形が矢印から＋に変化する．

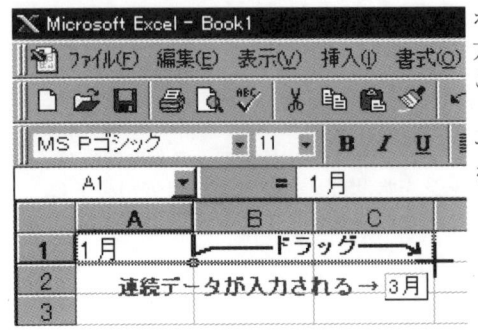

ポインタが＋の状態のまま連続データを入力したい方向へドラッグする．
ここではセルＡ１からＣ１までに入力する．

セルＣ１までドラッグし，マウスポインタを離す．

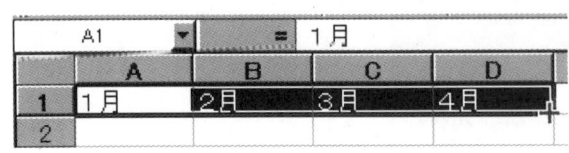

ここで，セルＤ１までドラッグしてしまった場合，＋のマークの状態で反対方向（Ｃ１方向）へドラッグする．

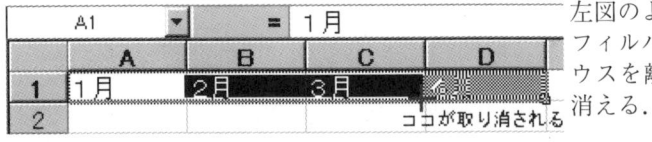

左図のように取り消したい所までフィルハンドルをドラッグし，マウスを離すと４月のセルデータは消える．

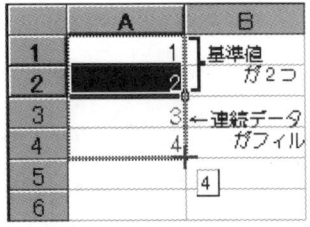

図のようにセルA1およびA2にそれぞれ数値が１，２と入力してある場合は，自動的に連続データをフィルする．

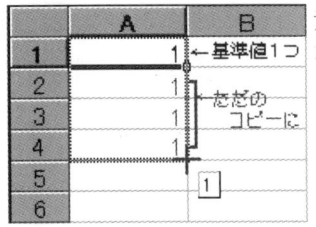

元になる数値が１の１つだけしか用意されてない場合，ただのコピーになる．

基準値が１つの場合，フィルハンドルをドラッグする時にＣＴＲＬキーを同時に押すことで＋のポインタにさらに小さい＋が現われ，基準値１つのフィルが可能になる．

4. データの移動とコピー

　セルやセル範囲を別の場所への移動やコピーする場合は，マウス，ツールバー，メニューバー，ショートカットメニューバー（右クリックより）の各方法で操作できる．ここでは使用頻度が高いと思われる，マウスを使う方法と，ショートカットメニューバーを使う方法について説明する．

◆マウスによる移動
セルの外枠へマウスポインタを移動する．マウスポインタが図のような矢印に変化したら移動先のセルへドラッグし，離す．

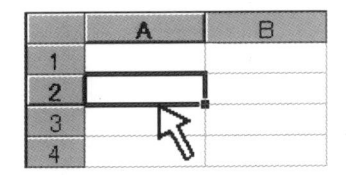

◆マウスによるコピー
セルの外枠へマウスポインタを移動する．
マウスポインタが矢印に変化したら，「ＣＴＲＬキー」を押す．
矢印の先に＋が付いたら，貼りつけ先までドラッグし，離す．

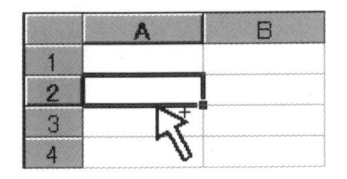

◆ショートカットメニュー編

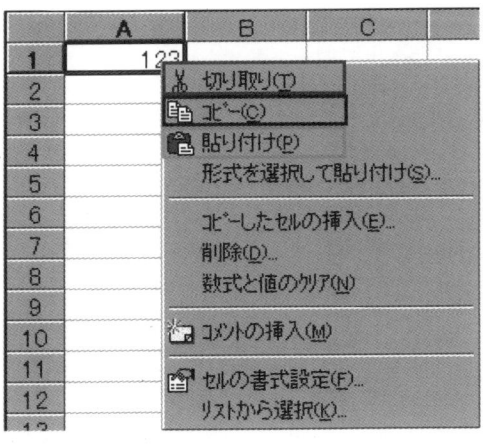

右クリックすると図のような「ショートカットメニュー」が表示される．
移動やコピーなどの操作の対象となるセルの上で右クリックし，ショートカットメニューから目的のコマンドを選択する．
　（注：クリップボードにデータ等が無い場合は「貼り付け」コマンドは淡色表示で選択できない．）

5. 数式の入力とセル参照

■数式の入力

エクセルでは，**イコール（＝）で始まるデータを数式として認識する**．数値直接を入力して数式を作成するだけでなく，数値の代わりにセル参照（後述）を使って数式を作成することもできる．

演算記号		読み	式	入力
加算（たし算）	＋	プラス	1＋2	1＋2
減算（ひき算）	－	マイナス	1－2	1－2
乗算（かけ算）	＊	アスタリスク	1×2	1＊2
余算（わり算）	／	スラッシュ	1÷2	1/2
べき乗	＾	ハットマーク	1^2	1^2

■セル参照

エクセルでは，セルの1つひとつに全て住所のようなものが付けられている．数式などを作成する場合には，この住所を元にしデータを参照できる．これらの住所を「セル参照」という．

セルは列と行の交差する部分とも言えるのでセルの位置を指定するには列番号と行番号の組み合わせを使うことが適当と考えられる．約束事として，列番号→行番号の順で呼ぶ事に注意する．

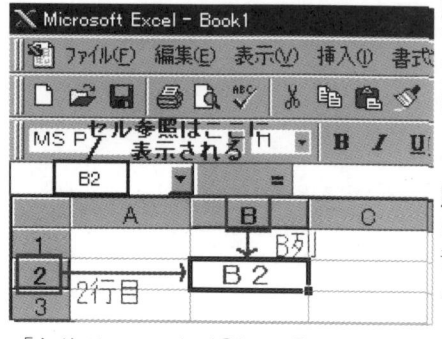

図は，B列の2行目にアクティブセルがある．アクティブセルは太枠で囲まれている．B列の2行目なので，このセル参照は「B2」になる．

アクティブセルの太枠表示と同様に，セル参照の各列・行番号が他の列・行番号よりも太字になって浮き出ている．
青枠で囲まれている箇所（名前ボックス）にセル参照が表示される．

※「名前ボックス」（⑦）と「数式バー」⑩が表示されていない場合は，「表示(V)」から「数式バー(F)」を選択する．

※数式をコピーし，別のセルに貼り付けると，セル参照が相対的位置に変化する．これを「相対参照」という．セル参照を変化させたくない場合は列のアルファベットあるいは行の数字の直前に＄をつける．「絶対参照」の形式にすると，セルの移動によって，セル参照は変化しなくなる．例えば「B2」は「＄B2＄」とする．列Bだけ変化せず，行2は変化しても良い場合は「＄B2」とする．絶対参照を表示させる場合は，セル参照を入力した後，ファンクションキーのF4を押すと，直接入力しなくて済み，便利である．

6. セルの書式

ここでは「書式設定ツールバー」について説明する．

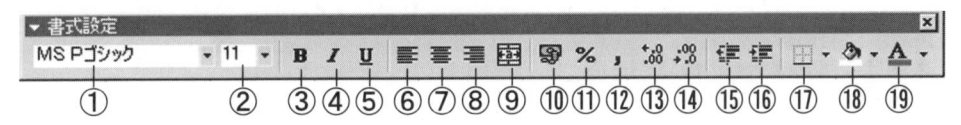

これが「書式設定ツールバー」である．セルに入力したデータの書式に対しての編集を行う．
このツールバーのすぐ上にある「メニューバー」の「書式」→「セル」を開いても同じことができる．
特に頻度の高い操作機能がツールバーに用意されている．
各々のボタンの名称と役割は下記のとおりである．

① フォントボックス フォントの種類を選択する．右の▼をクリックすると候補が出てくる．
② フォントサイズ フォントのサイズを選択する．右の▼をクリックすると候補が出てくる．
③ ボールド(太字) フォントを太字にする．
④ イタリック(斜体) フォントを斜体にする．
⑤ アンダーライン(下線) フォントに下線を引く．
⑥ 左揃え フォントを左に揃える．
⑦ 中央揃え フォントを中央に揃える．
⑧ 右揃え フォントを右に揃える．
⑨ セルを結合して中央揃え 複数のセルを結合してその中でフォントを中央に揃える．
⑩ 通貨スタイル 数値データを￥マークの付いた3桁区切りのスタイルにする．
⑪ パーセントスタイル 数値データを%表示にする．
⑫ 桁区切りスタイル 数値データを3桁区切りのスタイルにする．
⑬ 小数点表示桁上げ 小数点以下の表示桁数を増やす．
⑭ 小数点表示桁下げ 小数点以下の表示桁数を減らす．
⑮ インデント解除 字下げを解除する．
⑯ インデント 字下げをする．
⑰ 罫線 セルに罫線を引く．右の▼をクリックすると候補が出てくる．
⑱ 塗りつぶしの色 セルを塗りつぶす．右の▼をクリックすると色の候補が出てくる．
⑲ フォントの色 フォントの色を指定する．右の▼をクリックすると色の候補が出てくる．

7. 罫線の引き方

　セルの書式設定ダイアログボックスもしくは書式設定ツールバーから罫線を設定する．簡単なものはツールバーで，より細かい設定を要するものはダイアログから設定するとよい．例えば，斜め罫線はツールバーにはないのでダイアログから設定をする．線種・色ともにダイアログでは細かい設定が可能である．

◆書式設定ダイアログ画面

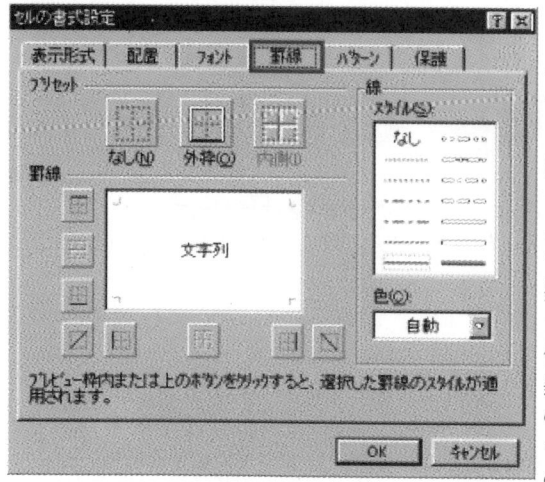

セルの書式設定ダイアログの罫線タブは斜め罫線や線のスタイル・色などより細かい罫線設定ができるように配慮されている．

タブ画面の真ん中に位置するプレビュー枠内を直接クリック，もしくはプレビュー枠周りに配置されている罫線ボタンをクリックするとどのように罫線が表示されるか確認でき，便利である．

罫線設定の手順としては，先ず右側の線グループから線のスタイルと色を設定し，左の罫線様式を設定するのが一般的である．

プリセットボタンを使用すれば外枠・内側の罫線が一度に設定できる．各ボタンはクリックする毎に設定・設定解除の切替ができるようになっている．

◆書式設定ツールバーの罫線パレット

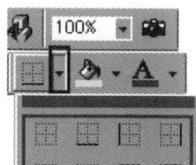

フォント色パレット・セルの塗り潰しパレットの隣にあるのが罫線パレットである．

青枠をクリックすると赤枠のパレットが表示される．ここには主に使用頻度の高い罫線が予め用意されている．

そのため上の図におけるダイアログボックスに比べると線種や色の設定等の細かい設定が出来ないなどの短所がある．ちなみに斜め罫線もここからでは設定が出来ないが，簡単な普通の作表程度ならここでも十分間に合う．

8. 行・列の編集

作成した表に列や行を簡単に挿入，削除することが可能である．挿入・削除操作をする前に対象となる列・行を予め範囲選択しておくことで複数の列・行の挿入や削除も簡単にできる．

◆行・列の挿入

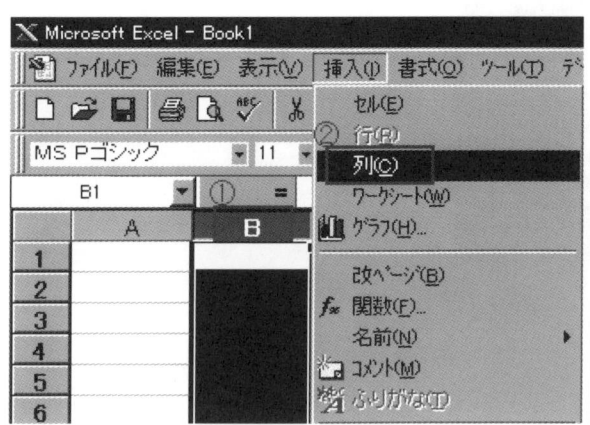

1. メニューバーから挿入する

最初に挿入したい列を選択する(①)．
次にメニューバーの挿入メニューから「列」を選択する(②)．
選択したB列の左側に新しい列が挿入される．

挿入される位置について…
列は選択した列の左側に新しく挿入される．また，挿入した列には書式が自動で設定され，挿入時に選択した列の左側の列と同じ書式に設定される．

2. ショートカットメニューから挿入する

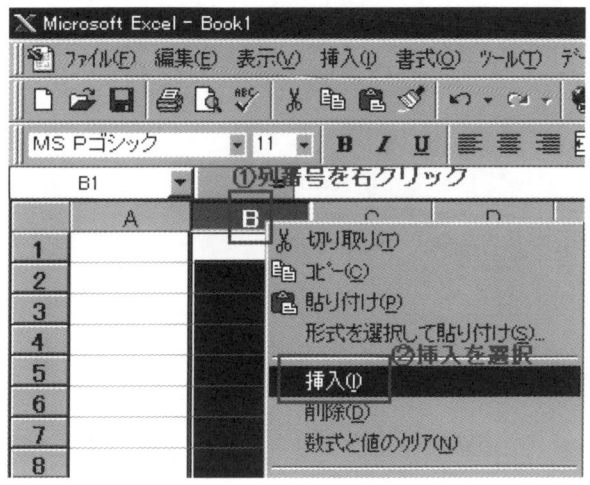

上述と同様，挿入したい列番号をマウスで右クリックする(①)．
ショートカットメニューが表示され，「挿入」を選択する(②)．
選択したB列の左側に新しい列が挿入される．

挿入列数について…
単列だけでなくA列とB列の間に2列等の複数列を挿入したい場合は，B・C列の2列を選択状態にして挿入操作をすると新しい列が2列挿入される．つまり選択した列数分が，新しく挿入される．

◆行・列の削除

1. メニューバーからの削除

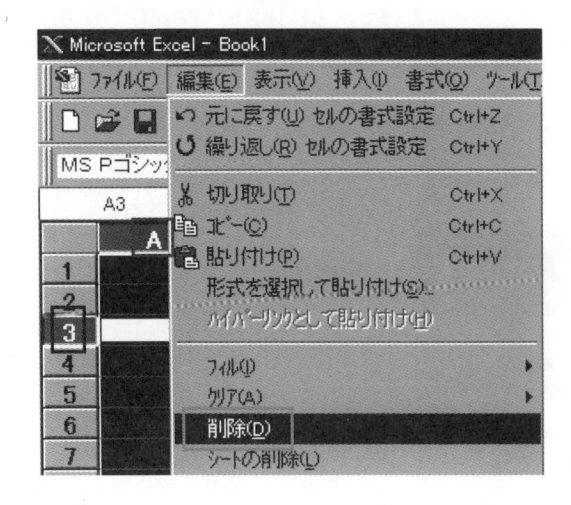

列を削除する場合は，削除したい列を選択して（赤枠）編集メニューから緑枠の「削除」を選択する．

複数に渡る行・列を削除する場合は，まず範囲選択を参考にし，削除メニューを開く前に削除したい行・列範囲を予め設定しておくと効率的に削除が出来る．

2. ショートカットメニューからの削除

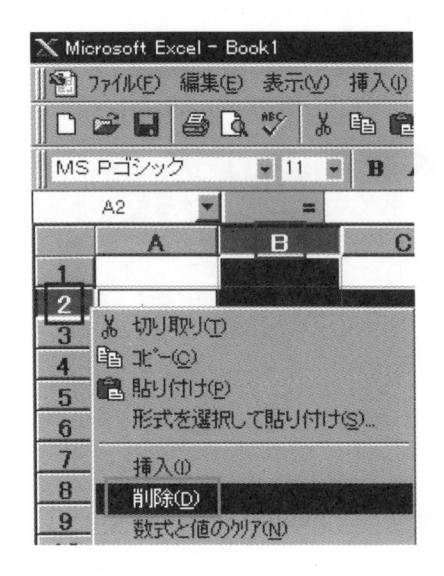

削除したい行番号（青枠）・列番号（赤枠）をマウスで右クリックするとショートカットメニューが表示される．緑枠の「削除」を選択する．

削除後の行・列について・・・
列を削除した場合は削除された列を左に詰めて列が移動する．
行を削除した場合は削除された行を上に詰めて行が移動する．

◆列・行幅の設定

1. メニューバーから設定する

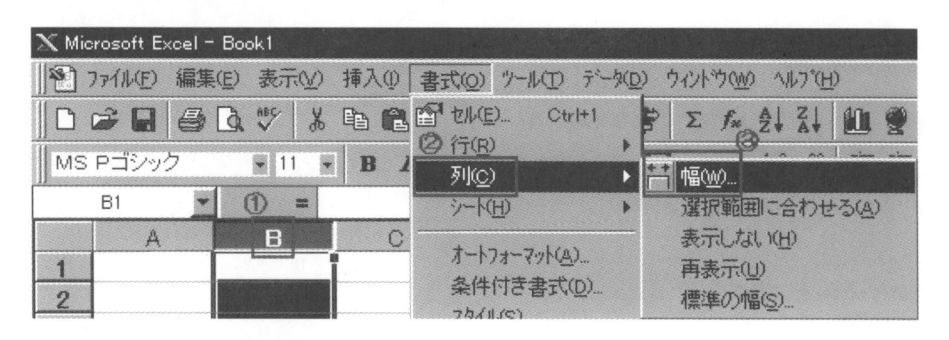

①列幅を選択し(①)，メニューバーの書式から「列」を選択(②)する．サブメニューから「幅」を選び(③)，幅を設定(数値を入力)する．

2. ショートカットメニューから設定する

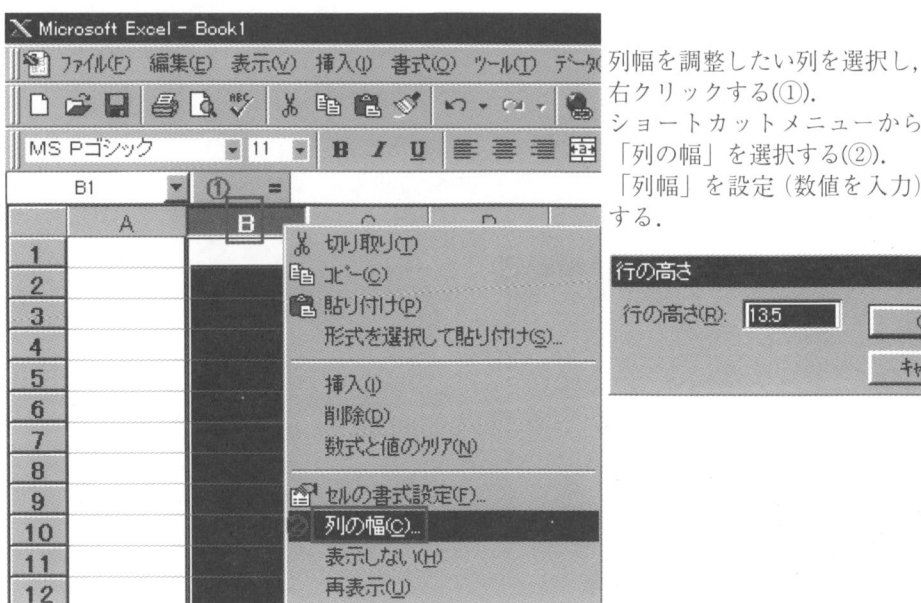

列幅を調整したい列を選択し，右クリックする(①)．
ショートカットメニューから「列の幅」を選択する(②)．
「列幅」を設定(数値を入力)する．

[著者略歴]

出村慎一（でむら　しんいち）
筑波大学大学院体育科学研究科博士課程修了
現在，金沢大学教育学部教授，教育学博士
専攻：健康・体力学
　著書に「体育の測定・評価」（第一法規，編著）
　　　　「数理体力学」（朝倉書店，編著）
　　　　「体育セミナー」（学術図書，編著）
　　　　「例解　健康・スポーツ科学のための統計学」（大修館書店，単著）
　　　　「健康・スポーツ科学入門」（大修館書店，共著）
　訳書に「事典　発育・成熟・運動」（大修館書店，共訳）
　　　　「体育・スポーツ科学研究法」（大修館書店，共訳）

小林秀紹（こばやし　ひでつぐ）
金沢大学大学院社会環境科学研究科博士課程修了
現在，福井工業高等専門学校講師，博士（学術）
専攻：健康科学

山次俊介（やまじ　しゅんすけ）
金沢大学大学院教育学研究科修士課程修了
現在．福井工業高等専門学校講師，修士（教育学）
専攻：運動生理学

Excelによる健康・スポーツ科学のためのデータ解析入門
ⓒShinichi Demura, Hidetsugu Kobayashi, Shunsuke Yamaji　2001

初版発行────2001年5月10日

著　者────出村慎一・小林秀紹・山次俊介
発行者────鈴木一行
発行所────株式会社大修館書店
　　　　　　〒101-8466　東京都千代田区神田錦町3-24
　　　　　　電話03-3295-6231（販売部）03-3294-2359（編集部）
　　　　　　振替00190-7-40504
　　　　　　[出版情報] http://www.taishukan.co.jp
装丁者────平　昌司
印刷所────広研印刷
製本所────難波製本

ISBN4-469-26467-9　　Printed in Japan
Ⓡ 本書の全部または一部を無断で複写複製（コピー）することは，
著作権法上での例外を除き禁じられています。